紛争類型から学ぶ 応用民法

Civil law exercises learned by case method

I 総則・物権

Emiko Chiba
千葉惠美子

Ryo Kawakami
川上 良

Tomoaki Takahara
髙原知明

日本評論社

このシリーズを刊行するにあたって

　このシリーズは、法曹としてのキャリア形成を志すみなさんに、現実の社会で遭遇しそうな紛争類型を素材に、プロだったら、民法を活用して、どのようにして紛争を解決するのかを示すことを狙いとしています。いわば法的思考のプロセスについて「見える化」を図り、みなさんが、これまで民法について学んだ知識を現場で使えるようにすることを目的としています。

　日本の民法典は、5つの編から構成され、より抽象度の高いものから順に条文が並ぶ、いわゆる「パンデクテン方式」が採用されています。このため、初学者にとっては、どのようなルールが定められているのかを理解することは簡単ではありません。このような学習の難しさを克服するために、これまでも、簡単な設例（教科書設例）を示して条文の解説がなされ、どのような規範が定められているのかが理解できるように工夫されてきました。

　しかし、実際の紛争を法律に基づいて解決するためには、まず紛争の当事者が何を求めているのかを分析して、それを法律の世界の言葉に翻訳する作業が必要になります。また、紛争の当事者は、それぞれ自己の主張が法律に基づいた根拠があることを主張することが必要になります。しかし、この作業は、個別の条文の意味や解釈上の争いを理解しているだけではできません。主張が相互にどのような関係にあるのかを整理して、それを解決するために適用すべき法規範を組み立てなければなりません。そして、この規範が当該事案に当てはまることを示して、当該紛争の結論を出す必要があるからです。

　本シリーズの第1の特色は、**ケースメソッド方式を採用し、事案を解析する力、また、当該紛争に適用すべき民法規範を組み立て紛争の解決への道筋を示す力を育成**しようとする点にあります。本シリーズのタイトルが、「紛争類型から学ぶ応用民法」をなっているのは、この点を表すためです。

　もっとも、教育の現場ではパンデクテン方式で講義が行われることが多いことから、当該紛争事例で主要な争点となっている点に着目して、「総則と物権

（担保物権を除く）」「債権総論・契約」「債権回収①（担保物権を除く）・家族」「債権回収②（担保物権）・不法行為」の全4巻に編集して読者に届けることにしました。

　第1巻にあたる本書では、所有権確認請求・不動産明渡請求・不動産登記請求・動産引渡請求の4つの紛争類型を取り上げており、これらの紛争類型で主な争点となっているのは、不動産物権変動、登記請求権、94条2項類推法理、即時取得、虚偽表示・錯誤、代理・無権代理・表見代理、利益相反行為と代理権の濫用、占有、取得時効をいった、総則・物権法で扱われる典型的な論点になります。

　これまでの演習教材は、口頭弁論終結時において確定した事実を念頭に、請求が認められるかどうかだけを検討するものが多かったように思います。本シリーズでは、訴えを提起する前、訴え提起後、口頭弁論終結前の段階も取り上げ、紛争内容が刻々変化する状況の中で、適用すべき民法規範を組み立て紛争の解決の道筋を示すことができるように工夫してあります。これまでの検討方法を静止画像に基づく考察と呼ぶとすれば、本シリーズの検討手法は、**紛争解決の過程を動態的に考察**しているといってもよいかもしれません。

　このような考察を行うために、本シリーズでは、研究者・裁判官・弁護士それぞれの目線から検討を加えました。具体的には、まず、千葉が法学セミナーで2020年4月号から「紛争類型で学ぶ民法演習」というタイトルで連載を開始し、臨床の現場でよく遭遇する紛争類型を準備した上で紛争解決の道筋について見取り図を作成しました。これを素材に、裁判実務・弁護実務に精通され、長年にわたって法科大学院教育に携わってこられた髙原知明元裁判官（現大阪大学法科大学院教授・民事訴訟法担当）と川上良弁護士（元大阪大学法科大学院教授）に、本シリーズの企画に参画していただき、3人で徹底した討議を行い、その結果に基づいて執筆しました。

　本シリーズの第2の特色は、**民法と民事訴訟法の対話**を試みた点です。

　民事裁判・民事弁護を視野にいれ、臨床の現場で民法を使えるようにするためには、民法と民事訴訟法の対話が必要です。法科大学院では、民法と民事訴訟法の学習の橋渡しをするために「民事実務基礎」「要件事実」といった科目

が用意されています。しかし、教育現場を見るかぎり、この科目を設置しただけでは両法の連結がスムーズになるわけではないようです。

　民法と民事訴訟法の対話を困難にしている根本的な原因は、民法が権利の体系であるのに対して、民事訴訟法が請求権を基本単位にしている点にありますが、両法の相互乗り入れへの関心が薄いことにも原因があるように思います。

　たとえば、主張・立証責任が問題となる場合を例にとると、民事訴訟法学からは、主張・立証責任という考え方は民事訴訟法で教えるにしても、具体的な紛争の中で主張・立証責任がどのように分配されるべきかは、実体法規範が基本的な基準を提供しているのだから、民法学で当然教えるべきであるという声があります。他方で、民法学からは、主張・立証責任という問題は、民事裁判での攻撃・防御の在り方を考えるために必要とされているのであり、民法学は民事裁判が行われる場面だけを取り扱っているわけではないから、具体的な紛争の中で主張・立証責任がどのように配分されるべきかを民法学でとりあつかうべきであるという意見には違和感があるという声があります。しかし、現実の紛争解決を行うためには両法の橋渡し・連携が必要不可欠であり、相互理解・相互の歩み寄りが重要であるように思います。

　そこで、本シリーズでは、民法と民事訴訟法の間隙を埋めるために、執筆者３人のこれまでの経験を生かして、**実体法と手続法の対話を可能にする法的思考のプロセス**を示しました。詳しくは、本書の序章～第２章をご覧いただくとよいと思います。

　本シリーズの第３の特色は、**判例理論を精査し、一貫した解釈論を提示して**いる点です。

　2017（平成29）年以降、民法は大規模な改正作業が続いています。そこで、本シリーズではこれまでの判例理論の射程距離を分析し、判例理論が改正後も維持されるのかどうか、維持されるとしても、変更すべき点がないのかを徹底して考えました。

　法改正があった部分については、まだ判例もなく、通説といわれる定説が形成されているというわけでもありません。また、改正された部分と改正されなった部分を体系的、整合的に解釈できるのかについては、理論的な検討が始ま

ったばかりです。このような状況のもとで、共著者が分担執筆をすると、執筆者によって見解が異なり、読者を混乱させるおそれがあります。このような不都合を避けるために、本シリーズでは、見解の対立点自体をできるだけ明らかにしたうえで、3人で討議を重ね一貫した解釈論を展開するように心掛けました。もっとも、3人の意見が完全に一致しているわけではありません。食い違いがある場合には、解釈論の一貫性という観点から千葉の考え方を優先して記述しました。したがって、本文で記載した民法の解釈論については千葉に責任があります。

　本書の執筆にあたっては、法学セミナーでの「紛争類型で学ぶ民法演習」の連載と本書の企画・初校までを担当してくださった元法学セミナー編集長・晴山秀逸さんに、また、再校から本書の刊行までを担当してくださった現・法学セミナー編集長・小野邦明さんに、大変お世話になりました。新しい冒険に根気よくお付き合いくださり、執筆者の思いを形にしてくださったお二人に深く感謝申し上げます。

　また、末筆ながら、本書の作成にあたって、編集会議の設営、資料の準備、校正作業など細やかなサポートしてくださった田中有記枝さんにも、この場を借りて、心より御礼申し上げます。

　執筆者一同、本シリーズが読者の皆様のお役に立てることを心より願っています。

2023年4月

執筆者を代表して

千葉　惠美子

目 次

このシリーズを刊行するにあたって　I

 序 章　**これから何を学ぶか**　1

❶ **本シリーズのねらい**　1
❷ **本書を含む本シリーズの構成**　4
　1. 各章で何を学ぶか　4
　2. 最近の法改正と判例理論の取り扱い方　6
　3. より深く学ぶために　7
❸ **本書を含む本シリーズによる学習のしかた**　8
　1. 自習用に使用する場合　8
　2. 授業で利用する場合（参考例）　9

 第1章　**所有権に基づく請求と不動産物権変動** [基礎編]
　　　　　──不動産所有権確認および不動産明渡訴訟を通じて学ぶ　10

❶ **出題の趣旨**　10
❷ **原告からの請求①──不動産所有権の確認を求める訴訟**　11
　1.【Aの言い分①】Aの主張が整理されるまでの道筋　12
　2. Aは誰に対してどのような権利があると主張して訴えを提起するか　14
　3. Aはどのような事実を主張したらよいか　18
　　(a) 弁論主義と主張・立証責任
　　(b) 所有者であるというためには
　4. 所有権確認請求を巡る攻防　26
　　(a) 反論の意味
　　(b) Cからの反論──対抗要件の抗弁（177条）
　5. 裁判官は何をどのように判断するか　28
　　(a) 裁判官の役割
　　(b) Aはどうすればよかったのか
❸ **原告からの請求②──所有権に基づく請求権を訴訟物とする給付訴訟**　32

1.【Aの言い分②】にAの主張が整理されるまでの道筋　33

2. Aは誰に対してどのような権利があると主張して訴えを提起するか　35

3. Aはどのような事実を主張したらよいか　37

 (a) 所有権に基づく返還請求権の要件

 (b) 所有権に基づく返還請求権の主張・立証責任の分配

4. 所有権に基づく返還請求権を巡る攻防　38

 (a) Cからの反論①——対抗要件の抗弁（177条）とAからの再反論

 (b) Cからの反論②——虚偽表示による無効（94条1項）とAからの再反論

 (c) Dらからの反論

5. 請求の当否——裁判官は何をどのように判断するか　43

第2章　所有権に基づく請求権と不動産物権変動［発展編］

——不動産登記訴訟を通じて学ぶ　50

❶ 出題の趣旨　50

❷ Xは誰に対してどのような権利があると主張したらよいのか　51

1. 登記請求権とはどのような権利か　52

2. Xはどのような事実を主張したらよいか　59

❸ 登記請求権の有無を巡る攻防　59

1. Yからの反論——対抗要件具備による所有権喪失の抗弁　62

 (a) 177条による反論の意味

 (b) 177条の主張・立証責任の分配

 (c) 177条の「第三者」

2. Xからの再反論——背信的悪意者の再抗弁　65

3. Yは背信的悪意者か　67

❹ 所有権に基づく返還請求権の相手方　70

1. 明渡請求権——物権的請求権か債権的請求権か　70

2. 所有権に基づく返還請求権の有無を巡る攻防　71

第3章　所有権に基づく請求権と不動産物権変動［応用編①］

——錯誤事例を通じて学ぶ不動産取引における第三者保護　80

❶ 出題の趣旨　80

❷ A は誰に対していかなる権利があると主張したらよいのか　81

　1. Bに対してどのような請求権があると主張するか　83

　2. Eに対してどのような請求権があると主張するか　84

❸ B に対する移転登記抹消登記請求権の有無を巡る攻防　84

　1. 錯誤取消しを巡る攻防　85

　　(a) 改正法における錯誤類型

　　(b) 改正法における錯誤制度の趣旨

　2. 請求の当否　88

　　(a) 錯誤を原因として取消権は発生しているか

　　(b) 95条3項に基づくBの再反論の当否

　　(c) 取消しの効果の発生時期

❹ E に対する土地の明渡請求権の有無を巡る攻防　91

　1. E固有の反論──取消前の第三者　91

　　(a) 95条4項の制度趣旨

　　(b) 95条4項に基づく反論の意味

　2. 請求の当否　92

❺ 錯誤取消後に登場する第三者と不動産取引の安全　93

　1. Fに対してどのような請求権があると主張するか　94

　2. F固有の反論──取消後の第三者　96

　　(a) 177条構成による展開

　　(b) 94条2項類推構成による展開

　3. 請求の当否　99

第4章　所有権に基づく請求権と不動産物権変動 [応用編②]
──解決事例を通じて学ぶ不動産取引における第三者保護　102

❶ 出題の趣旨　102

❷ X は誰に対していかなる権利があると主張したらよいのか　103

❸ B に対する請求　108

❹ C に対する請求　109

　1. 訴訟物・請求原因と請求原因事実　109

　2. 登記請求権を巡る攻防　110

(a) Cからの反論——Bの対抗要件具備によるAの所有権喪失

(b) Xからの再反論——売買契約の解除

(c) C固有の反論——解除後の第三者

3. 請求の当否　118

❺ Dに対する請求　118

第5章　無権利者から財産を取得した者の保護 [基礎編]
　　　　　　——94条2項類推適用による不動産取引の保護　124

❶ 出題の趣旨　124

❷ Xは誰に対していかなる権利があると主張したらよいのか　125

1. XはYに対していかなる請求権があると主張するか　128

2. どのような事実を主張したらよいか　129

❸ 所有権移転登記請求権を巡る攻防　131

1. Yからの反論①——売買契約による所有権喪失の抗弁　132

2. Yからの反論②——94条2項類推適用構成による所有権喪失の抗弁　135

(a) 94条2項類推適用構成による反論の意味

(b) 94条2項類推法理の要件

(c) 公信の原則との違い

(d) 94条2項類推法理に関する主張・立証責任の分配

❹ 請求の当否　141

1. X・A間の売買契約の成立の有無　141

2. 94条2項類推適用の可否　143

(a) 本人の帰責性

(b) Yの善意・無過失

第6章　無権利者から財産を取得した者の保護 [応用編]
　　　　　　——動産の引渡訴訟を通じて学ぶ　147

❶ 出題の趣旨　147

❷ A・Bは誰に対していかなる権利があると主張したのか　148

❸ 所有権に基づく動産引渡請求権を巡る攻防　154

1. どのような事実を主張したらよいのか　154

2. Aが所有者であるとする主張に対するBの反論①
　──即時取得による所有権喪失の抗弁　155
　(a) 192条の第三者の範囲と即時取得に基づく反論の意味
　(b) 192条を巡る主張・立証責任の分配
　(c) Bが即時取得したとする主張に対するAの再反論──占有取得者の過失

3. Aによる193条に基づく回復請求とこれに対するBの反論　160
　(a) 再抗弁（攻撃方法）か新たな訴訟物の定立（訴えの追加的変更）か
　(b) 193条に基づく回復請求権があるとする主張に対するBの反論②──除斥期間
　(c) 193条に基づく回復請求権の主張に対するBの反論③──代価提供の抗弁（194条）

❹ 使用利益の返還請求権を巡る攻防　165

1. 189条・190条の趣旨　165

2. 盗品の所有権帰属と使用利益の返還義務との関係　165

❺ 代価弁償請求権を巡る攻防　169

第7章　代理制度を巡る諸問題［基礎編・発展編］
　　　　──有権代理・無権代理に関する制度の全体像　171

❶ 出題の趣旨　171

❷ 本人Aに対する請求──代理行為の要件と効果　172

1. XはAに対してどのような権利があると主張したらよいのか　173

2. どのような事実があると主張したらよいのか　174
　(a) 催告解除
　(b) 有権代理──代理行為の効果を本人に帰属させるための要件

❸ 無権代理と相続　180

1. Xは亡Aの相続人らにどのような権利があると主張したらよいのか　181

2. 共同相続人B・D・Eに対する請求①──保証金返還請求権　182
　(a) 有権代理構成
　(b) 表見代理構成

3. 共同相続人B・D・Eに対する請求②──不当利得返還請求権　185
　(a) 訴訟物
　(b) 不当利得返還請求権と主張・立証責任の分配
　(c) どのような事実を主張したらよいのか

4. Cに対する請求──無権代理行為と代理行為の相手方の救済　190
　(a) 117条に基づく責任

(b) 709条に基づく責任

❹ 請求の当否　194

　1. B・D・Eに対する請求　194

　2. Cに対する請求　195

 第8章　表見代理制度を通じた取引の相手方の保護 [基礎編]
　　　　——白紙委任状が交付された紛争類型と109条1項・110条　199

❶ 出題の趣旨　199

❷ XはYに対していかなる権利があると主張したらよいのか　200

　1. 訴訟物と請求原因・請求原因事実　203

　2. Yからの反論①
　　——代物弁済を原因とする所有権喪失の抗弁 (有権代理構成)　203
　　(a) 有権代理構成に基づく反論
　　(b) Xによる再反論

　3. Yからの反論②
　　——代物弁済を原因とする所有権喪失の抗弁 (表見代理構成)　207
　　(a) 109条1項
　　(b) 110条

　4. 代理人による白紙委任状の不当な補充とYに対する請求の当否　210

❸ Zに対する請求　212

　1. 訴訟物と請求原因・請求原因事実　213

　2. Z固有の反論——94条2項+110条の類推　213

 第9章　表見代理制度を通じた取引の相手方の保護 [応用編]
　　　　——白紙委任状が交付された紛争類型と109条2項・112条　223

❶ 出題の趣旨　223

❷ 109条2項の表見代理制度　224

　1. 訴訟物と請求原因・請求原因事実　226

　2. Dの反論①——有権代理　227

　3. Dの反論②——表見代理　230
　　(a) 109条1項本文に基づく反論の可能性

　　(b) 110条に基づく反論の可能性
　　(c) 109条2項の新設
　4. 請求の当否　235

❸ 代理権の消滅と112条　238
　1. Dの反論③──代理権消滅後の表見代理　238
　　(a) 112条1項の制度趣旨
　　(b) 112条2項の新設
　2. 請求の当否　242

第10章　代理人の利益相反行為と代理権濫用行為 [応用編]
──代理人忠実義務違反行為と利害関係人の利益調整　245

❶ 出題の趣旨　245
❷ 代理人の忠実義務違反行為の態様　248
　1. Aは誰に対していかなる請求権があると主張したらよいのか　250
　2. 乙土地の所有権移転登記抹消登記請求権を巡る攻防　252
　　(a) F社からの反論①──有権代理
　　(b) F社からの反論に対するAからの再反論──利益相反行為
　　(c) F社からの反論②──表見代理
　3. 丙土地の所有権移転登記抹消登記請求権を巡る攻防　255
　　(a) Fからの反論 (有権代理) とこれに対するAからの再反論 (代理権濫用)
　　(b) 代理権濫用行為と表見代理との関係
❸ 無権代理の相手方からの転得者の保護　262

第11章　占有者の利益と取引の安全との調和 [基礎編]
──取得時効と登記について考える　265

❶ 出題の趣旨　265
❷ Bは誰に対してどのような権利があると主張したらよいのか　267
　1. 所有権の登記名義人に対する請求　270
　　(a) Cに対する請求
　　(b) Dに対する請求
　2. 抵当権の登記名義人に対する請求　273

❸ 甲不動産を巡る攻防　275

　1. 訴訟物と請求原因・請求原因事実　275

　2. Cに対する請求権を巡る攻防　278

　3. E銀行に対する請求権を巡る攻防　279

❹ 乙土地を巡る攻防　280

　1. 訴訟物と請求原因・請求原因事実　280

　2. D社に対する請求権を巡る攻防　281

　3. E銀行に対する請求権を巡る攻防　283

第12章　占有者の利益と取引の安全との調和 ［発展編］
―― 相続による占有の承継と取得時効　288

❶ 出題の趣旨　288

❷ Xは誰に対してどのような権利があると主張したらよいのか　290

　1. 占有者はだれか、占有の開始時点はいつか　293

　2. 請求原因・請求原因事実　297

❸ 登記請求権を巡る攻防　299

　1. Yからの反論―― 他主占有の抗弁　299

　　(a) 他主占有権原と他主占有事情

　　(b) 被相続人の他主占有と187条2項

　　(c) 他主占有事情の評価

　2. 他主占有者の相続人による占有とその性質の変更　302

　　(a) 相続等を契機として自主占有への転換が認められるための要件

　　(b) 相続人の自主占有についての主張・立証責任の分配

　　(c) 自主占有事情の評価

❹ Yからの賃料相当額の返還請求権
　 およびXからの費用の償還請求権の有無　308

判例索引　311

事項索引　313

Deep Learning 一覧　●●●●●

I-1　「要件事実」という用語の取扱い　20

I-2　不動産売買のプロセスと所有権の移転時期　25

I-3　177条の「第三者」と主要事実　27

I-4　登記申請行為と「意思表示」　53

I-5　「表題登記」と「保存登記」　72

I-6　抹消登記請求か承諾請求か　95

I-7　真正な登記名義の回復を原因とする移転登記請求権を認める意義　108

I-8　停止条件付解除の意思表示か停止期限付解除の意思表示か　113

I-9　177条に基づく（a）と（c）の反論の違い　116

I-10　94条2項に基づく攻撃防御方法──94条2項類推の場合との比較　136

I-11　192条に基づいて原始取得できる権利　156

I-12　即時取得制度の主張・立証責任の分配と186条・188条　158

I-13　盗品・遺失物の所有者以外の者が被害者・遺失主である場合と193条　163

I-14　古物営業法の特則　164

I-15　予約について　176

I-16　代理権授与行為と委任契約　178

I-17　違約金請求権の発生を理由づける事実　179

I-18　相続の主張・立証責任の分配　183

I-19　所有権移転原因としての代物弁済契約と債務消滅原因としての代物弁済　205

I-20　不動産譲渡担保に関する判例理論の現状　227

I-21　貸金債権の発生と貸金返還請求権の行使の区別の必要　229

I-22　忠実義務と善管注意義務　247

I-23　法人の代表と代理の異同　259

I-24　いわゆる内縁の配偶者の占有をどのように考えるか　271

I-25　抵当権設定登記抹消登記請求か承諾請求か　274

Ⅰ-26　時効期間の計算のしかた　277

Ⅰ-27　取得時効の類型論の展開　285

Professional View 一覧　■■■■■

Ⅰ-1　事案を解析することの重要性　30

Ⅰ-2　Ａが先に移転登記を完了するための法的手段　44

Ⅰ-3　建物の建築を差し止めるための法的手段　47

Ⅰ-4　真正な登記名義の回復を登記原因とする所有権移転登記　57

Ⅰ-5　原告訴訟代理人は訴訟物をどのように選択するのか　61

Ⅰ-6　実務家の視点からみた最判平成6・2・8の意義　77

Ⅰ-7　不動産の活用方法：サブリース・定期借地権　129

Ⅰ-8　「印鑑」について　151

Ⅰ-9　「印鑑登録証明書」について　152

Ⅰ-10　ネットオークション・フリーマーケットアプリを通じた中古品マーケットの発展　168

Ⅰ-11　委任状について　202

Ⅰ-12　訴訟委任状と委任契約　217

Ⅰ-13　経営者の個人保証　220

Ⅰ-14　占有開始時点の選択　297

Link 一覧　◆◆◆◆◆

Ⅰ-1　実体法上の要件・効果と訴訟における
　　　請求原因・請求原因事実、抗弁・抗弁事実の関係　21

Ⅰ-2　民事訴訟の構造──二当事者対立原則　31

Ⅰ-3　背信的悪意者の再反論はなぜ再抗弁となるのか　67

Ⅰ-4　背信的悪意者と主要事実　69

Ⅰ-5　強制執行（不動産明渡執行）の観点からみた最判平成6・2・8の意義　76

I-6　登記請求に関する共同訴訟　　105

I-7　相対的構成に立つ場合における攻撃・防御方法の位置づけ　　121

I-8　契約書の真正と契約の成立との関係　　134

I-9　攻撃防御方法の変更と訴訟物の変更、主張の相互関係　　161

I-10　共同相続人を共同被告とする場合と強制執行　　182

I-11　有権代理の主張と表見代理（109条1項）の主張との相互関係　　184

I-12　本人と代理人を共同被告として訴えを提起した場合における
　　　本人に対する請求と代理人に対する請求との間の関係　　193

I-13 112条の訴訟における攻撃防御方法としての位置づけ　　241

これから何を学ぶか

❶　本シリーズのねらい

　初学者向けの道案内役となる教科書や講義などを通じて、専門用語の意味を理解し、条文の趣旨を理解できるようになったと思っても、現実に起こっている事件や紛争について、どのように解決したらよいかと相談を受けると、適切な回答やアドバイスをできない経験を持つ人は少なくない。音の出し方や楽典を習得しても、好きな楽曲を演奏しようとすると、それだけでは音楽にならないのと同じかもしれない。

　法学を深く学びたいと思っている場合、この溝を埋めるためには、講義と並行して専門演習を履修するのが一般的である。しかし、専門演習でも、判例の事案を整理して判例の考え方について理解を深めること、教科書設例よりやや複雑な事例を通じて、条文の解釈について見解が分かれている点について、判例や通説の考え方を理解することで終わってしまうことが多い。

　「法制度がわかる」ことを中心に教育が行われてきたのは、法律を利用して紛争解決の方向性を考える力まで育成する必要はないと考えてきたからなのかもしれない。裁判官・検察官・弁護士になる人は一握りの専門家で、法律のプロとして、法制度をどのように使うかは、これらの専門家が OJT（On-the-Job Training）の中で考えれば足りるというのが、一般的な考え方だったのかもしれない。

　しかし、総合職として学生を採用して職場の中でその企業にあった人材育成を行い、終身雇用制の中で人材に対する投下資本を回収するといった職場環境

は一変しつつある。日本の多くの企業は、年功序列を前提とした「職能給」から、成果主義型の賃金形態である「職務給」へとシフトし、1つの企業で職業人としての人生を終える人も減少してきている。「業務の種類」や「個人の成果・責任」に基づいて給与が決まり、それぞれの職種に合った賃金評価を行うという考え方が浸透する中では、法学を学んだ者についても、広く専門性が要求される時代が始まろうとしている。

　本書を含む本シリーズは、法学を深く学びたいと思っている人に、「法制度がわかる」という段階から、ステップアップして、「民法を活用して紛争を解析して解決する力」を育てるための教科書である。このようなステップアップのためには、①紛争となっている現実の生活事実を解析する力、②①をもとに民法という紛争解決手段を利用して議論を組み立てる力、③紛争解決の肝となる点を洗い出し、所与の事実からどのような結論が導けそうか考える力をつける必要がある。このような力は、裁判官や弁護士などの狭い意味での実務法曹のみならず、企業で予防法務や経営戦略の観点から法的アドバイスを行う者など、広い意味での法律のプロに求められている基本的な素養といってよい。

　紛争を回避するためにも、紛争を解決するためにも、あるいは、より戦略的に法制度を利用するにしても、常に、裁判による判決で示される解決結果の予測が重要な判断材料になる。民事裁判では、紛争当事者間に実体法上の請求権・権利関係があるかどうかを判断して紛争を解決することになるが、原告の請求を理由ありとする判決（請求認容判決）が確定すると、被告が権利実現に協力しない場合であっても、国家機関が、確定判決に基づき権利者のために強制的に権利の実現に向けた手続をしてくれるからである（民414条、民執22条以下）。

　本書を含む本シリーズでは、当該事案において、原告が被告に対して、民法上、どのような権利や請求権があるのかを判断するために（☞【図表1】原告・被告間の太線）、①原告となる当事者が誰を相手方（被告）としてどのような請求をしたらよいのか（☞【図表1】原告・裁判所間の実線①）、②原告からの請求を巡ってどのような攻防が原告・被告間で展開されることになるのか（☞【図表1】当事者・裁判所間の実線②）、③当事者間の紛争を解決するために、裁判官ならどのような判決をするのかを検討する（☞【図表1】当事者・裁判所間

【図表1】本書における検討のプロセス

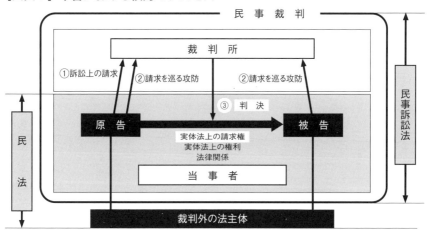

の実線③)。このような検討を通じて、民法を活用して紛争を解決するための
道筋を考えてみることにしたい。

　第1章で述べるように、民事裁判では、裁判官が事実関係を尋ねてくれるわ
けでも、調べてくれるわけでもない。裁判官は、当事者双方の主張する事実を
出発点としながら法的判断をすることになる。したがって、民事裁判の原告・
被告の立場に立って、自己の主張を正当化するために、民法上の制度に基づい
てどのような攻防を積み重ねて議論を展開できるかを考えることは、民法上の
重要な制度についての要件・効果や制度相互間の関係の理解を深めるためにも、
極めて有益な思考のプロセスとなる。

　また、裁判官の立場に立って、当該請求権の有無を巡る当事者双方の主張を、
法理論の論理的順序に従って整理して当該紛争で解決の分岐点となる争点を明
らかにし、適用すべき法規範の意味を解釈した上で、法を適用する過程を具体
的に検討することは、法的三段論法という法律学における議論の作法を知るこ
とにつながる。

　本シリーズは、民法の基礎知識を確認するために、簡単な事案で1つの論点
あるいは1つの判例を学習するための Basic な演習書ではない。また、事例研
究や判例研究を集めたものでもない。本書を含む本シリーズは、ケースメソッ

ド（ケースブックメソッド）を採用し、民法を「知る」という段階から、民法を「使う」段階にグレードアップすることを支援するための教科書である。したがって、対象となる主な読者層としては、講義を一応聴講した学部学生・法科大学院生で将来的に法学分野の専門的人材となることを志す方、予備試験・司法試験の受験生、司法修習生、若手の弁護士や企業内法曹など、すでに法学分野の専門的人材として職務に従事している方を想定している。

　そこで、本シリーズでは、紛争類型ごとに、まずは、より基本的なケースに基づいて民法上の制度を深く理解するための基礎編、次に、事案が複雑で争点が複数あるケースに基づいて民法上の複数の制度の関係を立体的に理解するための発展編・応用編を展開している。発展編・応用編は2つ以上の制度に関連する問題となっていることから、どのような基本的な制度に関連しているのかを解析し、これを基に議論を組み立てることが必要になる。学生については、授業と並行して基礎編を、予備試験や司法試験受験生については、少なくとも発展編までは確実に理解することを期待したい。司法修習生・若手の実務法曹にとっては、応用編も日常業務でよく遭遇するレベルの問題である。

　なお、本書を含む本シリーズは、民事裁判を前提に議論の組み立て方を示しているが、民事訴訟法や民事執行法などの手続法を予め履修している必要はない。むしろ、これらの手続法科目を履修する前に、本書を含む本シリーズを通じて訴訟手続の骨格や通常のプロセスを知り、実体法と手続法がどのように関連しているのかを知っていただければよい。

❷　本書を含む本シリーズの構成

1.｜各章で何を学ぶか

　本書を含む本シリーズは、複雑なケースを素材に、事実関係を整理し、解決すべき課題がどこにあるのかを明らかにし、その思考の道筋を分析することによって、民法を活用してさまざまなケースに対応できる紛争解決能力の向上を図ることを目的としている。

　そこで、本書を含む本シリーズの各章は、原則として、 出題の趣旨 →【例

題】の提示→原告が誰に対してどのような権利があると主張するか→原告が主張する請求権があるかどうかを巡る当事者の攻防→原告の請求の当否についてどのように考えるかという各ステップによって構成されている。

　民法について Basic な法律的な知識を理解していることが前提となるから、民法の基本書や体系書で、抽象度の高い概念や理論を並行して、あるいは、先行して学ぶことが必要になる。そこで、本書を含む本シリーズでは各章の冒頭で「出題の趣旨」として、どのような基礎的な学習が必要であるのかについて示してある。また、2017年民法（債権関係）改正、2018年民法相続法改正、2021年民法改正・不動産登記法改正・相続土地国家帰属法など、近時改正された制度が関連している場合には、どのような改正がなされたのかについて概略を示して、解説部分で展開される解釈論を考える際に、前提として理解すべき点を示してある。

　実務法曹は、常に、当該事件について、自分が求める結論に向かってどのような立論が可能なのかを分析し、それに対して相手方の立場からはどのような反論が予想されるか、それに対しどのように再反論するのか、相手方の反応も勘案しながら、自分がどのようなレベルで争うのかを考えている。これに対して、通常の演習教材の場合、与えられた比較的簡単な事実に基づいて権利があるか、請求が認められるかだけを判断する単眼的なスタイルが多い。これでは法律の専門家として、事件を複眼的、複層的に分析し、なぜそのような主張を選択するのか、それにより紛争をどのように解決するのかという、実務の面白さを知ることは難しい。

　そこで、本書を含む本シリーズでは、【例題】において、原則として民法が適用されるような事案を比較的長文で作成している。また、当事者のそれぞれの言い分を整理した【例題】（いわゆる「言い分方式」）と、その後の訴訟で当事者が主張した事実を整理した【例題】（司法試験の出題形式）、以上の２つのスタイルを用意した。民法の演習や試験等ではあまり使われていない「言い分方式」による出題をしたのは、現実の紛争では、紛争の当事者が主張している事実に違いがあったり、同じ事実を主張していても、その評価が異なっていたりすることがほとんどであり、これが紛争の背景の１つとなっているからである。実際の紛争に近い事案を素材にすることで、原告が誰を相手にどのような

権利があると主張して訴えを提起するのか、また、どのように原告と被告が対話して議論を組み立てていくのか考えてみてほしい。

　次いで、本書を含む本シリーズでは、【例題】の事案について、紛争を解決するための思考のプロセスを可視化するために、以下の順番で解説を加えている。①原告が何を求めているかを明らかにし、これを実現するために、民事裁判においてどのような実体法上の請求権・法律関係を主張したらよいのかを検討している（訴訟物の選択）。その上で、②原告によって主張された実体法上の請求権・法律関係の有無を巡って、紛争当事者間でどのような法規範に基づいてどのような攻防が展開されることになるのかを分析し、議論の組み立てを行なっている（請求権の有無を巡る攻撃防御）。この過程で何が当該紛争で真の争点になっているのかを解明し、最後に、当該請求の当否について、どのように判断するのか、その方向性を示している。

2. 最近の法改正と判例理論の取り扱い方

　上記の紛争解決のプロセスを考えるにあたっては、いずれの段階においても、民事の紛争の解決基準として定められている私法規範が、議論の拠り所になる。わが国は成文法主義を採用していることから、最も重要なのは民法典などの制定法である。民法については、前述したように、最近多くの改正が行われている。民法・債権関係（平成29年法律第44号、2020年4月1日施行）、相続法部分の改正（平成30年法律72号・73号、一部は2019年から施行、多くは2019年7月1日、配偶者居住権・配偶者短期居住権については2020年4月1日、法務局における遺言書の保管等に関する法律は2020年7月10日施行）、成人年齢の引き下げに関する改正（平成30年法律59号、2022年4月1日施行）、所有者不明土地の解消に向けた民法・不動産登記法の改正（令和3年法律第24号、2023年4月1日施行。ただし、不動産登記法の改正のうち、相続登記の申請義務化および相続人申告登記に関する規定については2024年4月1日、住所等の変更登記の申請義務や所有不動産記録証明制度などについては、2026年4月28日までに施行）、また、相続等により取得した土地所有権の国庫への帰属に関する法律（令和3年法律第25号、2023年4月27日施行）などに注意することが必要である。

　民法の条文は、特に断らないかぎり2023年4月1日時点で施行されている条文によるものとし、条数のみを記載する。2023年4月1日前の民法の条文については、改正前●条、2021年民法・不動産登記法改正については、2023年4月1日時点で施行されていない条文については、条文の後に未施行であることを記載する。

　本書を含む本シリーズでは、事案解決に必要な限度で、これらの改正法の趣旨に言及し解釈論を展開するとともに、これを前提として、改正法についても民事訴訟における攻撃防御の方法がどのように当事者双方から展開されることになるのかについても論述している。

　法規範の解釈論を展開するにあたっては、これまでの判例も重要である。もっとも、判決は当該裁判で明らかにされた具体的事実についての裁判所の判断であり、本来、その限度で拘束力があるにすぎない。最高裁判所の判決も、当該事件についての下級審の裁判所を拘束するにとどまる（裁4条、民訴325条3項後段）。しかし、下級審裁判所は上級裁判所の先例を事実上尊重することから、類似した事件について同種の判決が集積されてくると、そこに一般的理論や法則が定立されることになる。したがって、判例を通じて、具体的な事件でどのように法を解釈し、適用して紛争を解決しているのかを知ることは重要であり、特に、最高裁判所の判決は拘束力が強い。このように、事実上、法源となるような判例を判例法と呼んでいる。

　そこで、本書を含む本シリーズでは、各章のテーマに関連して重要な判決を【重要判例】として末尾に記載し、これらの判例を通じて、抽象的に規定されている制定法の具体的な意味・内容を考えるとともに、判決を通じてどのような判例法が形成されているのかについて解説の中で明らかにしている。とりわけ、2023年4月1日時点で施行されている条文の下で、改正前に形成された判例法が、改正法のもとでも意義があるのかについて点検することが重要である。

3. より深く学ぶために

　本書を含む本シリーズでは、[Deep Learning]［Link］[Professional View]のコーナーを設けて、より深く理解ができるように配慮している。そ

れぞれのコーナーでは、以下の観点から記述されている。

[Deep Learning] では、本文で展開されている解説をより深くより正確に理解するための情報や、例題の事件を解決する際に、しばしば誤りやすい議論の分岐点などにについて解説を加えている。

[Link] では、主に、本文で展開されている解説に関連する民事訴訟法や民事執行法への橋渡しをするための情報、実体法と手続法がどのように関連しているのかについて解説を加えている。

[Professional View] では、実務法曹の観点からみた場合に、紛争となっている事件を理解するための情報や、より広い視野から紛争解決の在り方を考えるための視点を明らかにしている。

参照にあたっては、本シリーズの巻・通し番号を略記する（たとえば Link I-1 は第 1 巻の Link の 1 を表す）。

なお、本シリーズでは参考文献の表記を最少限にとどめている（前掲と記載されている場合には、各章の中に前掲の文献がどの文献を指しているか明記してある）。

❸ 本書を含む本シリーズによる学習のしかた

本書で学習する際には、**第 1 章と第 2 章をまず学習してほしい**。**第 1 章と第 2 章が本シリーズ全体の導入部分**となっているからである。これらの章での学習を通じて、民法を活用して紛争を解決するために、どのような思考のプロセスを経るべきかが理解できるはずである。

1. 自習用に使用する場合

まず、【例題】を読んでほしい。解説を読む前に、読者自身が、事案の整理（時系列表）・利害関係図・親族関係図等の作成をすることをお勧めしたい。これらの作成は、実務法曹が当たり前に行っていることであり、早い段階で身につけておくべきスキルである。読者にとっても、事案の解析作業が適切に行われないと、どんな事件なのかを確認するために、何度も問題文を読み返すこと

になる。読者への学習の助けになるように、事案の整理（時系列表）・利害関係図の作成をどのようにするのかについて**第1章**にモデルを示してある。これを参考に、自ら各問題についてチャレンジしてみてほしい。なお、かなり難易度が高い問題については、利害関係図を示した。

　次に、「**❶　出題の趣旨**」で、どのような法制度について議論をすることになるのかを確認し、基本的な制度趣旨などについて基本書の該当箇所を読んでほしい。その上で、自分で紛争解決の見通しについて考えてみてから、**❷**以下の解説を読み、自分の思考プロセスを点検してほしい。最後に、末尾の**【演習問題】**について自分で解答を作成してみるとよい。

2. │授業で利用する場合（参考例）

　演習科目、双方型の授業科目で本書を含む本シリーズを利用して民法の応用科目として授業を行う場合には、1つの章で、最低2コマの時間をかけて検討することを想定している。1コマ目で、事案を整理し、当事者による議論の組み立てを考えさせることになる。演習科目などで利用する場合は、履修グループを原告側と被告側に分けて立論させると、より面白い授業が展開できる。2コマ目で、争点を整理して、原告の請求の当否を検討することになる。

　履修者には、**【例題】**に設問を加えた問題文を提示し議論することになる。参考となる設問を**【演習問題】**として用意したが、設問については学生の理解度なども考慮して工夫していただくとよい。本書を含む本シリーズの各章の**❷**以下の解説については、事前には学生には与えず、1コマ目の授業で、原告がどのような請求をするのか、当事者間で請求をめぐってどのような攻防が繰り広げられることになるかを議論した上で、学生の整理のために、各章の**❷**以下の解説を示し、2コマ目で議論の深化を図るとともに、請求の当否について検討すると、より高度な授業の展開が可能となる。

　なお、要件事実の基礎を学んだ段階で、紛争類型別に理解度を進化させるために、民事裁判実務に関する発展的科目で本書を含む本シリーズを利用することも可能である。

所有権に基づく請求と不動産物権変動 ［基礎編］

第1章

——不動産所有権確認および不動産明渡訴訟を通じて学ぶ

❶ 出題の趣旨

　後述する【例題】では、一筆の土地をめぐって自分が所有者だと主張する2人の人物AとCが登場する。いずれもBから同じ土地を購入したと主張している。物権法を学んだ者は、いわゆる二重譲渡のケースであり、177条に基づいてどちらに所有権が帰属するのかを判断すればよいと考える事案である。

　民事訴訟を通じて紛争を解決しようとする場合には（☞序章【図表1】）、例えば、自分に所有権があるというように、自己の言い分を、私人間の生の生活関係を一定の権利ないし法律関係がある（ない）という具体的な事実を法律に適用して一定の結論を導くことができる形に切り出して整えることが必要であり、しかも、自ら原告として裁判所に判決を求めなければならない。被告が争う限り、例えば、上記土地を前所有者から購入した事実とか、10年間ないし20年間上記土地を占有していたという事実のように、当事者は、自己の言い分を理由づけるための主張を裁判所に提出しなければならない（☞❷2. 3. 4.）。しかし、【例題】において、具体的に、Aが、誰を被告として、どのような権利ないし法律関係の存否を主張すればよいか、被告が争った場合に、どのような事実等を提出しなければならないかと問われると、答えられない人は多い。

　そこで、**本章**では、本シリーズの導入として、まずは、後述する【例題】に掲げられた「Aの言い分」が形成されていくまでの過程をみていく。Aから聴き取った現実の生活事実にどのような過不足があるか、すでに学んだ民法の基礎知識を前提として、いかなる事情をAから更に聴き取っていく必要があるかを考えてみることを通じて、**序章**で列挙されたもののうち、紛争となっている

現実の生活事実を解析するとはどういうことか、民法という紛争解決手段を利用して議論を組み立てるとはどういうことかについて、著者らと、本書を読み進めていこうとする読者との間に共通の了解を形成することが、本章の目的である。

　この準備作業を前提に、**本章**では、さらに、【例題】において、Ａが誰を被告としてどのように所有権に基づく請求をすることが考えられるのか、その請求をめぐる攻防としてどのようなものが想定されるのか、裁判官は何をどのように判断するかについて考えてみることにしよう。

　このような段階的検討によって、176条・177条の制度趣旨および不動産登記法を深く理解するとともに、民事訴訟手続に関する基礎的な知識が確認できるはずである。また、**本章**の学習を通じて、**序章**で述べたケースメソッド方式を採用した検討のプロセスを具体的に示すとともに、実体法と手続法を関連づけて理解するための第１歩となることを期待したい。

原告からの請求①
── 不動産所有権の確認を求める訴訟

　以下の【例題】は、紛争の当事者となったＡおよびＣからそれぞれ法律相談をされた弁護士が聴取した内容を記述したものである。

【例題】

【Ａの言い分①】

　私は、2020年６月１日に、故郷の長野市で、ゴルフ練習場の跡地である甲土地をＢから代金1000万円で買い受け、売買契約書を取り交わした。

　2020年７月中旬に、帰省した折に甲土地に立ち寄ったところ、甲土地外周のフェンスに「単身者向けワンルームマンション建築予定地　貸室を希望の方はＣまでご連絡ください」との掲示がされていた。念のため、近くの不動産屋で聞いたところ、確かに甲土地にはＣを施主とするワンルームマンションが建設される予定であり、近々基礎工事に着手するとのことで

あった。

　驚いてＢに電話をしたが通じなかったので、Ｃ方を訪問して善処を求めた。しかし、Ｃからは甲土地はＢから購入した自分の土地であると言われ、取り合ってもらえなかった。甲土地は私の土地なので、なんとか取り戻したい。登記を閲覧して確認したところ、７月20日の時点では、甲土地の所有者名義はＢになっていた。

【Ｃの言い分①】

　私は、2020年７月１日に、甲土地をＢから代金1200万円で購入する契約をした。同日、代金1000万円の支払いと引換えに甲土地の引渡しを受けた。

　私とＢとの間で取り交わした売買契約書では、代金1000万円の支払いによって所有権はＢから私に移転すること、10月15日に残金200万円を支払うのと引換えに登記を移転することが約定されている。しかし、単身者向けのワンルームマンションを建設後、家賃収入をできるだけ早く確保したいと考え、まだ建物の建設前であったが、Ｂとの契約後、早速、甲土地のフェンスに単身者向け賃貸マンションの建設予定である旨の広告を掲示した。

　ところが、2020年７月中旬に、Ａが自宅に訪ねてきて、甲土地のことを聞かれ、「自分が先にＢから甲土地を買った。自分が甲土地の所有者だ。勝手にワンルームマンションなど建てられない」と言って文句をいってきた。念のため、その日のうちに登記所に出向き、登記記録を閲覧して確認したところ、甲土地の所有者名義はＢのままであった。

　私は、すでに売買代金のほとんどをＢに支払い、ワンルームマンションの設計図がほぼ出来上がってきたところである。Ａとの間でトラブルが起こるかもしれないと思うと、どうしたらよいのか途方に暮れている。

1. 【Ａの言い分①】Ａの主張が整理されるまでの道筋

　Ａとすれば、「甲土地の所有権者であったＢとの間で、Ｃよりも先に、2020年６月１日、甲土地を代金1000万円で買う旨の売買契約を締結したのであるか

　ら、Cが購入した2020年7月1日時点では、甲土地の所有権は自分にあった。Bに所有権はなかったのだから、CがBと甲土地の売買契約をしても、甲土地の所有権はCに移転することはない。したがって、甲土地の所有権は、先にBから甲土地を購入したAに帰属している」といいたいところである。

　もっとも、売買契約書が2020年6月1日付けで、売主はB、買主は相談者Aであると書いてあること、目的物は甲土地、代金は1000万円で、代金と引換えに所有権移転登記に必要な一式書類を引き渡すと書いてあることを確認できたとしても、Aが紛争解決に必要な事情を全て話しているものと考える法律家は、まずいないと考えてよい。

　弁護士であれば、まずは1000万円がAからBに支払われたことの裏付けを取るだろう。売買契約が成立し、代金全額を支払ったことが確実であれば、不動産物権変動について意思主義によることを定める176条により、BからAに甲土地の所有権が移転するという効果が発生したと考えるだろう（Bが甲土地の所有権者であったかも問題となるが、その点は後述）。しかし、177条は、不動産に関する物権の得喪及び変更は、不動産登記法その他の登記に関する法律に定めるところに従いその登記をしなければ「第三者」に対抗することができないとして、対抗要件主義を規定している。仮に、AがCに対して甲土地の所有権を主張しようとしても、甲土地についてAが登記を具備していなければ、Cが177条にいう「第三者」に該当する限り、当該所有権を主張できず、当該所有権を前提として甲土地の明渡しを求めることはできないという法律効果が生じることになる。この効果によって、AのCに対する主張は認められないこととなる。

　そこで、弁護士は、Aに対し、甲土地につき、Aを所有名義人とし、2020年6月1日付けの売買を登記原因として所有権移転登記をしたかどうかをAに尋ね、甲土地の登記事項証明書の内容を確認するだろう。もっとも、所有権が移転していたとしても、様々な事情で所有権移転登記手続を留保することは、実社会ではままあり得ることから、所有権移転登記がされていないとすると、その理由をAに尋ねるだろう。あるいは、Bと共同して自己への所有権移転登記手続をすることの可否を尋ねることが考えられる。

　他方で、Cとすれば、「Bが2020年6月1日にAに甲土地を売ったことは知

らなかった。Cは、2020年7月1日に、Bから甲土地を購入しており、代金1200万円のうちその大半にあたる1000万円を支払っている。そして、Cは、甲土地について、既にワンルームマンションの建設計画を進めており、それが誰もが分かるように甲土地に掲示している。Aは、Aが甲土地を購入した後、1か月の間、何もしておらず放置していた。Bが、AとCの両方に黙って、両方に甲土地を売っていたということになるが、甲土地の所有を明示し、勤勉に利用に努めていたCが保護されるべきである」といいたいところであろう。しかし、Cについても、紛争解決に必要な事情を全て話していると考える法律家は、まずいないと考えてよい。

Cが他人名義の甲土地上に無断で建物を建築するという推測自体、一般論としてはかなり無理がある。借地の上に建物を建設する場合にも、地主の承諾を確認せずに、Cの求めに応じて甲土地上へのワンルームマンション新築を請け負うような建築業者等はいないであろう。このような想像力を働かせる必要がある。

甲土地の所有名義人はBのままであるか、何らかの事情でCが所有名義人になっている可能性を念頭に考える必要がある。このような検討を経て事案を解析すると次のように考えることになる。

2020年6月1日　B→A　甲土地売買（契約書あり）　代金1000万円
　　　　　　　（同日　A→B　代金1000万円支払？）
　　　　　　　甲土地の所有名義人は、Bのまま？　C？

---

2. Aは誰に対してどのような権利があると主張して訴えを提起するか

1. で検討した事案の解析に基づいて訴訟をしようとする場合に、Aは誰を被告として、どのような権利があると主張して訴えを提起したらよいのだろうか。

「訴訟」とは、国家機関、特に裁判所が、紛争や利害の衝突を公権的に解決

調整するために、対立する利害関係人を当事者として関与させて、法に基づいて審理・裁判を行うための手続である。「民事訴訟」は、文字通り民事に関する訴訟で、民法等の私法により紛争解決基準が規律される、対等な私人間の身分上又は財産上の生活関係に関する事件を対象としている。

　近代国家では、通常、いわゆる自力救済を禁止しつつ、国家において、上記の紛争解決基準を適用して当事者間の権利や法律関係の存否を観念的に確定する手続（判決手続）と、その権利等を強制的に実現する手続（強制執行手続）とを用意している。このうち判決手続をみると、裁判官は、審理の中で事実関係を当事者の主張や証拠から具体的に確定し、民法の規定などの法規範を事実関係にあてはめて結論を導き、当事者双方に判決を言い渡すことになる。民法などの私法上の法規範は、私人にとって行為規範としての側面を有するだけでなく、訴訟手続（判決手続）において裁判官に紛争解決の基準を提供しているという意味で、国家（裁判機関）に向けられた規範でもあることになる。

　ところで、民事訴訟においては「訴えなければ裁判なし」の原則が妥当する。甲土地を取り戻したいというAの目的を達成するためには、Aが訴えを提起して訴訟手続を開始させることになる。訴えには、求める判決の内容により、給付の訴え、確認の訴え及び形成の訴えの三類型があり、特定の相手方（被告）のほか、判断対象となる権利や法律関係を明示しなければならない。

　訴えは、原告が、被告に対して、特定の権利や義務の存否等についての自分の主張が正当なものであるか否かについて、裁判所に対して審理・判決を求めるものである。民事裁判では、訴えを提起するかどうか、どのような訴訟を提起するかは、当事者に任されている（このような考え方を「処分権主義」という）。民事の事件は、私人の権利・法律関係の存否に関するものであり、民事の訴訟は、このような私人の権利・利益の確定や実現を図ることを主要な役割としているから、訴訟についても、原則として、私的自治の原則に基づいて処理することが要請される。

　したがって、訴えを提起する原告が、裁判所に対して、訴訟の当事者と、審判の対象である法的主張、すなわち特定の権利または法律関係の存否・内容に関する主張を明示しなければならない（このような審判の対象となる原告の法的主張を、民事訴訟法では「訴訟上の請求」という）。また、どのような判決を求め

るかも、原告が明らかにして訴えなければならない。実体法上、「請求」という言葉は、私人である義務者に対して何らかの給付、つまり一定の行為を要求するときに使われる。これに対して、訴えは、国家（裁判所）に向けられたものであり、実体法の請求と区別するために、訴訟上の請求と表現している（☞**序章【図表1】**）。

【**Aの言い分①**】【**Cの言い分①**】からは、AとCとの間で甲土地の所有権がどちらに帰属するかを巡って争いがあるが、この争いの発端には、Bが深く関与していることが分かる。

【**例題**】について考えてみると、たとえば、Cが地元の有力企業で、裁判所の最終的判断には従うという意向を示しているときには、甲土地の所有権がAにあることの確認を求める訴えをCに対して提起し、裁判所に、甲土地の所有権の帰属を終局的かつ拘束的に確定すれば足りることもあるであろう。もっとも、後述するように、Cの反論の当否いかんによってはAの主張には理由がないとして、甲土地の所有権がAに帰属していることの確認を求める訴えを提起しても目的を達成できないこともありうる。

Aを所有権者とする所有権移転登記手続が未了であることに問題があるとすれば、Aは、売主Bを被告として、甲土地の2020（令和2）年6月1日売買を原因とする所有権移転登記手続をすることを求める給付の訴えを提起することが考えられる（この勝訴判決に基づいてAが所有権移転登記を経れば、C以外の自称所有者の出現を防ぐことができる）。もっとも、上記所有権移転登記請求訴訟の当事者となっていないCには、上記の判決の効力が及ばない（民訴115条1項1号参照）。したがって、AがBを被告とする上記登記訴訟で勝訴しても、Cが、Aの所有権移転登記はAが所有権者であるという実体法上の権利関係に裏打ちされない無効な登記であるとして争うことはでき、A・C間の所有権帰属をめぐる紛争は解決しない可能性はある。

民事訴訟法では、訴訟上の請求の単位をどのように考えるかについて旧訴訟物理論と新訴訟物理論の対立があるが、本書では、裁判所が採用している旧訴訟物理論を前提に議論を進める。このような考え方に立つと、訴訟法上の請求は、実体法上の権利ないし法律関係（訴訟物）を基準に識別されることになり、民事裁判は、訴訟物である実体法上の権利又は法律関係の有無をめぐる攻防と

いうことになる。

　【例題】では、Aが、原告として、Cを被告として甲土地がAの所有であることの確認を求める訴えを裁判所に提起し、その旨の勝訴判決を得て確定すれば、訴訟当事者であるAとCは、一定の基準時において甲土地の所有権はAに帰属していた旨の裁判所の判断内容に拘束されることとなり、AとCとの甲土地の帰属（法律関係）をめぐる法的紛争は終局的かつ拘束的（Final and Binding）に解決される可能性があり、甲土地を取り戻したいというAの目的は一応達成することとなる。

　Cとの間でAが甲土地の所有権者であることを確定するためには、Aは、裁判所に対し、Cを被告として「AとCとの間において、甲土地の所有者はAであることを確認する」との判決を求める旨（民訴134条2項2号）を記載した訴状を裁判所に提出し、訴えを提起すればよいことになる（同条1項）。

　【Aの言い分①】【Cの言い分①】に基づいて、本件紛争の時系列を整理し、関係図を作成すると以下のようになる。

【図表1】 本件紛争の時系列

2020年6月1日	B・A間売買（甲土地・代金1000万円）…売買契約書 弁済期・代金の支払いの有無について不明
2020年7月1日	B・A間売買（甲土地・代金1200万円）…売買契約書 代金弁済期　同日1000万円（引換えに所有権移転） 同年10月15日200万円（引換えに所有権移転登記）
2020年7月中旬	・Aは甲土地にCが「単身者向けワンルームマンション建築予定地」と掲示していることを認識 ・不動産屋で、ワンルームマンション建築予定、近々基礎工事着手との聴取り ・AがBに連絡するも通じず ・AがC宅訪問 　　Aは、CがBから土地を購入したことを認識　Aは先に購入したと主張 　　Cは、AがBから土地を購入したことを認識 ・Cは甲土地の所有名義がBのままであることを認識
2020年7月?	Cはワンルームマンション設計図の作成を概ね完了

【図表 2 】利害関係図

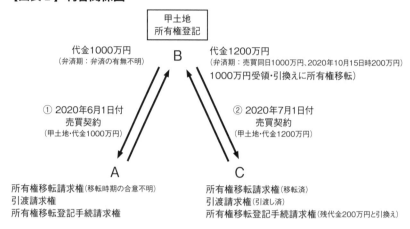

甲土地
所有権登記
B

代金1000万円
(弁済期：弁済の有無不明)

代金1200万円
(弁済期：売買同日1000万円、2020年10月15日時200万円)
1000万円受領・引換えに所有権移転)

① 2020年6月1日付
売買契約
(甲土地・代金1000万円)

② 2020年7月1日付
売買契約
(甲土地・代金1200万円)

A

C

所有権移転請求権(移転時期の合意不明)
引渡請求権
所有権移転登記手続請求権

所有権移転請求権(移転済)
引渡請求権(引渡し済)
所有権移転登記手続請求権(残代金200万円と引換え)

3. Aはどのような事実を主張したらよいか

(a) 弁論主義と主張・立証責任

　Aの甲土地所有権確認を求める訴えにつき、CがAの請求を理由あるものと認めて認諾（民訴266条、267条）しない限り、Aは、自己が甲土地を現在所有していることの根拠となる事実（民訴規則53条では「請求を理由づける事実」という用語が用いられている）を積極的に主張しなければならない立場に置かれる。

　民事訴訟の対象たる権利関係は、当事者に処分が認められているものであるから、訴えの提起の段階だけでなく、判決の基礎となる審理においても、「事実」および「証拠」の提出等を通じて当事者が自らの意思で裁判内容をコントロールすることを認めている。そうでなければ、私的自治の原則を基本原理とする実体法上の権利や法律関係の有無に関する判断を手続法が歪めてしまうからである。したがって、原則として、事実や証拠を収集・提出する責任は当事者にあり、その範囲も当事者の判断に委ねられている。このような考え方を「弁論主義」という。

　弁論主義は、以下の3つのルールから構成されている。第1に、法律効果があるという判断に直接必要な事実（主要事実）を口頭弁論で主張しなければ、裁判所はこれを判決の基礎とすることができないというルール（第1テーゼ）、

　第2に、主要事実であって、当事者間で争いのないもの（自白された事実。実務はその対象を主要事実に限定しているといわれているが、学説上は重要な間接事実も対象に含める見解が有力である）については、裁判所は当然に判決の基礎としなければならないというルール（第2テーゼ）、第3に、裁判所が調べることができる証拠は、原則として、当事者が申し出たものに限定されるとするルール（第3テーゼ）である。

　第1テーゼに基づくと、当事者が要件に該当する事実があると主張しなければ、その事実は判決の基礎として取り上げられない結果、その要件から生じる効果の発生は認められないという不利益が生じる（このような不利益を「主張責任」という）。

　主張責任の配分の基準については、まずは、①どのような法律効果（権利の発生・権利の発生の障害・権利の消滅・権利の行使の阻止）が問題となっているのかという観点から、条文を根拠に、法律要件を構成する類型的事実（構成要件要素）を分類し、さらに、②制度趣旨、③立証の難度、当事者間の公平等を考慮して、法律効果の発生根拠となるミニマムな要件部分が何かを最終的に決定している（これを「修正された法律要件分類説」という）。

　民法典は、権利義務に関する要件・効果のカタログであり、法律効果に着目して民法の規定を分類すれば、実体法の権利ないし法律関係の発生要件を定めた規定（権利根拠規定）のほかに、一旦発生した実体法の権利ないし法律関係の消滅の要件を定めた規定（権利消滅規定）、権利根拠規定や権利消滅規定に基づく法律効果の発生を抑止・障害する法律効果について、その発生要件を定めた規定（権利障害規定）、発生した実体法の権利ないしは法律関係の行使を一時的に阻止する要件を定めた規定（権利阻止規定）に分けることができる。

　実体法上の権利・法律関係があるといえるためには、その効果を発生させる法律要件に包摂される具体的事実がすべてあるとされることが必要である。当事者間で争いのない事実（自白された事実）については、裁判所は当然に判決の基礎としなければならないが（第2テーゼ）、争いのある事実については、証明されなければ、当該事実があるとはいえないことになる。現実には、証明をつくしても、具体的な事実があるか否かが不明の場合がある。そこで、ある事実の存否が真偽不明に終わった場合に、当該法律効果の発生を肯定されないと

いう不利益を当事者のいずれに負担させるかを予め決定しておいて、裁判所が判決できるようにしている（このような考え方を「立証責任」ないし「証明責任」という）。

　立証責任の配分の基準については、原則として、自己にとって有利な法律効果を定めている法規範に基づいて、その要件を構成する類型的事実（構成要件要素）について、当該法律効果の発生によって利益を受ける側の当事者が負担するものと解されている。主張責任は、ある事実の主張が口頭弁論に顕れていない場合の不利益を問題としているのに対して、立証責任は、立証活動によって主張された事実があるかどうか不明の場合に法律効果の発生を認めないという不利益を問題としており、その点では違いがある。しかし、主張責任も立証責任も、その責任が問題となる場合には——事実の主張がないからなのか、事実があると立証できないからなのかについては違いがあるが——要件に該当する事実があるとはいえないことになり、法規が適用できないと考えられることが多い。この結果、法律効果の発生は認められないことになるから、主張責任と立証責任の分配の基準は、原則として一致するものと解されている。

Deep Learning I-1
「要件事実」という用語の取扱い（千葉）

　いわゆる要件事実論は、実体法の解釈論を手掛かりに、民事裁判における主張・立証責任の分配の基準を明らかにする考え方である（山野目章夫編『新注釈民法（1）総則（1）』〔有斐閣、2018年〕48頁［村田渉]）。民事訴訟法学説では、規範の要件を構成する要素となる類型的事実のうち、当事者に主張・立証責任があると解される構成要件要素部分が要件事実であると解する見解が通説である（高橋宏志『重点講義民事訴訟法上〔第2版補訂版〕』〔有斐閣、2013年〕425頁など）。したがって、要件事実を規範レベルで考えていることになる。これに対して、司法研修所編『改訂新問題研究 要件事実』（法曹会、2023年）5頁では、法律要件に該当する具体的事実であると定義し、主要事実と同義と理解しており、見解が対立している。

　また、要件事実の意義につき民事訴訟法学に従って理解するとしても、民法典は、ある法律効果の発生に必要な要件は何かという観点から記述されており、必ずしも裁判を前提にしているわけではないから、民法の教科書で、講学上、「要件」と記述

されているものには、主張・立証責任が問題とならないものもあり、その意味では、実体法上の要件には、要件事実ではないものが含まれていることになる（たとえば、177条の第三者は有権利者であること、192条の前主が無権利者であることが実体法上は前提となっているが、これらの点は要件事実ではない。☞第 2 章◆1.、第 6 章◆2.）。

　そこで、本書では、定義が分かれている要件事実という用語を使用せずに、実体法の要件を明らかにした上で、修正された法律要件分類説を参考に構成要件要素に分解し、裁判手続を考えた場合に主張・立証責任が問題となる構成要件要素が何かを明らかにし、その配分の基準をどのように考えるべきかを端的に論じ、構成要件要素に該当する具体的な事実がある場合に、どのような効果が生じるかを記述するものとする。　　　　　　　　　　　　　　　　　　　　　　　　　　　　　●

𝐿𝑖𝑛𝑘 I-1　実体法上の要件・効果と訴訟における請求原因・請求原因事実、抗弁・抗弁事実の関係（千葉）

　以下では、所有権に基づいて物の返還請求をする場合を例に記述する。

　ア）実体法上の要件・効果（通常は条文）の分析（実体法上、どのような要件を充足すると効果が発生するかを考える）

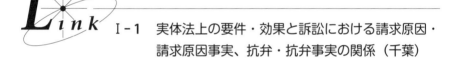

> 所有者が他人によって所有物を占有されている場合において、他人に占有権原がないときは、その他人に対し、所有権に基づいてその物の返還を請求できる。

↓

A：現在、その物の所有者であること	B：他人がその物を占有していること	C：占有者に所有者に対する関係で占有権原がないこと

上記 A ＋ B ＋ C の要件を充足すると、所有権に基づく返還請求権という効果が認められる。

　イ）構成要件要素（条文の類型的事実）に分解し主張・立証責任の分配（実体法上の権利があることを訴訟で争う場合に、条文の構造や制度趣旨を参考に、修正された法律要件分類説に基づいて上記 A・B・C の各要件について主張・立証責任をどのように分配するかを考える）

　A と B の要件は、所有権に基づく返還請求権（以下、αという）の発生を基礎づける要件であり、αという権利の発生を主張する側に主張・立証責任がある。

　一方、所有者との間で占有者に占有権原がある場合には、αの発生は認められないから、C の要件は、所有権に基づく返還請求権という効果の発生について消極的要

件を定めており、法律要件分類説によれば権利発生を障害する要件である。また、所有者であることを主張する者が「占有者に占有権原がないこと」が立証できない限り、αという権利があるといえないとすると、所有権を侵害された者が権利行使をすることが難しくなる。そこで、占有者の側に、占有権原があること（Cという要件に該当しないということ＝C̄）について主張・立証責任を負担させるべきものと解される。

ウ）所有権に基づく返還請求訴訟における攻撃・防御の関係

上記ア）イ）の整理を前提に、初めて所有権に基づいて物の返還を求めて訴訟を提起することができる。原告（X）がどのような要件を充足する事実を主張したら所有権に基づく返還請求権があるとして物（甲土地）の明渡しを求めることができるのか、また、被告（Y）がどのような要件に基づいてこれを充足する事実を主張すればXの請求を退けることができるかを整理することができる。下記にXからの請求に対して、被告が原告から甲土地を借りていたとして争った場合を例に、原告と被告との間での攻撃防御の関係（ブロック・ダイヤグラム）を示す。

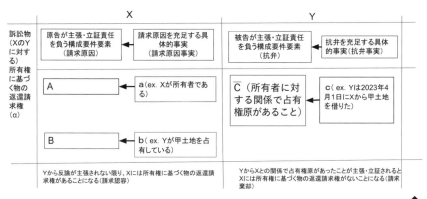

(b) 所有者であるというためには

以上の理解をもとに、【例題】の場合に、Aはどのような具体的事実を主張したらよいのかを考えてみよう。

Aは、甲土地の所有者であるというために、2020年6月1日にBから甲土地を1000万円で購入したことを主張すればよく、A・B間では売買契約書が作成されているので、これを証拠として提出すればよいと考えている人がいるかもしれない。

　しかし、売主Bが甲土地の所有者でなければ、AはBとの間で売買契約を締結したと主張しても、Aは自分が所有権者であるとはいえない。売主が売買の目的物の所有権を有していない場合も売買契約を締結することは可能であり（このような売買を他人物売買という。561条）、Bは真の所有権者から所有権を取得してAに所有権を移転する債務を負うにすぎない。Bが所有権移転義務を履行するまでは、Aが甲土地の所有権を取得することはない。Aが甲土地を承継取得したと主張する限り、厳密にいえば、所有権が原始取得された時点から無権利者が1人も介在せず、承継取得原因がすべて有効であることを主張しなければ、現在、Aが甲土地の所有権者であるとはいえないことになる。しかし、これでは、所有権者であることを根拠に、所有権に基づく請求権があると主張することは、極めて難しくなる。

　前述したように、弁論主義の考え方には、主要事実ないし重要な間接事実であって、当事者間で争いのないもの（自白された事実）については、裁判所は当然に判決の基礎としなければならないというルール（第2テーゼ）がある。所有権は権利であって事実ではないが、所有概念は日常生活に溶け込んでおり、専門家でなくても所有権はわかりやすい権利であることから、所有権については権利自白を認めても不当な結果は生じないと考えられる。

　そこで、現在若しくは過去の一定時点における所有権を主張する者自身の所有について争いがなく、または、過去の一定時点における同人の前所有者等の所有について争いがない場合には、所有権については権利自白を認め、所有権を主張しようとする者は、当該時点以前の所有権取得原因となる具体的事実について主張・立証を免れると解されている（以上につき、司法研修所編・前掲書59頁以下）。

　【例題】では、Cも、甲土地をBから買い受けたと主張し、自己が甲土地の所有者であるとしてAの所有を否定している（このことは、訴訟要件の1つである確認の利益を基礎付ける事実でもある。詳細は民事訴訟法の講義に譲る）。そうすると、AとBとの間で売買契約が締結された時点においてBが甲土地を所有していたという限りでは、甲土地の所有者がBであった点についてAとCの認識は一致することになる。したがって、A・B間で売買契約が締結された時点においてBが甲土地を所有していたこと、そのBからAが甲土地の所有権の移転

を受けたといえば、BからAに所有権の移転があった時点でAに甲土地の所有権が帰属していることを主張できることになる。

　過去の一時点においてある権利が発生したとされれば、その発生した権利は消滅要件又は行使阻止要件のいずれかに該当する具体的事実が認められない限り、現在も存在すると扱われることになるから、Aが甲土地を現在所有していることを理由づけると考えていることになる（なお、このような考え方を「権利関係不変の公理」などと呼ぶことがある。司法研修所編・前掲書6頁の図参照）。

　ところで、176条によれば、所有権の移転は、当事者の意思表示のみによってその効力が生じ、判例・通説は、この意思表示は債権的意思表示で足りると解している（最判昭和33・6・20民集12巻10号1585頁。このような考え方を物権行為独自性否定説という）。

　【例題】に即して説明をすれば、AとBとの間で売買契約が成立したというほかに、甲土地の所有権を移転するという別個の合意を要しない。売買契約が成立すれば、売主は買主に対して売買の目的物につき所有権移転義務を負うが（555条）、Bが甲土地の所有者である限り、176条の規定に基づいて、売買契約の成立時に、甲土地の所有権についてもBからAへと移転したものと扱われることになる（契約時説）。

　したがって、【例題】では、Aが現在甲土地の所有者であるというためには、「①Bは、2020年6月10日当時、甲土地を所有していた。②、Bは、Aに対し、2020年6月10日に甲土地を代金1000万円で売った」と主張すればよいことになる。

　上記のように解すると、上記①を前提とした②の主張があれば、Aは2020年6月10日に甲土地の所有権をCから承継取得したという実体法上の効果発生を肯定できるものとして、後述のようにCがAの未登記を主張しない限り、現在もAが甲土地の所有者であるとされ、Aが勝訴することになる。

　このように、実体上、物権変動が生じたことを主張しようとする者は、原則として物権変動があったことを主張するだけで足り、その旨の登記を完了したことを加えて主張する必要がないことになる。このような考え方が採られているのは、登記を備えたといえない限り所有権が移転したといえないと解することは、物権変動における「意思主義」の原則（176条）に反することになるか

らである。登記をしなければ、有効に成立した物権変動を第三者に対抗できないとする「対抗要件主義」を採用しているのは、物権変動の公示を促進するためであって、物権変動を生じさせるための要件ではないからである。

𝒟eep Learning I-2
不動産売買のプロセスと所有権の移転時期（千葉）

　わが国における不動産取引実務においては、売買契約が成立すれば直ちに目的不動産の所有権が移転する176条のデフォルト・ルールに基づくような取引は稀である。売買契約は諾成契約であり、売主と買主の合意のみで成立するが、不動産売買では、代金全額の支払と、所有権の移転及びその登記申請（ないしは登記申請に必要な書類の授受）とが同時履行と定められることが多く、一般に入手可能な売買契約書のひな型や不動産仲介業者が用意する書式も、売買契約において所有権の移転時期について特約がなされている。このような特約は有効であり、特約によって定められた時点で所有権は移転するものと解されている（最判昭和35・3・22民集14巻4号501頁、最判昭和38・5・31民集17巻4号588頁など）。

　そこで、学説も、物権行為独自性否定説を前提にするとしても、代金支払と所有権移転の間の同時履行関係を重視して、代金支払時に所有権が移転するものとする考え方（有償性説）が主張されるようになった（川島武宜『所有権法の理論』〔岩波書店、1949年〕248頁）。代金支払いをしないまま登記の移転や目的物の引渡しが行われた場合にも、売主が買主に信用を供与したといえる場合には、所有権が移転すると解している。

　一方で、所有権は、物の利用権や処分権、滅失の際のリスク負担など、有体物に関する権利・義務の総称にすぎず、問題ごとに所有権の移転時期を考えるべきであって、所有権の移転時期を特定の時点として定めることは不可能であり不必要であるとの見解（確定不要説）が有力に主張された（鈴木禄弥「特定物売買における所有権移転時期」契約法大系刊行委員会『契約法大系II』〔有斐閣、1962年〕98頁）。この見解によれば、【例題】の場合、176条に基づきA・Bの所有権移転時期は売買契約成立時と解されるが、A・C間では、A・B間の合意では問題が解決せず、177条に基づいて先に移転登記を完了した者が登記原因となった行為を行った時点で所有権は移転したと解することになる。

　もっとも、契約の成立の時点を慎重に判断するとともに、所有権移転時期に関する特約の解釈を通じて、不動産取引の当事者の意思に反して早い時期に所有権が移

転することは防止できるから、本文で述べた契約時説に立ったとしても、有償性説と結論の点では違いはないものと解される。これに対して、確定不要説が提起した「包括的な所有権という概念は不要であって、所有権概念は機能的に分解しうる」という問題提起については今後も議論が継続することになる。

　なお、判例は、種類物売買の場合には目的物が特定した時点（最判昭和35・6・24民集14巻8号1528頁）、特定物の他人物売買の場合には、売主が所有権を取得した時点で買主は所有権を取得する（最判昭和40・11・19民集19巻8号2003頁）と解しており、契約時に所有権が移転するために障害がある場合には、その障害がなくなった時点で所有権が自動的に移転するものと解している。●

4. 所有権確認請求を巡る攻防

(a)　**反論の意味**

　前述したように、民事の訴訟では、ある権利について、一旦、その権利の発生要件を構成する要素に該当する具体的事実があるとされると、権利発生の障害となる要件ないし権利を消滅させる要件に該当する具体的な事実が主張され、当該事実があると認定されてその権利が否定されない限り、その権利は存続しているものとして取り扱われることになる。このように、民事の裁判は、原告による権利主張と、その正当性をめぐる当事者の主張・反論という攻撃防御の中で、審判の対象となる権利や法律関係の有無が動態的に変化していくことになる。

　権利の発生要件（①）を構成する事実の存在が主張されている場合であっても（立証までされなくとも）、権利を消滅させる要件（②）または、権利発生の障害となる要件（③）に該当する具体的事実が主張され、当該事実があると認定された場合には、その権利は存在しないことになる。②の場合には、一旦発生した権利が後に消滅するのに対して、③の場合には、そもそも権利が発生しない点で違いがあるが、実体法上の権利の存在が否定される点では同じ効果をもたらすことになる（②の例としては弁済〔473条〕、③の例としては錯誤取消し〔95条〕など）。

　また、権利の行使を阻止する要件（④）に該当する具体的事実が主張され当該事実があると認められて、権利の全部または一部の行使が否定される場合

（同時履行の抗弁権〔533条〕など）もある。

　【例題】Aからの請求①（不動産所有権の確認請求）の場合、CはAが甲土地の所有者ではないことを主張するために、Cからどのような反論ができるだろうか。

(b)　Cからの反論──対抗要件の抗弁（177条）

　【例題】のような場合、民事の訴訟では、口頭弁論終結時点で、「Cが所有者である」ということを主張・立証できなくとも、「Aが現在甲土地の所有者である」ことを否定できれば、Aの所有権確認請求は棄却されることになる。

　【Cの言い分①】によれば、まず、2020年 7 月に、CはBから甲土地を1200万円で購入する契約を締結し、代金1000万円を支払ったこと、また、B・C間では、代金1000万円の支払いによって、所有権はBからCに移転する旨の約定があることが主張されている。

　上記の主張は、176条に基づいて、代金1000万円を支払った2020年 7 月 1 日の時点で、所有権はBからCに移転したということを意味する。しかし、このような立論によって、CはBに対して甲土地の所有者であることを主張できるとしても、Aが現在甲土地の所有者であることを否定することまではできない。Aが所有権でないと主張するためには、Cが、Bから2020年 7 月 1 日に甲土地を1200万円で購入した事実は、A・B間の物権変動との関係では、Cは177条にいう「第三者」に該当することを意味しており、登記欠缺を主張するか否かは第三者の意思に委ねられていることから、Cとしては、上記事実に加えて、Aが甲土地の取得につき登記を得るまではAの甲土地所有を認めない旨を主張すべきこととなる（訴訟における攻撃防御という観点からみた場合に、このような反論を「対抗要件の抗弁」という）。

Deep Learning I-3
177条の「第三者」と主要事実（髙原）

　Cが177条の第三者であると主張するために、抗弁事実として、いかなる主要事実を主張すべきかについては、第三者抗弁説（177条の第三者に該当するという事実の

みを主張・立証すれば足りるとする見解）・事実抗弁説（177条の第三者に該当するという事実に加えて相手方が対抗要件を具備していないことまで主張・立証しなければならないとする見解）・権利抗弁説が対立している。本書は、以下の理由から権利抗弁説の結論を支持し、これに基づいて本文を記述した。

　権利抗弁説は、相手方が対抗要件の欠缺を主張し得る正当な利益を有する第三者であることを基礎づける事実のみならず、対抗要件の有無を問題として争うとの権利主張をすることが必要であるという考え方である。第1に、176条に基づいて物権変動があったことを主張できる場合であっても、対抗要件の欠缺を主張し得る正当な利益を有する第三者との関係では、登記を備えた者が優先的に物権を取得したと主張できることになるから、177条の第三者であるという点についての主張・立証責任は上記の効果を主張する者に負わせるべきこと（☞第2章❸1.(b)）、第2に、実体法上、対抗要件を問題とするか否かは相手方側の意思に委ねられていることを理由とする。

　これに対して、第三者抗弁説では、相手方が対抗要件を主張する意思がない場合でも対抗要件を主張したことになるという指摘があり、事実抗弁説では、相手方が対抗要件を具備していないことまで主張・立証しないと対抗できないことになり、登記をしなければ対抗できないとする177条の趣旨と矛盾するという指摘がある。

　したがって、権利抗弁説が適切であり、議論の対象を訴訟物である所有権の存否（訴訟の本案）に絞って考えれば、その限りにおいて、本文で述べたように、【例題】の場合には、CがBから甲土地を購入した所有者であると主張し、Aの所有権帰属を争う旨を主張・立証すべきものと整理されることになる。　　　　　　　　●

5. 裁判官は何をどのように判断するか

(a) 裁判官の役割

　裁判官は、原告が主張する「訴訟上の請求」の当否、つまり、実体法上の権利・法律関係（＝訴訟物）の存否について本案判決をするために、判断の対象となる訴訟物が特定されているかどうかを確認した上で、①訴訟物の存否を判断するのに必要な法律（法規）の存否・内容、②適用すべき法律の要件に該当する事実があるかどうかについて判断しなければならない。

　裁判官は法律の専門家であるから、当該事件において適用すべき法規の存否や法規の内容についてはすでに知っていることとされ（「裁判官は法を知る」の

法諺)、必要であれば自ら調査することもできる。解釈が分かれていて、いかなる解釈に従うべきかが問題となる場合に、当事者の側から法律上の陳述もできるが、裁判官は「法の番人」であり、法に関する当事者の主張に拘束されるわけではない。

　法規範の解釈について対立があるときに、裁判官は、その部分について規範の意味について解釈論を示し、これに基づいて事実を評価し、事案を解決する過程を示すことが求められることがある。法規範の解釈に際して見解の対立がある場合に、すべての説を記述する必要はない。1つを選択し、自分が採らない説からの批判にどのように答えるのか自分が採る説からの反論を展開すれば十分である。

　他方、法規範を適用する事実についても、判決の基礎としてよい事実が当事者から主張されてはいるが、当該事実があるか否かについて、当事者間で意見の対立がある場合がある。弁論主義との関係で、裁判官は、当事者の主張を攻撃防御の観点から的確に分析するとともに、当事者の間で争いのある事実と争いのない事実を明らかにしなければならない。また、必要に応じて、当事者に対し、主張に不十分な点があればこれを補充させ、争いのある事実についてはその立証を促す必要がある。裁判官は、法の解釈のほかに、法の適用の前提作業として、争いのある事実につき、証拠によって具体的事実の存在を認定することができるかどうかを判断しなければならない（このような作業を「事実認定」という）。

　争いがある事実については、口頭弁論終結時点までに事実が認定されなければ、当該事実を判決の基礎とすることはできない。また、三審制が採用されており控訴審までは事実審であることから、上訴された場合には、事実審の口頭弁論終結時点における事実の存否が確定することになる（民訴321条1項参照）。

　訴訟の当事者は、自分に有利な法律効果の発生を認めてもらうために、ある私法法規の要件に該当する具体的事実を主張するのが通常であるが、相手方当事者の側から当該事実が主張されている場合であっても、裁判所は、その事実を判決の基礎とすることができる（主張共通の原則）。弁論主義は、訴訟資料の収集・提出につき、裁判所と当事者とがどのように役割を分担するかに関するルールであるから、事実の主張があれば、いずれの当事者が主張したかは問わ

ない。証拠調べによって得られた証拠資料も、当該証拠調べを申し出た当事者にとって有利であるかどうかを問わず、事実の認定に用いることができる。

(b) Aはどうすればよかったのか

　Cが177条の第三者と判断される限り、登記をしていないAは所有者であることを対抗できないことになる。したがって、AがCを被告として甲土地の所有権確認請求訴訟を提起したとしても、Aがこの訴訟の口頭弁論終結時までに甲土地につき自己への所有権移転登記を具備した事実を主張・立証できなければ、自己の所有権確認請求は棄却されることになるという見通しをあらかじめ持っておく必要がある。Aは移転登記手続をCに先んじて完了することが必要であることになる（Aが所有権移転登記を完了する前に、Cが建物の建設に着手した場合に、Aの弁護士であったらどのように対処するかについて☞**本章 Professional View Ⅰ-3**）。

Professional View ——— Ⅰ-1
事案を解析することの重要性 （川上）

　法律専門職（裁判官・検察官・弁護士などの専業の法律のプロだけではなく、広く仕事の中で法律に接する者も念頭においている）は、現に発生している紛争に、法的解決を与えることが求められるが、そのためには、正しい法律知識が必要である。しかし、正しい法律知識があるだけでは、紛争を正しく解決することはできない。紛争を正しく解決するためには、①紛争となっている現実の生活事実を正確に分析し、②その事実を法律という紛争解決手段を用いて当事者の議論を組み立てて整理し、③さらにその紛争で解決の鍵となる争点を抽出し、④それに適用される規範を正しく選択し、事実を規範に当てはめて、結論を導くことが必要だからである。いかに正しい法律知識があっても、その適用場面を誤れば、紛争が解決しないばかりか、混迷を深めるばかりである。

　実務においては法の解釈と適用は、抽象的なものではなく、常に具体的なものである。法律専門職である実務法曹は、当事者の望むことを正確に理解し、その望みを法律効果の観点から分析し、それを実現する法律効果を発生させる制度は何かを複眼的な視点で検討し、それに基づき情報を漏れなく聴き取り、それを裏付ける証

拠の有無とその信用性を吟味して、さらに訴訟での帰趨を予測して事件を組み立てている。

そのためには、紛争がいかにして起きたかをまずは分析することが必要である（「See（分析）」）。また、このような事案の解析から、法的な解決である177条の対抗問題（「Plan（計画）」）に一足飛びに飛んではならない。当事者であるAとCの言い分からは、どのような主張が考えられ、それは法的に妥当であるのか（「Think（検討）」）を考えるプロセスが必要である。

「See（分析）」が不十分なままでは、正しい「Think（検討）」と「Plan（計画）」が成り立たない。さらに、「Plan（計画）」では、訴訟での帰趨の予測が不可欠であることから、「訴訟」という紛争解決の手続きと仕組みを理解していることが求められる。そして、このようなプロセスを経た上で、「Do（実行）」として、交渉、訴訟を提起することになる。

法律専門職は、このような「See（分析）」「Think（検討）」「Plan（計画）」「Do（実行）」のプロセスを、当事者の求める結果に最も適したものが見つかるまで繰り返し考えて法的紛争に解決に当たっている。■

 **Ⅰ-2　民事訴訟の構造──二当事者対立原則（髙原）**

読者の中には、民事訴訟法（判決手続）の授業を聴講中の法学部生や、法科大学院で法律基礎科目として同様の授業を履修中の未修1年次生も少なからずいるであろう。大学の授業では、原告1名、被告1名、審判の対象（訴訟物）1個の事例を念頭に語られるのが通例であろうが、本書では、「誰に対して」訴えを提起すべきかが問われる。本章❸においては、［基礎編］であるにもかかわらず、関係者が10名を超えることとなる。

Linkでは、本書の解説を理解する助けとなるような民事手続法の基本的な事項を、順次語っていくこととしたい。

本章❸では、B、A、Cの甲土地をめぐる生活関係が素材とされた。民法上は、甲土地の所有権に関するA・B、B・C、A・Cの各二当事者間の法律関係として分析されることとなる。AとCは、甲土地を自分の所有物であるといっているが、互いに対等の立場にあるから、自分の言い分を相手に押しつける法的権威を持たないというのが近代法の発想である。多くの場合はA・C間の自主的な解決が期待されるから、国家がA・C間の紛争に自発的に介入することは予定されていない。Bが訴訟手続に

当然に巻き込まれることもない。私的自治の原則はこの場面でも妥当することは本文の解説のとおりである。もっとも、A・C間の不和を放置したままでは、紛争が深刻化し、第三者（例えば、❹に登場するD₁ほか）にも波及し、遂には暴力沙汰にもなり、強者が無理を強い、弱者が泣き寝入りとなるおそれもある。ここに至って、国家は、自力救済を原則として禁止するとともに、自ら紛争の解決に乗り出すのである。すなわち、国家（裁判所）は、AからのCを被告とする甲土地の所有権確認を求める訴えを受理し、A・Cを名宛人として判決を言い渡す。訴えに対する応答として判決主文で示された裁判所の判決内容こそが社会の公認する判断であるとして、勝敗いかんにかかわらず、後に事件を受理する裁判所や当事者A・Cを規律する基準として通用させ、紛争を相対的に解決する。これが、対立する私人間の法的紛争を終局的かつ拘束的に解決する制度としての判決手続の基本構造である。たとえ訴訟当事者間の権利・法律関係であっても、審判の対象となっていないもの（例えば乙土地の所有権）の存否判断に当事者A・Cが拘束されることはなく（民訴114条1項）、当事者でなかったBがA・C間の判決内容に拘束されることもない（民訴115条1項1号参照）。このように、対立する私人間の紛争をその場限りで解決するという民事訴訟の構造は、限られた物的、人的資源を効率的に活用するために長い年月をかけて構築されたものなのである。

　本書では、原告が「誰に対して」どのような権利を主張するかが繰り返し問われる。民法を「使う」ことを目指す本書の考え方に、上記の説明を補えば、それはなぜかを理解することがより容易になるものと考えられる。もっとも、民事訴訟法（判決手続）の初学者には、まずは❷、❸の解説をA・C間の訴訟に関する部分に絞って読み進めていくことを勧める。その後に、A・D₁間の訴訟を頭に置いて❹の解説を読み直してみるとよいであろう。　　　　　　　　　　　　　　◆

❸　原告からの請求②
──所有権に基づく請求権を訴訟物とする給付訴訟

　前述した【Aの言い分①】とは異なり、Cによってワンルームマンションが建設された後に、Aが甲土地に立ち寄った場合について考えてみよう。甲土地上にCがすでに建物を建築して甲土地を利用しているときは、甲土地の所有権帰属をA・C間で観念的に確定させるだけでは、甲土地を取り戻したいというAの目的を達成できない。Cが建物を収去しDらが立退きに応じてくれなけれ

ば、Ａの甲土地を取り戻したいという目的は実現しないからである。

> **【Ａの言い分②】**
>
> 　私は、2020年 6 月 1 日に、故郷の長野市で、ゴルフ練習場の跡地である甲土地をＢから代金1000万円で買い受ける契約をし、売買契約書を取り交わした。
>
> 　2020年10月初め、帰省した際に甲土地へ立ち寄ったところ、ワンルームマンションが建設されており、「貸室を希望の方はＣまでご連絡ください」という看板が立っていた。
>
> 　近所の人の話によれば、Ｃが2020年 8 月頃に、甲土地にワンルームマンション（以下、「乙建物」という）を建設し、2020年 9 月から、主に近隣の大学に通う学生向けに部屋を貸しているということであった。念のため、近くの不動産屋で聞いたところ、現在10室すべてが賃貸されていた。甲土地は私の土地なので、なんとか取り戻したい。
>
> **【Ｃの言い分②】**
>
> 　Ｂとの間の甲土地を目的とする売買契約の内容については、【Ｃの言い分①】の通りである。私は、2020年 8 月末に単身者向けのワンルームマンションを建設して、 9 月から D_1 〜 D_{10}（以下、まとめて「Ｄら」という）に賃貸し、部屋を引き渡した。
>
> 　Ａは、10月10日朝、私に突然電話をかけてきて、甲土地の所有者はＡであると繰り返し甲土地を返せといってきたので、私が甲土地の所有者であり、所有地に建物を建てて文句を言われる筋合いはないと反論した。念のためその日のうちに登記所に出向き、登記記録を閲覧して確認したところ、甲土地の所有者名義はＡではなくＢのままであった。

1. 【Ａの言い分②】にＡの主張が整理されるまでの道筋

　ここでも、まずは、Ａの主張が【Ａの言い分②】に整理されるまでの道筋を考えてみることにしよう。【Ａの言い分①】で検討した点に加えて（☞❷1.）、

甲土地上にすでに乙建物が存在する場合、甲土地は乙建物の所有者が占有していると解されるから（☞**第2章❹**）、Aの弁護士は、Aに対し、Cが乙建物の所有者であるかどうかを尋ね、必要に応じて、乙建物の登記事項証明書を取り寄せるなどして確認するだろう。更地である甲土地に建物が新築されCに引き渡され、CにおいてD$_1$〜D$_{10}$に各室を賃貸している事実があれば、乙建物にCを権利者とする保存登記が存在することが推測されるからである（賃借人D$_1$〜D$_{10}$がCとは別に乙建物の一部を占有しているといえるかは後述する）。

　また、Cは「貸室を希望の方はCまでご連絡ください」という看板を立て、自己が甲土地上の乙建物の所有者兼賃貸人であると称しているというのであるから、その敷地である甲土地についても自己が所有していることを対外的に称していると考えてよい。弁護士であれば、Cがいかなる権原で甲土地上に乙建物を新築して所有するに至ったと主張しているのかを、まずはAから確認するべきであり、Cからは、何らかの方法によりCが甲土地を取得したという所有権移転の主張（反論）されることを予期しなければならないこととなろう。

　甲土地につきAが所有権移転登記を具備しておらず、かつ、Cも甲土地の所有権を主張していることを仮定して事案を解析すると、次のようになる。

2020年6月1日当時　B　甲土地所有
2020年6月1日　B→A　甲土地売買（契約書あり）　代金1000万円
　　　　　　（同日　A→B　代金1000万円支払？）
　　　　　　　　　甲土地の所有名義人はBのまま
　　（その後　何等かの原因で甲土地の所有権がCに移転？）
甲土地上に乙建物建築　C名義で保存登記

　【Aの言い分②】は、A自身が語った事実、Aが持参した書類から推測される事実、A自身は語っていない事実ではあるが客観的な状況から容易に推認可能なもので構成されており、それらを時間の流れに沿ってまとめ直したものであることが分かるであろう。また、Aからの聴取内容を出発点として疑問点を検討していく作業を通じて、【Cの言い分②】に記載されている内容の全てが明らかになるわけではないものの、その主要な言い分をあらかじめ予想するこ

とはできることが分かるであろう。上記の事案の解析に基づいて、各自前述した**本章【図表1】**の時系列表に準じて上記紛争の時系列を作成してほしい。

2. Aは誰に対してどのような権利があると主張して訴えを提起するか

　不動産の明渡しを求めるためには、理論的には、所有権に基づく請求権（物権的請求権）を根拠にすることも、売買契約等に基づく債権的請求権を根拠にすることも可能である。しかし、**【例題】**では、AとC・Dらとの間に契約関係はないから、Aは甲土地の所有者であることを根拠に、甲土地の明渡しを求めるしかない。前述したように、甲土地上にはC所有の乙建物が建設されているから、甲土地の明渡し、つまり、甲土地の占有を返還してもうためには、乙建物を収去してもらうことが必要になる。乙建物を収去してもらわないと、所有者であるAは、自由に甲土地を使用収益できないからである。そこで、Aは、Cに対して所有権に基づく返還請求権があることを根拠として、甲土地の明渡しを求めて訴えを提起することになる。

　Aは、所有権がAに帰属しているかCに帰属しているかについて確認訴訟を提起するのではなくて、所有権に基づく甲土地の返還を求める給付訴訟を提起し、請求認容判決を得て、これを債務名義（民執22条）として甲土地の明渡しの強制執行をしなければ、Aの目的を最終的に達成することはできない。

　甲土地の所有者がAであることを確認する旨の判決が確定しても、確認判決は、一定の基準時において甲土地がAに帰属することが既判力をもって観念的に確定するにとどまる。所有権に基づく請求権は、所有権内容を実現するために所有者に認められる請求権であり、AがCに甲土地の所有者であることの確認を求めることと、AがCに対して所有権に基づいて返還請求権があることとは異なる。所有権があるという確認判決が確定したとしても、これによって所有権に基づく返還請求権があることが公権的に確定するわけではない。

　Cの意思如何にかかわらず、国家機関を通じて、甲土地を取り戻すというAの目的を強制的に実現するためには、Aとしては、まずAのCに対する甲土地の明渡請求権が存在することが表示された確定判決など一定の文書（債務名義。

民執22条）を取得しなければならない。その上で、Aは甲土地の明渡しをCに命ずる確定判決等に執行文の付与を受け、執行機関に対し、甲土地の明渡しの強制執行を申し立てることになる。甲土地の明渡しを実現しようとすれば、Cによる甲土地の占有を執行官に解いてもらい、執行官から甲土地の占有を取得することになる（民執168条1項）。

　ところで、【例題】では、【Aの言い分②】【Cの言い分②】に基づくと、Cの建設した乙建物にDらが居住している。AはCを相手にするだけで乙建物を収去できるかが問題となる。

　Dらは、それぞれCとの間で乙建物の一室を目的とする賃貸借契約を締結している。賃貸期間中は、賃借人だけが賃借した目的物を使用収益できる権利（賃借権）があることになり、乙建物の所有者であるCであっても、賃貸借の目的物である乙建物の部屋を利用することはできない。つまり、Dらの占有は、Cの占有とは独立した占有であることになる。したがって、Cに対して建物の収去と土地の明渡しを求めるだけでは、甲土地の明渡しを求める目的を達成できないことになる。もっとも、Dらは、Cの建物の一室を賃借しただけで、建物の所有者ではない。しかし、Dらは、賃借した建物の一室を利用するために甲土地を利用せざるをえないから、Dらは建物の一部占有を介して、甲土地を占有しているものと解される。そこで、判例・通説は、占有補助者である場合とは異なり、建物の賃借人のように独立して建物を占有する地位にある者については、所有権に基づく返還請求権を行使して、各室からの退去を通じた土地（の一部）の明渡しを請求する必要があるものと解している。

　所有権に基づく請求権は、所有権内容が侵害された場合に、所有者に認められている物権的請求権の1つである。所有権に基づく請求権には、所有権に対する侵害行為の態様と侵害がすでに発生しているかどうかによって、①所有権に基づく返還請求権、②所有権に基づく妨害排除請求権、③所有権に基づく妨害予防請求権という3つの種類の請求権が認められている。

　【例題】では、Aは甲土地の取戻しを求めているので、所有権に基づく返還請求権を根拠に、Cに対しては甲土地の明渡請求権が、Dらに対しては甲土地からの退去請求権があると主張する必要がある。

3. Aはどのような事実を主張したらよいか

(a)　所有権に基づく返還請求権の要件

　Aが、C・Dらに対して所有権に基づく返還請求権があると主張するためには、まず、所有権に基づく返還請求権という効果が、どのような実体法上の要件に基づいて発生することになるかを明らかにする必要がある。明文の規定はないが、実体法上、所有権に基づく返還請求権という効果が発生するためには、①原告が現在所有者であること、②相手方の占有によって現在所有権内容の全部又は一部が侵害されていること、③相手方に占有権原がないこと、以上の要件を充足する必要があるものと解されている。そうすると、Aは、①〜③の要件に該当する事実があることを主張・立証しなければ、自分に所有権に基づく返還請求権があるといえないのだろうか。

(b)　所有権に基づく返還請求権の主張・立証責任の分配

　結論を先取りすると、Aが、C・Dらに対して所有権に基づく返還請求権があるというためには、前述した3つの要件のうち、①原告が現在所有者であること、②相手方の占有によって現在所有権内容の全部又は一部が侵害されていること、以上の構成要件要素についてのみ、原告に主張・立証責任があると解されている。したがって、Aは、①②の要件に該当する事実だけを主張すれば、所有権に基づく返還請求権があると主張できることになる。請求権の発生につき、原告に主張・立証責任がある構成要件要素（上の場合の①・②）を請求原因、これに該当する事実を請求原因事実という。

　相手方が所有者から目的物を借りているなど、占有権原（占有を正当化する権原）を所有者から認められるのであれば、所有者であっても相手方に占有物の返還を求められない。つまり、相手方に占有権原があることは、所有権に基づく返還請求権の発生を障害する要件となっており（権利障害規定）、③の要件は、所有権に基づく返還請求権という効果の発生との関係では消極的要件を定めているにすぎない。所有権は、物に対する直接の全面的支配権であり、実体法は、所有権内容が客観的に侵害されている状態があれば、それだけで違法と

考えて、所有権に基づく請求権を認めているものと解される。また、不動産所有者であると主張する者に、相手方に「占有権原がないこと」まで証明させることは難しいことから（「ない」ことの証明は、悪魔の証明といわれている）、立証にかかる当事者の公平な分担という点から考えても、占有権原があることについては、被告に主張・立証責任を負担させるべきである（☞ Link Ⅰ-1）。

前述した不動産所有権の確認訴訟について論じたように（☞❷3.(b)）、①については、所有権について権利自白が認められると見込まれることから、所有権に基づく返還請求権を訴訟物とする訴訟においても、同様の主張の展開になる。Aは「Bは、2020年6月1日当時、甲土地を所有していたこと」「Bは、Aに対し、2020年6月1日、甲土地を代金1000万円で売ったこと」を主張すれば、自分が所有権者であることを主張したことになる。

②に該当する事実として、C・Dらの占有の事実、すなわち、Cに対しては甲土地上にC所有の建物があること、Dらに対してはC所有の建物の一室にそれぞれ居住していることを主張すれば、Aは、所有権に基づく甲土地の全部又は一部の返還請求権が発生していることをC・Dらに主張することができることになる。

4. 所有権に基づく返還請求権を巡る攻防

【例題】の場合、C・Dらには、Aとの関係で甲土地について占有権原があると主張できる事情はない。したがって、Aからの所有権に基づく甲土地の明渡請求の場合であっても、C・Dらは、もっぱら、Aが現在甲土地の所有者ではないと反論するしか方法がないことになる。そこで、以下では、いかなる法的根拠に基づいて、どのような反論をすることができるかを検討することにしよう。

(a) Cからの反論①——対抗要件の抗弁（177条）とAからの再反論

【Cの言い分②】によれば、所有権確認訴訟の場合（☞❷4.(b)）と同様、Cは、Aが登記をするまでは、Cに対してAが甲土地の所有権取得を認めないとする反論ができることになる（「対抗要件の抗弁」）。

　Cが、Bから2020年 7 月 1 日に甲土地を1200万円で購入した事実は、A・B間の物権変動との関係では、Cが177条にいう「第三者」（☞**第 2 章❸1.(c)**）に該当することをいうものであり、Aは登記をしない限り、Cに対してA・B間に物権変動があったこと、すなわちAが所有者となったことを対抗できないことになるからである。登記欠缺を主張するか否かは第三者の意思に委ねられていることは既に説明したとおりであるから、権利抗弁説（☞**第 1 章 Deep Learning Ⅰ-3**）によれば、Cとしては、上記事実に加えて、Aが甲土地の取得につき登記を得るまではAの甲土地所有を認めない旨を主張すべきこととなる（「対抗要件の抗弁」）。

　上記のCの反論に対して、Aが以下のような主張（再反論）を展開したら、Aからの請求はどうなるだろうか。

【Aの言い分③】

　私は、代金全額を支払った時に、移転登記に必要な書類をBから渡されていたが、登記するのを失念していた。B・A間の売買契約に基づき移転登記を経由し、2020年10月20日現在、甲土地は私の名義になっている。上記の点を証明するために、登記事項証明書（☞後述**【図表 4】**）を裁判所に提出した。

　Aは、177条に基づいて再反論している。177条は「不動産に関する物権の得喪及び変更は、不動産登記法（平成16年法律第123号）その他の登記に関する法律の定めるところに従いその登記をしなければ、第三者に対抗することができない」と定めており、不動産登記法による登記制度がどのようなものか、不動産登記事項証明書（電子化前は不動産登記簿謄本）に何がどのように記載されているのかを知っておく必要がある。

　不動産登記事項証明書は、大きく「表題部」、「権利部（甲区）」と「権利部（乙区）」の 3 つに分かれる。「表題部」には、不動産を特定するために必要な情報と概況を示す事項が記載される。「権利部」は、（甲区）と（乙区）に分かれ、（甲区）に「所有権に関する事項」が、（乙区）に「所有権以外の権利に関する事項」（抵当権、根抵当権、地上権、地役権、賃借権など）が記載される。

【図表4】不動産登記事項証明書（土地）

| 長野市○○○○○○×××－× | | | | 全部事項証明書 | | (土地) |

表 題 部 　（土地の表示）		調整	平成○年○月○日	不動産番号	0000000000000
地図番号	余白	筆界特定	余白		
所　　在	長野市○○○○○○×××－×			余白	
① 地 番	② 地 目	③ 地 積 m²		原因およびその日付（登記の日付）	
△△△番△	畑	××××××		余白	
余白	宅地	余白		②平成17年10月30日変更 　（平成17年11月11日）	

権 利 部 （ 甲 区 ）	（ 所 有 権 に 関 す る 事 項 ）		
順位番号	登 記 の 目 的	受付年月日・受付番号	権 利 者 そ の 他 の 事 項
1	所有権移転	平成17年6月5日 第○○○○号	原因　平成17年5月24日売買 所有者　○○県○○市○○町○番○号 　　　　B

権 利 部 （ 乙 区 ）	（ 所 有 権 に 関 す る 事 項 ）		
順位番号	登 記 の 目 的	受付年月日・受付番号	権 利 者 そ の 他 の 事 項
1	抵当権設定	平成18年3月21日 第○○○○号	原因　平成18年2月28日金銭消費貸借同日設定 債券額　金4,000万円 利息　年2.60％（年365日割計算） 損害金　年14.5％（年365日割計算） 債務者　○○県○○市○○町○番○号 　　　　B 抵当権者　○○県○○市○○町○番地 株式会社□□銀行 （取扱店　長野○○支店）
2	抵当権抹消	平成30年5月10日 第○○○○号	原因　平成30年4月20日　放棄

これは登記記録に記載されている事項の全部を証明した書面である。
（○○地方法務局○○出張所管轄）
令和2年6月30日
○○地方法務局　　　　　　　　　　　　　登記官　　　甲野　乙衛　　　　　　　　　　　公印

＊　下線のあるものは抹消事項であることを示す。

　【例題】は所有権を巡る紛争であるから、その対抗要件を考えるには、不動産登記事項証明書の「甲区」で確認して判断することになる。そこで、以下では「甲区」のみを図示する。

【図表5】所有権移転登記

権利部（甲区）　（所有権に関する事項）			
順位番号	登記の目的	受付年月日・受付番号	権利者その他の事項
1	所有権移転	平成17年6月4日 第〇〇〇〇号	原因　平成17年5月24日売買 所有者　〇〇市〇〇町〇番〇号 　　　　B
2	所有権移転	令和2年9月28日 第〇〇〇〇号	原因　令和2年6月1日売買 所有者　〇〇市〇〇町〇番〇号 　　　　A

　【Aの言い分③】にあるAへの移転登記（☞【図表5】）を完了すると、2020年6月1日にB・A間の売買契約に基づいて所有権がBからAに移転したことをCに対しても対抗できることになる。177条を反対解釈すれば、物権変動は登記をすれば第三者に対抗できることになるから、【例題】においては、2020年6月1日に、B・A間の売買を原因として、甲土地の所有者がBからAに移転していることを第三者Cに対しても主張できることになり、Aは、所有権に基づいて返還請求権があると再反論することができることになる（このような再反論を「対抗要件具備の〔による〕再抗弁」という）。

(b)　Cからの反論②——虚偽表示による無効（94条1項）とAからの再反論

【Cの言い分③】

　調査したところ、AはBの義理の兄にあたり、Bが事業に行き詰まり、多額の債務を抱えて2020年9月頃から所在がわからなくなっていることが判明した。

　Aは、Bとの間の売買を原因として移転登記をしたと主張しているが、2020年5月頃から、Bは債権者から債務の弁済を強く求められており、債権者からの強制執行を免れるために、2020年6月1日に、甲土地の登記名義だけをBからAに移したものと思われる。Aは甲土地を買うつもりがないのに、Bから購入したものとして、Bとの間で売買契約書を作成したにすぎない。

　【Cの言い分③】では、Bが債権者からの強制執行を免れるために、Aが

「本当は甲土地を買うつもりがないのに、これを購入した」として、甲土地を1000万円で買うというＡの意思表示が虚偽表示であると、Ｃは主張している。このＣの反論が認められると、94条１項に基づいて、Ｂ・Ａ間の所有権の移転原因となっている売買契約は無効となる。つまり、Ｃの上記反論は、所有権に基づく返還請求権の発生を基礎づけるために、Ａが主張したＢ・Ａ間の売買契約の成立を認めたうえで、その効力が生じないとする主張であり、前述した権利の発生を障害する規定に基づく反論ということになる。この反論が認められると、Ｂ・Ａ間で甲土地の所有権はＡに移転していなかったことになり、そもそもＡは甲土地の所有権者ではないことになる。したがって、Ｃの94条１項に基づく主張が認められれば、Ａからの請求に対する有効な反論になる。

(c) Ｄらからの反論

　ところで、Ａは甲不動産の所有者であることを理由に、Ｄらに対しても甲不動産からの退去とその敷地である甲土地（の一部）の明渡しを請求している。所有権に基づく返還請求権があることを根拠にする点では、Ｃに対する請求と異ならないが、Ｄらは、Ｃの反論と同様の反論ができるのだろうか。

【Ｄらの言い分】
　乙建物は新築で大学への通学にも便利であったことから、私たちは、それぞれ2020年９月にＣから乙建物の各部屋を借り、現在乙建物に居住している。家賃をきちんとＣに支払っているのに、突然、Ａから立退きを迫られて困惑している。

　まず、Ｄらは、乙建物の各部屋の賃借人であることを認めているので、前述したように、乙建物の一部を占有していることを通じて、甲土地（の一部）を占有していることになる。Ｄらは、Ｃと建物賃貸借契約を締結しているのであって、Ａから甲土地の利用を認められているわけではない。したがって、Ｄらは、Ａに対して甲土地の占有権原があると反論できない。
　では、Ｄらは、177条に基づいて「対抗要件の抗弁」を主張することはできるか。Ｄらは、乙建物の一室をＣから賃借しているだけであって、ＤらはＢ・

Ａ間に物権変動があったことを争うことができる177条の「第三者」にはあたらない（詳細は☞**第2章❹1.(c)**）。Ｃが177条に基づく権利主張をしていないときに、Ｄらが、登記をするまではＡが甲土地の所有権者であることを認めないと反論することはできない。Ｄらは、Ｃが177条の第三者にあたると主張している場合に、その旨を主張できる関係にあるにすぎない。

　これに対して、94条1項の効果は意思表示の無効である。虚偽表示は、相手方と通謀して真意でない意思表示をすることであり、表意者も意思表示の相手方も表示に対応した意思が表意者にはないことを知っていることから、このような意思表示の効力を認める必要はそもそもないと民法典は考えていることになる。94条1項の制度趣旨をこのように解すれば、ＣだけでなくらＤも、Ｂ・Ａ間における売買契約の当事者ではないが、Ａの意思表示は虚偽表示であり、Ｂ・Ａ間の売買契約の効力は生じないとする反論ができることになる。

5. 請求の当否──裁判官は何をどのように判断するか

　前述したように、ＡのＣに対する請求では所有権に基づく返還請求権としての甲土地の明渡請求権、ＡのＤらに対する請求では所有権に基づく返還請求権としての各室からの退去を通じた甲土地（の一部）明渡請求権が訴訟物となる。

　一見すると、Ｂから二重に甲土地を譲り受けたＡ・Ｃがおり、177条が問題となる典型的な事件のように見える。しかし、上記Ａ・Ｃ・Ｄらの言い分がすべて主張されると、2020年6月1日にＢからＡに売買契約を原因として所有権が移転していたといえるかが、【例題】の真の争点となる。以下では【Ｃの言い分③】に対して、Ａが以下の主張をしている場合に、Ａの請求についてどのように判断するかを考えてみることにしよう。

【Ａの言い分④】
　確かに、Ｂは私の妻の兄である。Ｂは私に、債権者への支払いにあてるため甲土地を売りたいと言ってきたので、2020年6月1日に、Ｂから甲土地を1000万円で購入した。Ｂはすぐに現金が必要だと言ったので、現金

1000万円と引換えに、Bから移転登記に必要な書類を引き渡してもらった。親戚なので、領収書はもらっていない。

　Aは、Aの意思表示が虚偽表示に当たるとするCの主張を争っており、この点については売買契約の無効を主張するCが立証責任を負うことになる（したがって、【Aの言い分④】は売買契約が有効だと主張していることから、否認となる）。

　AがBとの間で、本当は甲土地を買うつもりがないのにBと通謀して甲土地を1000万円で購入するという意思表示をしたかどうかは、Aの内心の問題であり、Cが直接この点を証明することは難しい。【例題】では、主要事実に匹敵する程度に重要な間接事実が主張されているかが問題となってくる。

　AとBが義理の兄弟であること、Bが多額の債務を負っていることをAが知っていたこと、AはBに現金で1000万円を支払ったと主張しているが、領収書がAに交付されていないという事実が、【Aの言い分④】から明らかになっている。虚偽表示無効の主張が認められるかどうかは、Bが多額の債務を抱えていたかどうか、Aが売買代金1000万円をどのように用意したのか、また、Bに現金1000万円を支払ったとされる日時・場所などが、重要な判断材料となりそうである。以上はAのCに対する訴訟を念頭に置いたものであるが、AのDらに対する訴訟においても、同様である。

Professional View　I-2
Aが先に移転登記を完了するための法的手段（川上）

　AもCも所有者であると主張しているが、いずれも移転登記を完了していない段階で、Cが建物の建設の準備を始めたとき、Aから相談を受けた弁護士はどのように対処したらよいのだろうか。

　このような問題を生じさせないためには、Aは、Cよりも先に、Bから所有権移転登記を経ておく必要がある。しかし、権利に関する登記の申請は共同申請が原則である（不登60条）から、AがBから所有権移転登記を経るためには、登記義務者であるBの協力が必要である。Bが、Aに、所有権移転登記に必要な委任状などの一件書類を交付してくれればよいが、二重譲渡がなされる状況では、Bが行方不明になっていることがよくある。その場合、Aは、確定判決による登記（不登63条1

項）を経るべく、登記義務者であるBに対して、売買契約に基づく所有権移転登記請求訴訟を提起することになる。この訴訟は、通常の訴訟事件であるから、訴状提出、訴状審査、訴状送達（行方不明の場合、公示送達手続を取らなければならない）、第1回口頭弁論期日と、時間を必要とする。この間に、Cが甲土地の所有権移転登記を具備してしまうと、Aは所有権の移転登記を完了することはできない。

　そこで、Aから相談を受けた弁護士は、Bに対する売買契約に基づく所有権移転登記請求権を訴訟物とする本訴の訴訟物を保全するために、民事保全法に基づき、債権者A、債務者Bとして、「債務者は、別紙物件目録記載の不動産について、譲渡並びに質権、抵当権及び賃借権その他一切の処分をしてはならない。」との処分禁止の仮処分命令の申立てを行う。この仮処分が認められると、仮処分の執行として、不動産登記の甲区に処分禁止の登記がなされる（民保53条1項。☞【図表6】）。

　この仮処分の登記がなされると、当事者恒定効が生じ、この仮処分の登記の後にされた登記に係る権利の取得または処分の制限は仮処分債権者に対抗できなくなる（司法研修所編『改訂民事弁護教材民事保全（補正版）』〔日本弁護士連合会、2016年〕61頁以下）。かりに、この後にCに所有権が譲渡され、その移転登記がなされると【図表7】のようになる。

　この状態で、本訴のAのBに対する売買契約に基づく所有権移転登記請求訴訟の請求認容判決が確定すれば、Aは、判決書正本と確定証明を登記原因証明情報として所有権移転登記の申請をすれば、Aへの所有権移転登記がなされる。これにより、仮処分は役割を終え、仮処分の登記は登記官の職権により抹消される（不登111条3項）。また、Aが、仮処分に後れる登記の抹消を同時に申請すれば、これも抹消される。この一連の流れを不動産登記事項証明書の甲区の記載で確認すると、【図表8】のとおりになる。

　このように、物権変動を考えるには、不動産登記事項証明書がどのような記載になっているかを確認し、その内容を理解することが必須である。【図表8】の不動産登記事項証明書の甲区の記載を見て、上述のようなこの不動産の来歴をリアルに想起できることが、実務家として必要である。■

【図表6】処分禁止の仮処分の登記

権 利 部 （ 甲 区 ） 　（ 所 有 権 に 関 す る 事 項 ）			
順位番号	登 記 の 目 的	受 付 年 月 日・受 付 番 号	権 利 者 そ の 他 の 事 項
1	所有権移転	平成17年6月4日 第○○○○号	原因　平成17年5月24日売買 所有者　○○市○○町○番○号 　　　　B
2	処分禁止仮処分	令和2年7月28日 第○○○○号	原因　令和2年7月20日長野地方裁判所 　　　仮処分命令 債権者　○○市××町△ 　　　　A

46

【図表7】処分禁止仮処分登記後の所有権移転登記

権　利　部　（　甲　区　）　（　所　有　権　に　関　す　る　事　項　）			
順位番号	登　記　の　目　的	受付年月日・受付番号	権　利　者　そ　の　他　の　事　項
1	所有権移転	平成17年6月4日 第○○○○号	原因　平成17年5月24日売買 所有者　○○市○○町○番○号 　　　　B
2	処分禁止仮処分	令和2年7月28日 第○○○○号	原因　令和2年7月20日長野地方裁判所 　　　仮処分命令 債権者　○○市××町△ 　　　　A
3	所有権移転	令和2年8月11日 第○○○○号	原因　令和2年7月1日売買 所有者　○○市○○町○番○号 　　　　C

【図表8】Aの勝訴確定後の登記

権　利　部　（　甲　区　）　（　所　有　権　に　関　す　る　事　項　）			
順位番号	登　記　の　目　的	受付年月日・受付番号	権　利　者　そ　の　他　の　事　項
1	所有権移転	平成17年6月4日 第○○○○号	原因　平成17年5月24日売買 所有者　○○市○○町○番○号 　　　　B
2	処分禁止仮処分	令和2年7月28日 第○○○○号	原因　令和2年7月20日長野地方裁判所 　　　仮処分命令 債権者　○○市××町△ 　　　　A
3	所有権移転	令和2年8月11日 第○○○○号	原因　令和2年7月1日売買 所有者　○○市○○町○番○号 　　　　C
4	3番所有権抹消	令和3年○月○○日 第○○○○号	原因　仮処分による失効
5	所有権移転	令和3年○月○○日 第○○○○号	原因　令和2年6月1日売買 所有者　○○市○○町○番○号 　　　　A
6	2番処分禁止仮処分抹消	余白	仮処分の目的達成により 令和3年○月○○日登記

Professional View I-3

建物の建築を差し止めるための法的手段 （川上）

【例題】【Aの言い分①】・【Cの言い分①】では、さらに「甲土地上にCを施主とするワンルームマンションが建設される予定であり、近々基礎工事に着手するとのことであった」。もし、AとBが争っている間に、Cが基礎工事を着工してしまうと、仮に、AがBから甲土地の所有権移転登記を経て、その所有権を第三者であるCに対抗できることになったとしても、その時点では、甲土地に建物の基礎が存在しており、単にCに対する所有権確認請求ではすまず、甲土地の原状を回復させ明渡しを求めることが必要になる。このような事態を回避するために、A・B間の紛争が解決するまでの間、現状を維持させること、すなわち甲土地についてCの建物建築を差し止める請求をすることができるかも考えておく必要がある。

　AとCの間には契約関係はないから、Aが、Cに対して、建物建築を差し止めることができる実体法上の請求権としては、Aの所有権に基づく妨害予防請求権（物権的請求権）としての建物建築差止請求権と不法行為に基づく差止請求権が考えられる。しかし、前者の物権的請求権はAに所有権が帰属していることが前提となる。未だAがBから甲土地の所有権移転登記を経ていない時点では、Cから対抗要件の抗弁が主張されると、Aの所有権はCに対抗することができず、Aの請求は棄却されることになる。

　後者の不法行為も、不動産の二重譲渡が有効である以上、CもBから所有権を譲り受けた所有者であり、Cによる建物建築はその所有権に基づく行為であり違法な権利侵害と評価することはできないから、Aの請求は棄却されることになる。

　したがって、この両請求権を被保全権利として民事保全を申し立てたとしても、民事保全手続の口頭弁論や債務者審尋で、Cから対抗要件の抗弁が主張されると、Aの被保全権利が疎明できず、Cを債務者とする仮処分命令申立ても却下される。

　そこで、弁護士としては、早急に、Bを債務者として所有権に基づく処分禁止の仮処分の申立てを行い、仮処分命令を得て、保全執行による仮処分の登記を経る。Cに対して、これに後れるCの所有権は、本訴請求認容確定後、Aに対抗できなくなるものであり、それにもかかわらずCが建築工事を続行した場合、後日、建物収去土地明渡請求や所有権侵害による不法行為に基づく損害賠償請求の対象となることを警告し、Cが任意に建築工事を中止するように要求することを考えることになろう。そして、弁護士が、Cから相談を受けた場合、Cの所有権を基礎づける資料と不動産登記事項証明書を確認するとともに、Aの代理人にAの所有権を基礎づけ

る資料の提供を求める。それらを精査し、Cも所有権移転登記を具備しておらず、確定的な所有権の帰属をAに主張できないと判断すれば、Cも早急に所有権移転登記を具備しなければならず、工事を続行した場合にCが負うリスクを説明し、紛争が解決するまでは現状維持すべきであると助言することになろう。　　　　■

●重要判例●

・最判昭和33・6・20民集12巻10号1585頁（物権変動の時期）
・最判昭和40・11・19民集19巻8号2003頁（特定物の他人物売買と所有権の移転時期）

●演習問題●

【設問1】

　AはCから甲土地を取り戻したい。Aから委任を受けた弁護士Pは、【Aの言い分②③】【Cの言い分②】に基づいて、Cに対してはどのような請求をすべきか、AのCに対する「請求の趣旨」の記載を含め、検討しなさい。

【設問2】

　Pが、Aの希望を実現するために、Cのほか、誰に対し、どのような権利があると主張して訴えを提起すればよいか。ただし、D_1を除く$D_{2\sim10}$は、訴えの提起までに乙建物の居室から退去済みとして答えなさい。

【設問3】

　【Aの言い分①】【Cの言い分①③】の事実を前提として、Cは、Aからの請求に対し、「甲土地はCがBから買ったものであり、B・A間の売買の事実は認められないし、あったとしても無効なものである。しかも、Aは所有権移転登記もしていない。」と反論した。このCの主張は、Aの請求に対して、どのような反論となっているのかを分析しなさい。

　Cが、「甲土地はCがBから買ったものであり、B・A間の売買の事実

は認められない。A に所有権移転登記がないのはその証拠である」と反論した場合はどうか。

【設問4】
　A から居室の退去を求められた D_1 は、C と同様の反論が可能か。

第2章 所有権に基づく請求権と不動産物権変動［発展編］

——不動産登記訴訟を通じて学ぶ

❶ 出題の趣旨

　第2章では、新たに登記請求権を取り上げる。不動産の物権変動を公示する手段として登記制度がある。このような制度が必要とされるのは、物権が第三者に対しても効力を主張できる権利であり、どのような物権変動があったのかを外部から認識できる状態にしておかなければならないからである（このような考え方を公示の原則という）。

　物権変動には公示が必要であるとしても、わが国では物権変動は当事者の意思表示だけで足りるから（176条）、物権変動の当事者が自ら公示に協力するとは限らない。そこで、わが国では、公示をしない物権変動に不利益を与えることよって、公示を促進する手段が採られている。177条が「不動産に関する物権の得喪及び変更」に関する登記に対抗力という実体法上の効力を与え、登記をしなければ、「不動産に関する物権の得喪及び変更」を第三者に対抗できないとする対抗要件主義を採用しているのは、このような間接的な方法で公示を促進するためである。また、2021（令和3）年民法・不動産登記法改正（令和3年法律第24号）では、相続が発生してもそれが登記に反映されないままになっていることが、所有者不明の土地が増えている原因の1つとなっていることから、土地の相続登記を義務化し（不登76条の2、同64条1項［2024年4月1日施行］）、正当な理由がないのに相続登記を怠れば処罰（不登164条1項）をすることにしたのも、不動産物権変動に関する公示を強制する手段の1つである。

　物権変動について公示が促進されると、公示の内容である物権の現状とは異なる物権変動はないとする信頼が生まれることになり、この信頼は、公示しな

い限り物権変動を第三者に対抗できないとする対抗要件主義によって保護されることになる。つまり、第三者からすれば、公示されていない物権変動については存在しないものとして扱ってよいことになるからである。

　また、**本章**では、建物によって土地の所有権が侵害されている事例において、建物の所有権の登記名義人と、建物の実質的な所有者とが異なる場合に、いずれが所有権に基づく請求権を主張できる相手方となるかという問題についてもあわせて検討する。

❷　Xは誰に対してどのような権利があると主張したらよいのか

　以下の【例題】でXは所有する甲土地の所有権登記名義を得て、甲土地を第三者に売却して当面の生活資金を確保したいと考えている。【Xの言い分】に基づいて、誰に対してどのような権利があると主張するべきかを考えてみよう。

【例題】
【Xの言い分①】
　1．私と内縁関係にあったYから、2007年2月頃、甲土地を買わないかと相談された。Yによると、知人Aが京都で甲土地を購入してレストランを建設中であったが、長期間入院することになり開業を断念したそうで、建設中の建物とともに甲土地を手放すことになった。私はパティシエをしていたが、Yとともに将来レストランを持ちたいと思っていた。有名店で料理人をしているYが協力するというので、2007年3月31日に、Aから甲土地を未完成建物も含めて2000万円で購入した。
　甲土地の売買契約書には、私が署名捺印し、代金の支払いと引換えに甲土地の引渡しを受け、早速、建物の建設を続行した。Yは、Aから建設工事を請け負っていたBとの間で請負契約を締結し、1200万円で残工事を完成した。
　2．2008年2月、甲土地上に、1階をレストラン、2階を自宅とする建

物（以下、「乙建物」という）が完成し、同月21日にＹ名義で建物の保存登
記を完了した。2008年4月には新しいレストランを開業した。ただ、甲土
地については、2007年4月30日にＡが入院中の病院で急死し、相続人の所
在がわからず、移転登記しないままになっていた。

　3．2015年頃から私が糖尿病で入退院を繰り返すようになり、Ｙが１人
でレストランを切り盛りしていたが、2019年の夏頃、Ｙが、突然、Ｃとの
間に娘ができたので、私との内縁関係を解消してＣと結婚したいと言い出
した。

　退院後に入居することにしていた京都郊外の介護付の有料老人ホームの
入居一時金1200万円をＹが負担し、2020年4月からは毎月10万円を送金す
ると約束したので、同年4月に、Ｙとの間の内縁関係を解消した。

　4．ところが、2023年4月以降、Ｙから全く送金がなくなった。甲土地
について移転登記をしないままになっていることが心配になり、司法書士
に調査を依頼したところ、甲土地の登記名義はＹとなっており、Ａの相続
人Ｄとの間の売買を原因としてＹが所有権移転登記をしたことがわかった。
私が甲土地の所有者であることはＹも知っており、なぜＹ名義で移転登記
がなされているのかわからない。私としては、当座の策として甲土地を売
却して生活資金を得たいと考えたが、司法書士に相談したところ、登記名
義がＹのままではまともな買い手はつかないだろうと助言を受けたので、
訴えを提起することにした。

　なお、内縁解消に際して、私に2020年4月から毎月10万円送金すること
になっていたのは、Ｙが乙建物でレストラン営業を続けたいので、甲土地
を私から借りて毎月10万円の地代を支払うという話であったからである。
このような状況では、乙建物の敷地として甲土地を利用しているＹに対し
て甲土地の明渡しも求めたい。甲土地の時価は現在4000万円ほどである。

1. 登記請求権とはどのような権利か

Ｘは、甲土地の登記名義をＸ名義にするようにＹに求めている。しかし、登

記をするのは登記官であってYではない（不登11条）。権利に関する登記は、登記権利者（＝登記上直接利益を受ける者）と登記義務者（＝登記上直接不利益を受ける者）の共同申請が原則である（不登60条）。このような考え方が採用されているのは、登記義務者を申請者に加えることによって、物権変動についての公示が正確になされることが期待できるからである。

　そこで、登記義務者が登記の申請に任意に協力しない場合には、登記権利者は、登記義務者に対して、一定の「登記申請の手続に協力せよ」という行為（作為）を請求できる権利（登記請求権）が実体法上認められている。登記請求権とは、登記申請という、登記官に対して公法上の意思表示をすることを求める権利である。つまり、XはYに、「登記記録に登記事項を記録すること自体」ではなく「登記記録に登記事項を記録するための登記申請に関する一定の行為」をする義務の履行を請求していることになる。登記手続をすべきことを命じる確定判決があれば、XはYの協力を要することなく単独で登記申請ができることになる（不登63条1項。同60条にいう「別段の定め」）。

Deep Learning I-4
登記申請行為と「意思表示」（髙原）

　登記申請行為を公法上の意思表示と表現するのは、行政行為に関するかつてのドイツの考え方に示唆を受けたもののようである。その実質は、私人の行政主体（登記官）に対する行為である。被告に登記申請行為を命ずる判決が確定しても、原告が本文記載のとおり単独で登記申請行為をしない限り、当然に登記が記録され、または登記官が一定の登記記録をすべき公法上の義務を負うわけでもない。このように、上記確定判決は、登記権利者である原告が登記官に対して登記申請行為をすること（広い意味での執行）を通じて実現されるのであり、判決の確定により登記がされたことになるわけではない。その意味で、私法上一般に理解されている「意思表示」の意義とは異なるものであることに注意すべきである。　　　　　　　　　　●

　【例題】で、Xの主張を実現するためには、Y名義の所有権移転登記について抹消登記手続をする必要がある（抹消登記も登記の1つであり、共同申請が原則となることに注意）。Yが登記申請に協力しない場合には、Yに対して抹消登

記申請をすることを求めることになる。現在、甲土地についてY名義の所有権移転登記があるということは、Yが占有以外の方法で、Xの所有権を侵害していることになるので、所有権に基づく妨害排除請求権を根拠としてYに対する移転登記抹消登記請求権を訴訟物とすることになる。

　もっとも、**【例題】**では、Aの相続人Dから令和6（2024）年9月7日売買を原因としてY名義の所有権移転登記がなされている（☞**【図表1】**）。

【図表1】AからD、DからYへの所有権移転登記の状況

権　利　部　（　甲　区　）　（　所　有　権　に　関　す　る　事　項　）			
順位番号	登 記 の 目 的	受付年月日・受付番号	権利者その他の事項
1	所有権移転	平成17年6月4日 第○○○○号	原因　平成17年5月24日売買 所有者　○○市○○町○番○号 　　　　A
2	所有権移転	平成19年5月28日 第○○○○号	原因　平成19年4月30日相続 所有者　○○市○○町○番○号 　　　　D
3	所有権移転	令和6年11月12日 第○○○○号	原因　令和6年9月7日売買 所有者　○○市○○町○番○号 　　　　Y

　そのため、「YはXに対し、甲土地についてされた○○地方法務局令和6年11月12日受付第○○○○号所有権移転登記の抹消登記手続をせよ」という確定判決を得たとしても、Y登記の抹消に利害を有するDの自発的な協力が得られない限り、登記官に判決主文どおりの所有権抹消登記を記録してもらい、その目的を達することはできない。

　Xは、Yに対する請求と併せて、Dに対しても甲土地所有権移転登記の抹消登記手続への協力を求める必要がある（☞**【図表2】**・**【図表3】**）。

　DはAの相続人として2007（平成19）年4月30日相続を原因とする所有権移転登記を得ていることが**【Xの言い分①】**から明らかである。亡Aの包括承継人であるDは、亡A・X間の売買契約上の地位も承継しているので、Dも売主として甲土地についての所有権移転登記移転義務（560条に注意）があることを主張して、「Dは、Xに対し、甲土地につき、亡A・X間の2007年3月31日売買を原因とする所有権移転登記手続をせよ」というDに対する請求をし、確定判決を得ることが必要である。所有権移転登記を含む権利に関する登記を積極的に申請しようとする場合には、前述した抹消登記の場合とは異なり、登記原因、日付、誰から誰に登記を移転するのかなどの登記事項（不登59条）が判決

主文で明らかでなっていないと登記ができないことに注意することが必要となる。

【図表2】DからYへの所有権移転登記が抹消された状況

権　利　部　（甲区）　　（所有権に関する事項）			
順位番号	登記の目的	受付年月日・受付番号	権利者その他の事項
1	所有権移転	平成17年6月4日 第○○○○号	原因　平成17年5月24日売買 所有者　○○市○○町○番○号 A
2	所有権移転	平成19年5月28日 第○○○○号	原因　平成19年4月30日相続 所有者　○○市○○町○番○号 D
<u>3</u>	<u>所有権移転</u>	<u>令和6年11月12日</u> <u>第○○○○号</u>	<u>原因　令和6年9月7日売買</u> <u>所有者　○○市○○町○番○号</u> <u>Y</u>
4	3番所有権抹消	令和7年8月12日 第○○○○号	原因　売買無効

【図表3】DからXへの所有権移転登記の状況

権　利　部　（甲区）　　（所有権に関する事項）			
順位番号	登記の目的	受付年月日・受付番号	権利者その他の事項
1	所有権移転	平成17年6月4日 第○○○○号	原因　平成17年5月24日売買 所有者　○○市○○町○番○号 A
2	所有権移転	平成19年5月28日 第○○○○号	原因　平成19年4月30日相続 所有者　○○市○○町○番○号 D
<u>3</u>	<u>所有権移転</u>	<u>令和6年11月12日</u> <u>第○○○○号</u>	<u>原因　令和6年9月7日売買</u> <u>所有者　○○市○○町○番○号</u> <u>Y</u>
4	3番所有権抹消	令和7年8月12日 第○○○○号	原因　売買無効
5	所有権移転	令和7年8月12日 第○○○○号	原因　平成19年3月31日売買 所有者　○○市○○町○番○号 X

　登記請求権の根拠については、多元的構成が採られている（判例・通説）。物権に基づく請求権（＝物権的登記請求権）、契約などに基づく債権的請求権（＝債権的登記請求権）として主張されるほか、物権変動の過程・態様と登記が一致しない場合にその不一致を除去するためにも認められている（＝物権変動的登記請求権）。

　ところで、判例・登記実務では、【例題】のような場合に、上記のような構成に代えて、Yだけを相手として、所有権に基づく妨害排除請求権を根拠に、

真正な登記名義の回復を原因として、Xに、YからXへの所有権移転登記請求権を認めている（最判昭和30・7・5民集9巻9号1002頁、最判昭和32・5・30民集11巻5号843頁、最判昭和34・2・12民集13巻2号91頁など）。「YはXに対し、甲土地につき、真正な名義の回復を原因とする所有権移転登記手続をせよ」という確定判決があれば、Xは単独で、X名義での移転登記申請ができることになる（☞【図表4】）。

【図表4】真正な登記名義の回復を原因とするYからXへの移転登記の状況

権 利 部 （ 甲 区 ）	（ 所 有 権 に 関 す る 事 項 ）		
順位番号	登記の目的	受付年月日・受付番号	権利者その他の事項
1	所有権移転	平成17年6月4日 第○○○○号	原因　平成17年5月24日売買 所有者　○○市○○町○番○号 　　　　A
2	所有権移転	平成19年5月28日 第○○○○号	原因　平成19年4月30日相続 所有者　○○市○○町○番○号 　　　　D
3	所有権移転	令和6年11月12日 第○○○○号	原因　令和6年9月7日売買 所有者　○○市○○町○番○号 　　　　Y
4	所有権移転	令和7年8月12日 第○○○○号	原因　真正な登記名義の回復 所有者　○○市○○町○番○号 　　　　X

　上記の判例・登記実務に対しては、①X・Y間に物権変動がないのに移転登記を認めることになる、②上記の移転登記は一種の中間省略登記であり、このような登記請求権を認めることによって関係者の権利を害するおそれがあるなど、学説上は批判がある。しかし、判例・登記実務は、次の2つの場合には、このような請求権を認めている。

　第1に、A⇒B⇒Cと所有権移転登記がなされ、A・B間の登記原因となった売買契約が無効であるとAが主張する場合に、AからBへの所有権移転登記抹消登記請求権とBからCへの所有権移転登記抹消登記請求権を主張するのに代えて、AがCだけを相手に、CからAへの直接の所有権移転登記請求権を認めている。

　第2に、AからBとCに二重譲渡が行われCが先に所有権移転登記をしたが、BがCに対して自分が所有権者であると主張する場合に、Cに対してAからCへの所有権移転登記につき抹消登記請求権を求め、Aに対して売買契約に基づく所有権移転登記請求権を主張するのに代えて、BがCだけを相手に、Cから

Bへの直接の所有権移転登記請求権を認めている。

　前者の場合、A・B間の登記原因が無効であれば、そもそも所有権はBに移転していないことになる。したがって、Cは無権利者であってBからCへの所有権移転登記も実体法上の権利に裏打ちされない無効な登記になる。所有権者であるAの権利をできるだけ早く公示するために、B名義・C名義の所有権移転登記の抹消登記に代えて、CからAへの所有権移転登記請求権を認めることによって、Aが所有権者であることを迅速に公示できるからである。

　後者の場合には、CがBに所有権を対抗できないのであれば、できるだけ早くBが所有権者であることを公示できるようにすべきであり、また、二重譲渡をしたAに、同時履行の抗弁権など中間者の利益（たとえば、Cからの代金の支払いと引換えにAが登記を移転する義務を負っている場合など）を考慮すべき事情がなく、また、訴訟費用や執行を考えると、いち早くBが所有権者であるという真実の権利状態を公示すべきことを理由とする。

Professional View I-4
真正な登記名義の回復を登記原因とする所有権移転登記（川上）

　「真正な登記名義の回復」とは、不動産の名義人が本来の権利者以外の者になっている場合、これを本来の権利者の名義にするために移転登記をする時に使用する登記原因の一つである。本来、登記は、物権変動の経過を正確に反映しなければならない（したがって、上記の事例では、売買の無効を原因として順位番号3のYの所有権移転登記を抹消して、その後にXの所有権移転登記をなすべきである）が、登記制度上、難しい事案がある。

　例えば、A・B間の売買が虚偽表示で、それに基づきBに所有権移転登記がなされている場合、Aは虚偽表示による無効を主張して、Bの所有権移転登記の抹消を求めるべきであり、またそれが可能である。ところが、Bの下に所有権移転登記のある時点で、Bが抵当権者をCとする抵当権設定登記をし、かつCがA・B間の売買が虚偽表示であることについて善意であった場合どうなるであろうか（最判昭和48・6・21民集27巻6号712頁）。Aは、善意の第三者であるCに対してA・B間売買が虚偽表示であることを対抗できない（94条2項）ことから、Cの抵当権設定登記は有効であり、AはCに抵当権設定登記の抹消を求めることができない。また、

　Aが、Bの所有権移転登記を抹消登記したくても、抵当権者であるCは「登記上の利害関係を有する第三者」（不登68条）に当たることから、登記申請書にCの承諾書又はCに対抗することのできる裁判の謄本を添付しなければならない。このように登記は物権変動の経過を正確に反映すべきであり、実体法では無効な登記として抹消されるべきBの所有権移転登記が、登記法上の制約からできないといった事案が発生する。94条2項の適用された結果の実体的な権利関係を観察すれば、Aの所有する不動産にCの抵当権が設定されていると見ることができ、Cとしても自己の抵当権が存続するのであれば、正当な所有権者がAであるか、Bであるかは問題にならない。そこで、このような場合に、現在の物権の所有関係を正しく反映させる必要はあるが、実体法上、BからAには観念されるべき権利変動が存在しないことから、「真正な登記名義の回復による所有権移転登記」が認められている（民事局長回答昭和39年4月9日民事甲1505号先例集追IV106頁）。

　登記の本則からすれば、不動産物権変動の経過と登記は一致させるべきであるが、それが困難（不登68条）な場合の例外として、「真正な登記名義の回復」を登記原因とする所有権移転登記が認められることに異論はない。すなわち、「間違った登記」は正しい実体法上の権利関係に一致させるべきであるにもかかわらず、不動産登記法の規定がその障害になるのであれば、中間省略登記が最低限、現在の権利関係を公示している限り無効とはならないことに鑑み、「真正な登記名義の回復を原因とする抹消登記に代わる所有権移転登記」も認められて然るべきである。

　ところが、この「真正な登記名義の回復」を登記原因とする登記は、その登記費用である登録免許税だけで済むという点に着目し、本来、原因が売買なら所得税、贈与なら贈与税が課税される可能性があるところ、真正な登記名義の回復として課税を逃れる方法として、過去には濫用されてきた面が否定できない。特に、不動産登記法の改正前は、申請書種類として、登記原因を証する資料として、申請書副本の添付でよかったこともあり、簡単に「真正な登記名義の回復」登記が認められていた。しかし、不動産登記法の改正により、現在では、登記原因証明情報の作成が必要になり、真正名義回復登記の添付資料として、①登記無効、②真の所有者、③登記抹消できない理由を資料として提供しなければならないことになっている。仮に、それらの資料に虚偽の事実を記載すれば、公正証書原本不実記載罪が成立する。

　「真正な登記名義の回復」登記の申請は、安易に便法として申請してはならず、①＋②＋③が証明できる場合に限って認められる不動産登記法の例外であると考えるべきであろう。　■

2. | Xはどのような事実を主張したらよいか

　登記請求権については、所有権の抹消登記手続を求めるにしても、移転登記手続を求めるにしても、Yに対するものは、甲土地の所有権に基づく妨害排除請求権があることが根拠となる。甲土地についてY名義の登記がXの所有権内容を侵害していることになり、占有以外の事情で所有権を侵害しているからである。所有権に基づく妨害排除請求権の要件は、①原告が当該物件の現在の所有権者であること、②被告が占有以外の方法で所有権内容を現在侵害していること、③被告の侵害について違法性を阻却する事由がないこと（本件のような登記請求権の場合には「被告に原告との関係で被告名義の登記を保持する権原がないこと」）が要件となる。所有権に基づく返還請求権と同様、①②については、原告側に主張・立証責任が、③については、所有権に基づく妨害排除請求権の発生を消極的に基礎づけることから、被告側に主張・立証責任がある（所有権に基づく請求権に関する主張・立証責任の配分については☞**第1章 Link Ⅰ-1**および**第1章❷3.(b)**）。

　①の要件に該当する事実としては、X・A間で売買契約が締結された当時、Aが甲土地の所有者であった点については、Yも争わず、権利自白が成立することを見込んだ主張がされることが多い（☞**第1章❷3(b)**）。Aが所有者でなければ、Aの相続人Dから甲土地を購入したYも所有権者ではないことになってしまうからである。したがって、Xは、①に該当する事実としては2007年3月31日当時、Aが甲土地を所有していたことと、XはAから甲土地と甲土地に建設中の建物を1200万円で買ったことを主張すればよい。②の要件については、甲土地についてY名義の所有権移転登記があることを主張することになる。

❸　登記請求権の有無を巡る攻防

　以下の言い分をもとに、Xからの請求に対して、Yがどのような反論ができるかを検討し、Xからの請求の当否について考えてみることにしよう。

【Yの言い分①】

　1．Xと私は、2007年に、それぞれ手持ちの資金を出し合って、Xが未完成建物付きの甲土地をAから購入し、私がBとの間で建築請負契約を締結して乙建物を建てました。

　内縁解消に当たって、Xと私の財産関係を清算するために、Xが現在居住している介護付の有料老人ホームの入居一時金1200万円を私が負担するとともに、内縁解消についての話し合いをしている最中にCとの婚姻届を出したことなどから、2020年4月から3年間、月10万円ずつ分割払いで合計360万円を慰謝料として支払いました。月10万円ずつ支払ったのは、甲土地の賃料として支払ったものではありません。

　2．Dが、2023年12月20日に、甲土地について相続を原因として所有権移転登記をしたことから、Aの唯一の相続人であるAの子Dが東京に住んでいることが分かり、Dに対して移転登記手続に協力するように交渉しました。しかし、Dは、「Aが甲土地を売ったという話は聞いたことがない。売買契約書も代金の領収書もないから、移転登記に協力する義務はない。むしろ、あなたは私に無断で甲土地に乙建物を建てたことになる。甲土地を買い取らないなら他の人に売る」と言ってきました。私は、甲土地が他人に渡るとやっかいなことになるので、Dの言い値である2500万円でDと売買契約を締結しました。

　私とDは、2024年9月7日付けで、甲土地の代金2500万円を10月末までに一括払いするという内容で売買契約を締結し、その場で手付金250万円を、10月末には残代金を支払って、移転登記に必要な書類をDから受け取り、同年11月12日、私に対する所有権移転登記手続が完了しました。

　3．AからXが甲土地を購入した当時、甲土地はXの所有であったとしても、Xとの内縁解消にあたり、財産関係を清算するために私はすでに多額の金銭をXに支払いました。また、乙建物が私の所有であることはXも認めています。Xは、私が乙建物でレストランの営業を続けることを了承していたのですから、いまさら甲土地の登記をXに戻す理由はないと思いますし、ましてや建物を収去して甲土地を明け渡すなどありえません。

　Ｙは、所有する乙建物によって甲土地を占有していることは認めているが、甲土地の現在の所有者は登記名義人であるＹであるなどと主張している。

　Ｙは、Ｘとの内縁を解消するにあたり、内縁関係にある間にＸ・Ｙ間で形成された財産関係を清算する目的で1200万円を支払っており、これによってＹはＸとの関係でも甲土地の所有者となり、慰謝料として2020年4月以降3年間にわたり毎月10万円合計360万円をＸに支払ったと主張している。ＹがＸに毎月末に10万円を送金しているという事実だけで、Ｘ・Ｙ間に賃貸借契約が成立していたことを主張・立証することは難しいことから、Ｘとしては、所有権に基づいて請求権を主張したほうがよさそうである。

　甲土地についても乙建物についても、Ｙ所有名義の登記があることは登記事項証明書によって容易に立証できる。また、2007年3月31日にＡ・Ｘ間で甲土地の売買契約が成立している点については、売買契約書があることから、Ｘは、2007年3月31日当時、Ｘが甲土地の所有者であったことを容易に立証することができる。そうすると、争点となるのは、Ｘが現在も甲土地の所有権者であるといえるかという点である。

　以下では、Ｙに対する所有権移転登記請求権に絞って、登記訴訟で上記の争点を巡ってＸ・Ｙ間でどのような攻防がなされることになるか考えてみることにしよう。

*P*rofessional View I-5

原告訴訟代理人は訴訟物をどのように選択するのか　（川上）

　【Ｙの言い分①】からは明らかではないが、Ｙの反論としては、①内縁関係の解消に伴う財産分与により、ＸからＹは甲土地の所有権を取得した（所有権喪失の抗弁）、または、②Ｙが登記を経ていることに着目し、Ａを起点とする二重譲渡を主張し、Ｙが所有権移転登記を具備した（対抗要件具備による所有権喪失の抗弁）ことが考えられる。

　Ｘが登記をＡに残していたことを帰責原因として、ＹはＡ相続人Ｄの登記を信頼したとして94条2項類推適用を考える者もいるかも知れないが、ＸとＹが内縁関係あり甲土地の取得経緯について、Ｙは熟知しており悪意と認定され排斥されるであろうから、Ｙの訴訟代理人はそのような反論主張はまずしないだろう。

このようなＹの反論を見越したうえで、Ｘの訴訟代理人としては、Ｙへの所有権移転及び登記具備を立証することが容易であることから、所有権に基づく妨害排除請求権を訴訟物として選択する。さらに上記のＹの反論を見越して、Ｙが背信的悪意者に該当することを争点と設定して、その評価根拠事実の証拠資料の収集に注力することになろう。■

1. Ｙからの反論──対抗要件具備による所有権喪失の抗弁

(a) 177条による反論の意味

Ｙが、内縁解消に伴うＸ・Ｙ間の財産関係を清算する目的で、ＹがＸに1200万円を支払うのと引換えに、財産分与を原因として、Ｘから甲土地の所有権を移転してもらったと主張したとしても、Ｘは否認しており、立証は難しい。一方、【例題】では、Ｙはすでに甲土地の所有権移転登記を完了している。

177条を反対解釈すれば、登記を具備すれば、第三者に対して不動産物権変動を対抗でき、誰に対しても甲土地の所有者であると主張できることになる。【例題】の場合、Ｙが所有権移転登記を具備すると、所有権の移転時期について特約がない限り、Ｄ・Ｙ間で売買契約が成立した2024年９月７日時点で、甲土地の所有権がＤからＹに移転したこと、つまりＤ・Ｙ間の物権変動を第三者に対して対抗できる。上記の反論によって、Ｘは、売主Ａおよびその相続人であるＤとの間では、176条に基づいて2007年３月31日に甲土地の所有権がＸに移転し甲土地の所有者であるといえるが、移転登記をしたＹとの関係では、Ａの相続人Ｄとの間での売買契約を原因としてＹに所有権が移転したとする物権変動が優先するから、たとえ2007年３月31日付けのＡ・Ｘ間の売買契約によりＸがＡとの関係で甲土地の所有者であることを主張できたとしても、2024年９月７日付のＡ＝Ｄ・Ｙ間の売買契約時点でＹが所有者であることになり（☞【図表５】）、その時点で、Ｘの所有権は喪失したことになる。したがって、このような反論は、Ｘの請求に対して有効な反論になる（訴訟における攻撃防御という観点からみた場合に、このような反論を対抗要件具備による所有権喪失の抗弁という）。

【図表5】AからD、DからYへの所有権移転登記の状況

権　利　部　（甲区）　（所有権に関する事項）			
順位番号	登記の目的	受付年月日・受付番号	権利者その他の事項
1	所有権移転	平成17年6月4日 第〇〇〇〇号	原因　平成17年5月24日売買 所有者　〇〇市〇〇町〇番〇号 　　　　A
2	所有権移転	平成19年5月28日 第〇〇〇〇号	原因　平成19年4月30日相続 所有者　〇〇市〇〇町〇番〇号 　　　　D
3	所有権移転	令和6年11月12日 第〇〇〇〇号	原因　令和6年9月7日売買 所有者　〇〇市〇〇町〇番〇号 　　　　Y

(b)　177条の主張・立証責任の分配

　177条の上記の反論をするために、Yはどのような事実を主張すればよいのだろうか。177条の要件についても、主張・立証責任の配分の基準を考えることが必要となる。

　176条と177条の関係については学説上見解の対立があるが（対立の状況を簡潔に概観するものとして、内田貴・大村敦志編『民法の争点』〔有斐閣、2007年〕95頁［鎌田薫］）、177条の制度趣旨が、物権変動があったことを登記によって公示しないかぎり、当該物権変動を第三者に対抗できないとすることによって、不動産取引の安全を図る点にあることについては、見解の対立はない。判例・通説は、177条の趣旨を、権利取得を登記できるのに、それを怠った者の懈怠をとがめることによって、不動産物権変動の公示を促進し、他方で、公示がなされていない物権変動は存在しないものとして扱ってよいとして、不動産取引の安全を実現するものであると解している（その意味においては、177条は、公示の原則に基づき登記に対する消極的信頼を保護していることになる）。

　上記の制度趣旨からすれば、176条によって物権変動の当事者間では意思表示だけで物権変動の効果の発生を認めながら、177条は、第三者との関係では、176条に基づいて認められる物権変動の効果の発生を障害することになるから、177条の要件については、177条の効果を主張する者に主張・立証責任があるものと解されることになる。

(c)　177条の「第三者」

　もっとも、判例・通説は、177条の「第三者」について、物権変動の当事者

以外の者であれば、誰でも上記の効果を主張できると解しているわけではない。

　177条は、前述したように、不動産取引の安全を目的としており、取引の安全と無縁な第三者には公示の意味もないことから、177条の第三者の範囲は、当事者およびその包括承継人以外の第三者であって「登記の欠缺を主張しうる正当な利益を有する者」に限定されるとする考え方（制限説）がとられている。

　このように、判例・通説は、第三者の範囲を確定する際に、第三者の主観的態様を基本的には問わないという考え方（善意悪意不問説）を前提としている。【例題】に即していえば、Yが、A・X間に物権変動があったこと、つまり所有権がAからXへ移転していたことを知っていたかどうかは要件とならない。177条が不動産取引の安全を目的としているにもかかわらず、第三者が善意か悪意かを問題にすると、一旦登記をしても、第三者の悪意を主張することができることになり、紛争が多発して、取引が不安定になると考えられているからである。これに加えて、伝統的通説では、単に先行する競争者がいただけで、この者に敗れるというのでは、自由競争の原理に矛盾するなどとする説明がなされてきた。

　しかし、善意悪意不問説に対しては、①不動産を購入する際には現地検分をする場合が多いこと、②真実の権利者の帰責性のある行為によって虚偽の登記名義が作出され、この登記名義を信頼して無権利者から権利を譲り受けた場合でも、第三者には善意・無過失が要求されているのに、権利を取得している者が登記を懈怠したという理由だけで、たとえ悪意であっても第三者が保護されてしまうことは、バランスを失していること、③二重に譲渡契約を締結することは、先行する契約の侵害であり横領行為であって、自由競争の原理の侵害が問題とならないなどの批判がある。そこで、有力説（松岡久和『物権法』〔成文堂、2017〕136頁など）は、177条を第三者に対する保護規定とした上で、第三者が善意・無過失でなければ、他人の権利を侵害した者は第三者としての保護に値しないとする考え方を展開している。

　善意悪意不問説に対する批判①③については、もっともな指摘であるが、判例・通説は、上記②の批判については説得的ではないと考えている。無権利者から権利を取得しようとした第三者の取引の安全については、本来の権利者が権利を失ってもやむをえない事情と第三者の権利取得の態様を考慮して、権利

があるという外観を信頼した者だけを保護するべきであるから、第三者の善
意・無過失を要件とすべきことになる。しかし、177条については、権利者か
ら権利を取得した者相互間の優劣が問題となっており、権利取得した者が登記
しなかったことの懈怠を根拠に、登記をしなかった者は第三者に対して権利を
対抗できないとして取引の安全を図っている。したがって、177条の第三者の
範囲を画定する際には、第三者の主観的態様（第三者が通常の不動産取引者が行
う際に登記記録や現地を合理的な注意を払って調査したかどうか）を問題とするべ
きではなく、第三者が登記の欠缺（不存在）を主張する正当な利益を有する者
かという点から判断すべきであると解している（なお、上記の判例・通説の考え
方からすると、物権変動を速やかに登記せよと要求できない場合には、登記なしに
物権変動の効力を主張できるとする考え方がでてくることにも留意することが必要
である。この点については、**第3章〜第5章**で再度議論することにする）。

　判例・通説の立場に立つと、**【例題】**において、対抗要件具備による所有権
喪失の抗弁を主張するためには、①AからYに物権変動があったこと、すなわ
ち（ア）DがAを相続し、（イ）D・Y間で売買契約が締結されたことを主張
すれば、Yが「正当な利益を有する第三者であること」を基礎づけるのに十分
な事実であるということになる。具体的事実としては、（ⅰ）「2007年4月30日、
Aは死亡した。」（ⅱ）「DはAの子である。」（相続人の主張・立証責任の配分をど
のように考えるかは☞**第7章 Deep Learning Ⅰ-18**）、（イ）については「Dは、Y
に対し、2024年9月7日、甲土地を2500万円で売った」と主張すればよい。

2. │ Xからの再反論──背信的悪意者の再抗弁

　Xとしては、Yからの反論に対して、Yが背信的悪意者であり、177条の第
三者であると主張することはできないと再反論することになる。

　判例（最判昭和43・8・2民集22巻8号1571頁）・通説は、善意悪意不問説を前
提にした上で（したがって、取引の安全をはかるために、対抗関係にある物権変動
があれば基本的に第三者に該当すると解した上で）、物権変動があつた事実を知る
者において右物権変動についての登記の欠缺を主張することが信義に反するも
のと認められる事情がある場合には、かかる背信的悪意者は、登記の欠缺を主

張するについて正当な利益を有しないとして、悪意者のうち背信性のある第三
者（いわゆる背信的悪意者）については、取引の安全を主張する必要性が乏し
いことを理由に登記の欠缺（不存在）を主張しうる第三者から排除されると解
している。つまり、例外的に、一定の悪意者を登記の欠缺（不存在）を主張す
る正当な利益を有する第三者の範囲から除外していることになる。このように、
背信的悪意者であるとする主張は、177条の第三者であるというYの主張を全
面的に否認しているわけではなく、登記の欠缺（不存在）を主張しうる第三者
には該当するが、177条の効果を信義則上主張できない者であることをいうも
のであるから、訴訟手続における攻撃防御の観点からは再抗弁となる（☞**本章
Link Ⅰ-3**）。

　したがって、背信的悪意者であると主張することによって利益を受ける者
（本件ではX）に、第三者（本件ではY）が悪意者であって、背信性があること
に該当する事実（これを背信性評価根拠事実という）について主張・立証責任が
あることになる。もっとも、背信性については、法的評価を伴う概念であるこ
とから、第三者について背信性がないと評価できる事情（これを背信性評価障
害事実という）については、背信性を争う側（本件ではY）に主張・立証責任が
あるものと解されている。これらの事情を総合的に評価して、背信性の有無を
判断することになる（このように規範的評価を必要とする要件について何が主要事
実になるのかについては☞**本章 Link Ⅰ-4**）。

　なお、前述したように、「自由競争の原理」を根拠に、悪意者であっても177
条の第三者に該当すると解することになる善意悪意不問説の理由づけについて
は強い批判があることから、背信的悪意者かどうかを評価する際にも、「自由
競争の原理」の範囲外であるかどうかではなく、どのような事情があるから、
177条の第三者に当たると主張することが、不動産取引の安全を図るという177
条の趣旨に合致しないのかを直截に主張すべきである。

 I-3　背信的悪意者の再反論はなぜ再抗弁となるのか(髙原)

　Xとしては、Yからの反論に対し、Yが背信的悪意者であり、177条にいう「第三者」であると主張することはできないと再反論することとなる。

　最判昭和40・12・21民集19巻 9 号2221頁は、「民法177条にいう第三者については、一般的にはその善意・悪意を問わないものであるが、不動産登記法 4 条または 5 条〔現行不動産登記法 5 条 1 項、 2 項〕のような明文に該当する事由がなくても、少なくともこれに類する程度の背信的悪意者は民法177条の第三者から除外されるべきである」などと判示していた（当該事件の解決としては背信的悪意者とすることを否定し、第三者性を肯定した原判決の判断を結論において是認した）。最判昭和43・8・2民集22巻 8 号1571頁は「実体上物権変動があった事実を知る者において右物権変動についての登記の欠缺を主張することが信義に反するものと認められる事情がある場合には、かかる背信的悪意者は、登記の欠缺を主張するについて正当な利益を有しないものであって、177条にいう第三者に当らない」と判示して昭和40年判決等を判例として引用し、原判決認定の事実関係によれば、上告人が登記の欠缺を主張することができない背信的悪意者に当たるとした事例判断である。すなわち、判例は、対抗関係にある物権変動があれば基本的に第三者に該当すると解した上で、悪意者のうち一定のものを登記の欠缺（不存在）を主張する正当な利益を有する第三者の範囲から除外するといういわば二段構えの枠組みを示している。そうすると、背信的悪意者であるとする主張は、177条の第三者であるYの主張と相容れないものではないから、訴訟手続における攻撃防御の観点からは否認ではなく、再抗弁となる。

　昭和43年判例が定式化した枠組みに従えば、背信的悪意者であると主張することによって利益を受ける者（本件ではX）に、第三者（本件ではY）が実体上物権変動があった事実を知っていること及び同物権変動についての登記の欠缺を主張することが信義に反するものと認められる事情（いわゆる背信性）について主張・立証責任があることになる。　　　　　　　　　　　　　　　　　　　　　　　　　　◆

3. Yは背信的悪意者か

　YはA・Xの間で甲土地の売買契約が締結されたことを知っていると述べているから、Yが悪意であることは明らかであり、Yに背信性があると評価できるかどうかが問題になる。

　裁判官は具体的事実から背信性の有無を判断することになるが、背信性の判断基準は判例上必ずしも明らかではない。判例上、背信的悪意者であることが認定された例としては、①第三者が初めの物権変動に自ら関与しておきながら、これと矛盾した態度をとり、信義に照らして認めがたい行為をする場合（不登5条1項・2項参照、最判昭和43・11・15民集22巻12号2671頁、最判昭和44・4・25民集23巻4号904頁）、②第三者の権利取得の方法が不当・不正な意図や動機による場合（最判昭和43・8・2民集22巻8号1571頁）、③未登記権利者に対する害意をもって、積極的に売却済の不動産を自己に売るように働きかけ登記をして、未登記権利者の権利を侵害した場合（最判昭和36・4・27民集15巻4号901頁）、④第一買主との取引があった後、売主の親族などに二重に売却がなされ、登記がなされたような場合、⑤取得時効完成後に土地を譲り受けた第三者が、土地の購入時に時効取得者が多年にわたって占有継続している事実を認識している場合（最判平成18・1・17民集60巻1号27頁）などがある。これらの場合には、信義則上、第三者の不動産取引の安全を図る必要性が乏しいことから、登記の不存在を主張するのに正当の利益があるとはいえないと解されている。これらを判断材料として、Yの背信性の有無を検討していくことになる。

　【例題】で、背信性を疑わせる事情としては、以下の事実が主張されている。①YはA・X間の甲土地の売買を仲介しながら、Aの相続人Dから甲土地を購入している。Yが甲土地を購入した目的・意図も重要な判断要素となるが、②Xが移転登記をしていなかったことを奇貨として、甲土地を購入している。【Xの言い分①】によれば、Yからの1200万円の支払いは、Yの不貞を原因としてXとの内縁関係を解消するためであり、甲土地をY所有とするために清算金として支払われたものではない。また、③甲土地の時価は4000万円であり、D・Y間の売買代金は2500万円であるから、Yは時価よりは相当に安い代金でDから購入している。

　他方で、背信性の評価を障害する事実としては、①A・X間の売買契約は2007年に締結されており、D・Y間の売買契約は2024年に締結されていることから、YにはA・X間の売買契約に基づいてXが登記することを妨害する意図があったとはいえないこと、また、②Yの言い分によれば、Yが所有する乙建物でレストランを経営していることを考慮して、内縁関係継続中に形成された

財産をＸとの間で清算する目的でＹがＸに対して1200万円を支払い、Ｙが甲土地上の乙建物でレストランを経営することを認めていること、Ｄが他人に甲土地を売却すると、Ｙは建物を収去することが必要になり、レストラン経営ができなくなることから、これを避けるために甲土地を購入したこと、③Ｄ・Ｙ間の売買代金が完済されていることなどが挙げられる。

　これらの事実を総合的に評価して、甲土地を購入したＹの目的や意図について、Ｙに不動産取引の安全を主張させる必要性が乏しいと評価できるかどうかという観点から、Ｙが背信的悪意者に該当するかどうかを判断することになる。

Link I-4　背信的悪意者と主要事実（髙原）

　本文にいういわゆる背信性は、事実ではなく、評価である。実際の訴訟においては、背信性を基礎付ける具体的事情や、背信性を妨げる具体的事情の存否がまず認定判断の対象となり、これらの事実認定の結果を総合して、いわゆる背信性の評価判断がされるという構造となっている。

　上記の各具体的事情の訴訟上の位置付けについては、主要事実説、準主要事実説、間接事実説があたかも鋭く対立しているかのように受け止められがちである。民法の注釈書でもこの問題が扱われるが（山野目章夫編『新注釈民法（１）総則（１）』〔有斐閣、2018年〕90頁以下［村田渉］）、弁論主義はどこまで妥当するのかという対立の１つであり、総合的な判断構造それ自体について見解が対立しているわけではない。また、取り上げるべき具体的事情の主張を漏らさずに当事者双方の攻撃防御を全うさせる必要があるという問題意識は各説とも共通しており、ある説を採ったことにより事実認定の対象となる事実に変動が生じることは、適切な争点整理がされている限り、あり得ない。重要なことは、各説の優劣ではなく、「規範的要件に関して行われる、評価根拠事実と評価障害事実とに位置付け、これらを中心に争点整理をした上で、当該規範的評価が成立するかどうかを推論していく過程」（前掲書106頁〔村田渉〕）を理解し、その思考方法を活用できるようになることである。　◆

❹ 所有権に基づく返還請求権の相手方

1. 明渡請求権——物権的請求権か債権的請求権か

【Xの言い分①】にれば、Yは乙建物の敷地として甲土地を利用していることから、XはYに対して甲土地の明渡しも求めている。

Xは、自分が甲土地の所有者であると主張しているから、Yに対して所有権に基づく返還請求権としての土地明渡請求権があるとする請求が、まずは考えられる。

また、Xは、Yとの間で乙建物の所有を目的として甲土地の賃貸借契約を締結したと主張しているから、Yが賃料を長期にわたって遅滞していることを理由に賃貸借契約を解除したとして、賃貸借契約の終了を原因とする建物収去土地明渡請求権があるとする請求も考えられる。判例・通説は、「建物収去・土地の明渡し」という点では同じ結論になっても実体法上の請求権の競合を認めているから、理論的には上記の2つの請求権のどちらを行使することもできることになる。

ただし、いずれも建物収去と土地明渡しを求めているのに、所有権に基づく場合と賃貸借契約に基づく場合とで請求権の記載のしかたが異なっている。前者の場合には、**第1章**でも述べたように（☞**第1章❸2.**）、建物の収去は所有する土地の占有を回復する手段にすぎず、土地上に建物があるかないかによって、占有を侵害している被告が原告に土地の返還義務を負っているという点では違いがないからである。他方、後者の場合には、賃貸借契約に基づく債務の履行を求めていることになる。賃貸借契約が終了した場合、契約上、賃借人は賃貸人に対して賃貸目的物の返還義務があり（601条）、さらに賃貸借の目的物に付属させた物があれば、これを収去する義務を負っている（622条、599条1項）。この違いが、請求権の違いとなって表れていることになる。

【例題】では、乙建物の所有を目的として、X・Yに賃貸借契約が成立していたとする点についてYが争っており、両者の間で賃貸借契約書が作成されていないことから、Xとしては所有権に基づく返還請求権に基づいて、甲土地の

明渡しを求めるほうがよさそうである。

　所有権に基づく返還請求権の要件は、①原告が当該物件の現在の所有者であること、②相手方がその物を占有していること、③相手方に占有権原がないことであり、①②は原告に、③については、③の要件の反対事実（自分に原告との関係で「占有権原がある」といえる事実）について被告に主張・立証責任がある（☞**第 1 章 Link Ⅰ‒ 1 および第 1 章❹3.(b)**）。

　X・A 間で売買契約が締結された当時、A が甲土地の所有者であった点については、登記訴訟の場合と同様、X は、①に該当する事実としては2007年 3 月31日当時、A が甲土地を所有していたことと、X は A から甲土地と甲土地に建設中の建物を1200万円で買ったことを主張すればよい。②については、甲土地上に乙建物が存在していることと、その建物を Y が所有していることを主張することになる。

2. │ 所有権に基づく返還請求権の有無を巡る攻防

　X が所有権に基づく返還請求権を根拠に、甲土地の明渡請求をすると、Y は、登記訴訟の場合と同様、対抗要件具備に基づく所有権喪失の抗弁を主張し、現時点では X に所有権がないという反論を展開することになる（☞❹1.）。これに対して、X としては、Y は背信的悪意者であるとする再抗弁を展開して Y の主張を封じ、所有権に基づく返還請求権の発生を復活させることになる（☞❹2.）。

　このように、明渡請求訴訟についても、現在、X が甲土地の所有者であるといえるかが争点となるが、これまでに主張された事実に加えて、次のような言い分が Y によって主張された場合に、上記以外にも争点となる点がないか検討してみよう。

【Y の言い分②】

　私は、友人が E から借り入れた事業資金について連帯保証人となっていた関係で、E から保証債務1500万円の返済を迫られた。E はレストラン経営に乗り出そうとしていたことから、2026年 3 月15日に、レストランの営業権とともに乙建物を E に2000万円で売却し、E の売買代金債務と私の保

72

証債務を対当額で相殺をした。3月31日に、残金500万円の受領と引換え
に乙建物を引き渡した。また、4月1日付で、私とE間で、乙建物の所有
を目的として、甲土地の賃貸借契約を締結し、現在、私はEの経営するレ
ストランで働いている。

【Xの言い分②】
　本件建物の登記事項証明書では、YがEに乙建物を売買したことを原因
として移転登記がなされていなかったので、そのようなことは全く知らな
い（☞【図表6】権利部（甲区））。

　上記Yの主張は、Xが請求した時点で、Y所有の乙建物が甲土地を占有して
いたとしても、Y・E間の売買契約締結の時点でYからEに乙建物の所有権が
移転しており、Yが乙建物の登記名義人である場合であっても、Yは建物所有
権をすでに喪失したから、現時点でYは甲土地を占有していないとする反論と
考えられる（建物所有権喪失の抗弁）。対抗要件具備に基づく所有権喪失の抗弁
は、現時点でXは所有者でないとする反論であるのに対して、上記の主張は、
現時点でYは甲土地を占有していないとする主張であり、両者は反論として両
立することになり、いずれかが認められると、Xの返還請求権は認められない
ことになる。

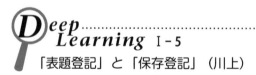

Deep Learning I-5
「表題登記」と「保存登記」（川上）

　不動産登記事項証明書（☞【図表6】）をみると、不動産登記事項証明書は、大き
く「表題部」と「権利部」に分かれ、さらに「権利部」は、「甲区（所有権に関する
事項）」と「乙区「所有権以外の権利に関する事項」」に分かれていることがわかる。
表題部には「表示に関する登記」が記録され（不登2条7号）、権利部には「権利に
関する登記」が記録される（不登2条8号）。そして、表示に関する登記（不登2条
2号）には、その不動産を特定するのに必要な情報と物理的な概況が記録され、権
利に関する登記（不登2条4号）に、その不動産にかかわる権利が記録される。

【図表 6】 乙建物に関する登記

京都市○○○○○○×××−×　　　　　　　　　全部事項証明書　　　　　　　　（建物）

表 題 部（主である建物の表示）		調整	平成○年○月○日	不動産番号	0000000000000
地図番号	余白				
所　　在	京都市○○○○○○×××−×		余白		
家屋番号	△△△番△			余白	
① 種　類	② 地　目	③ 床 面 積 m²		原因及びその日付（登記の日付）	

① 種 類	② 地 目	③ 床 面 積 m²	原因及びその日付（登記の日付）
店　　舗	鉄筋コンクリート造 陸屋根2階建	1階　47:88 2階　41:58	平成20年8月21日新築 （平成20年8月30日）
所 有 者	○○市○○町○番地　　Y		

権 利 部 （ 甲 区 ）	（ 所 有 権 に 関 す る 事 項 ）		
順位番号	登記の目的	受付年月日・受付番号	権利者その他の事項
1	所有権保存	平成20年8月30日 第○○○○号	所有者　京都市○○○○×××−×−× 　　　　Y

権 利 部 （ 乙 区 ）	（ 所 有 権 に 関 す る 事 項 ）		
順位番号	登記の目的	受付年月日・受付番号	権利者その他の事項
1	抵当権設定	平成20年8月30日 第○○○○号	原因　平成18年2月28日金銭消費貸借同日設定 債権額　金4,000万円 利息　年2.60%（年365日割計算） 損害金　年14.5%（年365日日割計算） 債務者　○○県○○市○○町○番○号 　　　　X 抵当権者　京都市○○○○×××× 　　　　株式会社□□銀行 　　　　（取扱店　京都○○支店）
2	1番抵当権抹消	平成30年5月10日 第○○○○号	原因　平成30年4月20日　放棄

これは登記記録に記載されている事項の全部を証明した書面である。
（○○地方法務局○○出張所管轄）
令和2年6月30日
○○地方法務局　　　　　　　　　　　　　登記官　　甲野　乙衛　　　　　　　　　公印

＊　下線のあるものは抹消事項であることを示す。

　建物が新築されると、その所有者は1か月以内に「表題登記」を行わなければならない（不登47条1項）。表題登記は、建物の位置、形状、構造、床面積など建物の物理的な概況を示すものであるが、この表題登記を行うことで、初めて登記記録が作成される。【図表6】の不動産登記事項証明書（建物）の「表題部」が、この表題登記である。

　よく誤解されるのは、この「表題登記」と「（所有権）保存登記」である。「保存登記」は、権利部がない記録について、初めて権利部の甲区（所有権に関する事項）にされる所有権の登記である（不登74条1項）。保存登記によって、権利部の甲区が作成され、第三者に対する対抗要件を取得することになる。この保存登記は、登記義務者が存在しないことから、不登74条の掲げる者が単独で登記申請を行うことができる。

　なお、この時点では、乙区（所有権以外の権利に関する事項）は作成されておらず、甲区の保存登記がなければ、抵当権や借地権など乙区に係る権利は登記ができない。すなわち、建物の不動産登記は、まず表題登記がなされ、次いで甲区が記録され、その次に乙区が記録されるという階層になっており、前にされるべき登記がなければ、それ以降の登記はそのままではできない。

　「表題登記」は、不動産の特定とその概況を公示するにとどまり、権利者を公示するものではない。不動産に関する権利者の公示は、「権利部」でなされるものであり、その起点が甲区になされる「保存登記」である。稀に、表題登記のみ存在する不動産が存在する。そのような不動産の不動産登記事項証明書の表題部の末尾に「所有者」が記録されていることがあるが、そこに表示されている者を所有者と即断してはならない。あくまで、177条の対抗要件としての登記を具備しているかは、不動産登記事項証明書の「権利部」の記載に基づくものである。●

　判例（最判平成6・2・8民集48巻2号373頁）は、土地を他人が所有する建物によって占有されている場合、土地の所有権に基づく返還請求権の相手方は、現実に建物を所有することによって土地を占有している者であると解した上で、自分の意思で建物について所有権取得の登記を経由し、その後建物の所有者でなくなったとしても、登記名義を保有する限り、建物所有権の喪失を主張して建物収去・土地明渡義務を免れることはできないと解している。つまり、建物所有権喪失というYの解釈論を原則として認めた上で、これを以下の理由から制限していることになる。上記判例は、土地所有者とその土地上にある建物の所有者は、同一建物について両立しえない物的支配を争う関係にあるわけでは

ないが、「建物について物権変動における対抗関係にも似た関係があること」（つまり、①XもYも建物の所有権者が誰であるのかについては重大な利害を有していること、②Yが建物所有権を喪失したことを主張するのではあれば建物収去義務を免脱するために登記を保有しないようにすべきであるのに、これを怠っている点では、177条の対抗関係にある場合と共通した利益状況にあること）、また、③建物の実質的所有者しか返還請求権の相手方にできないとすると、土地の所有者は建物の実質的所有者を調査しなければ明渡訴訟ができないことになり、その探究に困難を生じること（☞**本章 Professional View Ⅰ-6**）、④所有権を喪失したのに登記名義人である者については、建物の所有権の移転を主張して登記を移転することは困難でないことを指摘している。登記の共同申請に協力するように請求できる、いわゆる登記引取請求権があるから、Eが移転登記に協力しないのであれば、Yは訴訟を提起すればよいからである。

　Yの主張は、占有の移転により不動産明渡請求権を消滅させ、ひいては明渡実現の場面における執行当事者適格を失わせることを主眼とするものであり、上記判決は、建物所有による土地の占有者認定という特殊場面に限定して、その場面に特有の考慮要素を組み込んだ独自の対抗関係類似の処理枠組みを新たに提示して、物権的返還請求権の相手方について例外を認めたものと位置付けられる。その結果、強制執行の一般論では再度Eに対する債務名義の取得が求められるはずの民事執行法におけるX・Y（E）間の利害関係の調整は、実体法を媒介として部分的に変更されたことになる。

　さらに、上記判決は、自分の意思で建物について所有権取得の登記を経由した場合に限定して、登記名義人は移転登記をするまでは建物所有権の喪失を対抗できないとして、判決の射程を限定している。これは、実体的権利に裏打ちされない虚偽の登記がされているような場合との差別化を図るためであると解される。

　前述した判例理論によれば、Xが、①Yが自己の意思に基づいて、建物を所有した当時、Y名義登記を経由したこと、②現時点でなおYが登記名義人であること、以上の点に該当する事実を主張・立証すれば、Yは、建物所有権を喪失しているとXに対抗できないことになる（①②に該当する事実は、Yの建物所有権の喪失を基礎づける事実と両立するが、Yが建物所有権の喪失という効果をX

に対して主張できないという効果を生じさせることになるから、再抗弁として位置
づけられることになる）。

　【例題】では、YはBとの建設請負契約に基づいて乙建物の所有権を取得し、
Y名義で保存登記を経由していること、また、現在も乙建物についてはY名義
の登記のままであることをYは認めている。したがって、Yは、建物所有権の
喪失をXに対抗できない結果、Xとの関係では、なおYが甲土地を占有してい
ることになる。

　したがって、Xの明渡請求が認められるかどうかは、登記訴訟の場合と同様、
Yが背信的悪意者かどうかによることになる。

Link I-5　強制執行（不動産明渡執行）の観点からみた最判平成6・2・8の意義（髙原）

　【例題】において、XがYに対して乙建物を収去して甲土地を明け渡すことを求め
る部分は、権利の実現という観点からみると、不動産等の明渡しの強制執行（民執
168条1項）の基礎となる債務名義（民執22条1号、2号）を取得しようとしている
訴訟活動とみることができる。

　我が国の民事訴訟法は訴訟承継主義を採用し、既判力の基準時を口頭弁論終結時
と規定しているから（民執23条1項3号括弧書参照）、訴訟係属後口頭弁論終結前に
生じた事由は既判力により排斥されず、上記のような建物所有権喪失を主張するこ
とによって土地明渡義務を実体的に免れる余地が出てくるのである。仮に、民事訴
訟において既判力の基準時が訴訟係属時（母法のドイツ法は現在もこの立場を採っ
ている）と規定されていれば、基準時＝訴訟係属時後に生じた事由の主張は既判力
により排斥されるから、そもそもYの占有喪失の主張はそれ自体失当ということに
なる（X・Y間訴訟の既判力が承継人Eに拡張され、X・E間の強制執行手続の中
で乙建物収去を含む甲土地の明渡しが実現されることとなろう。詳細は民事執行法
の授業に譲る）。

　現行法では、【例題】の場合に将来の強制執行を保全しようとすれば、Xは、Yを
債務者とする建物の処分禁止の仮処分を申し立てて、認容決定を得て、乙建物につ
き処分禁止の登記をすることにより、訴訟係属中におけるEの出現を防ぐことが可
能である（民保1条、23条1項、24条、55条等）。前掲最判平成6・2・8は、上記

のような規定を含む民事保全法施行（1991〔平成3〕年1月1日）前に生じた事案であったが、【例題】における乙建物譲渡は同法施行後のものであるから、Ｘ（ないし代理人）としては、乙建物の処分禁止の登記をして名義上の所有者をＹとしておくことが可能であったことになる。したがって、前掲最判平成6・2・8の射程がどこまで及ぶかは問題である。占有一般に関しては、2003（平成15）年の担保・執行法の改正の際に、執行妨害を禁止するための方策として、不動産の占有者が不明の場合に、債務者を特定しないで占有移転禁止の仮処分を発することができるものとしたが（民保25条の2、同54条の2）、占有一般と、占有が建物所有という形態でされる特殊な場合において関係者間の利益考量基準が異なってよいのか、異なってよいとすればなぜかという問題意識は、実体法、手続法双方において、一部の例外を除き、あまり意識されてこなかったように見受けられる。　　　　　　　　　　◆

*P*rofessional View Ⅰ-6
実務家の視点からみた最判平成6・2・8の意義　（川上）

　前掲最判平成6・2・8の射程、2003（平成15）年の民事執行法および民事保全法改正および建物所有による占有の特殊性に注意を要することは Link Ⅰ-5 のとおりである。この点を十分に理解した上で、ここでは、少し視点を代えて同判決の意義を考えてみたい。

　弁護士が訴訟提起をする際に、管轄、被告、請求の趣旨は神経を使う項目である。被告の選択は、所有権に基づく返還請求権としての明渡請求訴訟であれば、所有権の円満な支配を占有により現に妨害している者、すなわち占有者を被告にすればよく、何が難しいのかと思われるかも知れない。

　確かに、訴状でも、被告が目的物を占有することに争いがないと判断した場合には、「被告は、本件目的物を占有している。」とだけ記載することも多い。

　本問のように土地上に建物を所有することで当該土地が占有されている場合は、当該建物の所有者が占有者になるという抽象論に問題はない。ところが、具体的にこの建物所有者が誰であるかを確定することは存外に難しいことである。当該建物の登記事項証明書の甲区に所有者として登記されていても、必ずしもその者が、真の所有者ではないことがあるからである。例えば、登記事項証明書に所有権者と記載されている者が、既に亡くなっている場合などが典型的である。

　このように、建物の所有権者と登記されている者が所有権者であると必ずしもいえないことから、登記名義人を被告として訴えを提起しても、当該被告から「あの

建物はすでに第三者に譲渡したもので、既に所有者ではない。」として、第三者との売買契約書が提出され証明されてしまうと、被告の選択を誤ったということになってしまう。

　この被告選択の問題について、最判平成6・2・8は、実質的な所有者が被告であるとの大原則を確認した上で、土地にある建物を取得して、自分の意思で登記をした者は、建物を第三者に譲渡したとしても、引き続き登記の名義がその者になっている限り、信義則により、所有権がないことを主張して、建物の収去義務を否定することができないと判示したのである。個別の事案において、信義則により、例外的に、建物の登記名義人を被告とすることができる場合があることが認められたことは、弁護士から見て、建物所有による占有者の特定の困難さという問題に対する一つの解決として評価できる。

　なお、最判平成6・2・8の事案を仔細に見ていただきたいが、この事件はその経緯と当事者の訴訟活動がかなり不自然なものであり、そもそも建物の売買契約の存在そのものが疑われる事案であったことも、判断に影響があったと思われるので、どこまで一般化できるかは注意を要する。　　　　　　　　　　　　　　　■

●重要判例●

・最判昭和40・9・21民集19巻6号1560頁（特約によらない中間省略登記請求権）
・最判平成6・2・8民集48巻2号373頁（物権的請求権の相手方）
・最判平成18・1・17民集60巻1号27頁（177条の第三者の範囲）

●演習問題●

【設問1】

　Xは甲土地を取り戻したい。また、現在はY名義となっている甲土地の所有権の登記名義をXの名義にしたい。Yに対して、どのような請求権があると主張をすべきか検討しなさい。

【設問 2 】

　【Yの言い分①】の事実に基づいて、YはXからの登記請求権および明渡請求権があるとする主張に対してどのような反論をすることができるか検討しなさい。例えば、【Yの言い分①】の「乙建物が私の所有であることはXも認めています。Xは、私が乙建物でレストランの営業を続けることを了承していた」というYの主張は、本件の攻防において、いかなる主張に関する事実と位置づけられるか。

【設問 3 】

　【設問 2 】のYからの反論に対して、Xはどのような再反論ができるか検討しなさい。

【設問 4 】

　【Xの言い分】、【Yの言い分①②】の事実に基づいて、Xからの甲土地の明渡請求の当否について検討しなさい。

第3章 所有権に基づく請求権と不動産物権変動 [応用編①]

——錯誤事例を通じて学ぶ不動産取引における第三者保護

❶ 出題の趣旨

本章では、2017（平成29）年民法改正によって効果が無効から取消しに変更された錯誤事案を素材に、不動産取引の安全がどのように図られているのかを学ぶ。

2017年民法改正では、錯誤を原因とする取消権の発生要件については95条で規定され、効果については121条が適用されることになり、取り消された行為（契約の場合には、契約成立）の時点に遡って、その効力が無効になる。錯誤は、詐欺や強迫と並ぶ「瑕疵ある意思表示」の中に包摂されることになり、意思表示をした者、またはその代理人・承継人に限って取消しができることになる（120条）。錯誤によってなされた契約に基づいて債務の履行が行われている場合には、原則として、給付を受けた者に原状回復義務があることが明文化された（121条の2第1項）。また、取消権については、追認ができる時から5年間行使しないときは時効によって消滅し（126条前段）、行為の時から20年を経過したときも同様とする（同条後段）と規定されている。

後述するように、改正法では、錯誤を原因として取消権がどのような場合に発生するかについても大幅に改正がなされているが、取消権は形成権であるので、取消しの効果が発生するためには、取消権の発生要件（95条1項・2項）が充足されているだけではなく、取消しの意思表示が必要となる（123条）。

2　Aは誰に対していかなる権利があると主張したら よいのか

　本章の【例題】は、前章までのスタイルとは異なり、後述するAからBに対する登記請求訴訟、および、AからEに対する明渡請求訴訟において、訴訟の当事者が主張した事実のうち争いのない事実および証拠等によって認定された事実を整理したものである。

【例題】
　1．Aは、所有する甲土地を処分して当面の事業資金を確保するために、2020年9月に、不動産業を営む友人Bに、甲土地について売買の仲介を依頼した。1か月ほどして、Bが、「甲土地は40年ほど前にメッキ工場があった乙工場団地に近接していて、このメッキ工場からの廃液が適切に処理されていなかったために、乙工場団地周辺の土壌が広く汚染されているという情報がある。この事実が発覚すれば甲土地の価格が下落するし、事実を隠して転売すれば売主としての責任を問われるおそれがある。甲土地の土壌を浄化して転売したほうがよいが、事業資金の確保を急いでいるのであれば、自分が甲土地を購入して、土地を浄化した上で転売してもよい」と言ってきた。
　2．BがAに提示したCからの報告書によれば、甲土地は土壌汚染対策法で人体に有害な物質として指定されている六価クロムによって汚染されており、浄化工事費用が約3200万円かかるということであった。結局、AはBに甲土地を3500万円で売却することにし、2020年11月11日付けで売買契約書を作成し、同日Bが、Aの預金口座に3500万円を振り込み、上記売買を原因としてAからBへ所有権移転登記が行われた。
　3．2021年4月初めに、乙工場団地の一部に六価クロムが大量に含まれた土壌汚染地区があるという新聞報道がなされた。Aは、甲土地が汚染地区から離れており、しかも汚染地区から緩やかな上り坂になった場所に位

置していたことから、甲土地が人体に有害な影響を与えるほど汚染されているのか疑問を持った。そこで、Dに再調査を依頼したところ、甲土地の土壌にも六価クロムは含まれているが、極めて微量で人体に有害な影響を与える基準値の1000分の1程度であることが判明した。Aは、Cと連絡をとったが、すでに廃業しており、所在もわからなかった。

4．Aは、2021年4月19日に、Bの元を訪れ「Cが作成した調査報告書の記載はでたらめであり、土壌が汚染されていなければ甲土地を7000万円余りで売却できたはずである。土壌の浄化工事費用がかかることを前提に売買代金を3500万円とすることで合意したのだから、この売買契約は取り消す」と明確に伝えて、甲土地を返還するとともに、所有権の移転登記につき抹消登記手続に協力するように求めた。しかし、Bは、不動産の仲介業務で知り合ったCから乙工場団地跡地について様々な情報提供があり、今回の調査をCに依頼したこと、Cの調査報告書・浄化工事費用の見積りについては、Aにも説明をしたと述べた。また、Cには土地の改良工事の実績があったことから、Bは、2020年11月末に、土壌の浄化作業についてCとの間で請負契約を締結し、工事は2021年1月に完了したこと、請負代金3200万円をすでにCに支払っていること、甲土地をE会社（以下、「E」という）に転売したことを説明し、Aからの要求には応じられないと回答した。そこで、Aは、Cの詐欺ないしAの錯誤を原因としてA・B間の売買契約を取り消すとする配達証明付内容証明郵便を改めてB宛に送付し、2021年4月25日に上記郵便がBに届いた。

5．Eは、工場を新設するために用地を探していたところ、乙工業団地に近接した甲土地が売りに出ていることを知った。甲土地は、空き地で、すぐにでも工場を建設することが可能であったこと、Bが所有者であることを登記事項証明書で確認できたことから、Eは、2021年3月8日に、Bから甲土地を6800万円で購入し、同日付けで売買契約書が作成された。この契約書によれば、6000万円と引換えに甲土地を引き渡し、残代金800万円を6月末日に支払うのと引換えに登記を移転するために必要な書類一式を引き渡す約定になっていた。4月に入って、Eは、甲土地の整地作業を行い、周囲に塀を設置し、現在、建設資材置き場として甲土地を利用して

いる。

　6．2021年 5 月10日、Aは、甲土地を取り戻すために、自分が甲土地の所有者であるとして、BとEを相手に訴えを提起した。

1. | Bに対してどのような請求権があると主張するか

　【例題】では、AはBに対し、Cの詐欺ないしAの錯誤を原因としてA・B間の売買契約を取り消す旨の意思表示をしている。売買契約に基づいてAはすでに移転登記義務を履行しているから、取消しが有効なら、Bには原状に回復すべき義務があることになる（121条の 2 第 1 項）。物権的登記請求権は、このように物権変動の過程・態様と登記が一致しない場合に、その不一致を除去するためにも認められており（☞**第 2 章❷1.**）、Aは売買契約の取消しを原因として、Bに対して移転登記抹消登記請求権があると主張することができることになる。もっとも、【例題】では、すでにBがEに甲土地を転売している。A・E間には債権的関係がないことから、Aは、Eに対しては、甲土地の所有者であることに基づいて甲土地の明渡しを請求するしかない。そこで、Aは、Bに対しても、甲土地の所有者として物権的登記請求権、つまり、所有権に基づく妨害排除請求権を根拠に甲土地につき所有権移転登記の抹消登記請求権を訴訟物とし、その存在を主張している。したがって、Bに対する請求の訴訟物は、所有権に基づく妨害排除権としての所有権移転登記抹消登記請求権となる。

　AのBに対する所有権に基づく妨害排除請求権が発生していることを主張するためには、A・B間の売買契約締結当時Aが甲土地の所有者であったこと、および、甲土地についてB名義の所有権移転登記があることを主張すれば足りる（☞**第 2 章❷2.**）。自分が甲土地の所有者であるというために、Aは、A・B間の売買契約を詐欺ないし錯誤を原因として取り消したことまで主張する必要はない。A・B間で甲土地について売買契約が締結された2020年11月11日当時、Aが甲土地の所有者であったことは、Bが甲土地の所有者であると主張する際に前提にせざるをえないからである（権利自白については☞**第 1 章❷3.(b)**）。

2. Eに対してどのような請求権があると主張するか

　甲土地を現在建設資材置場として占有しているのはEであるから、Aは、E
に対しては所有権に基づいて甲土地の明渡しを求めることになる。Eに対する
請求の訴訟物は、所有権に基づく返還請求権としての土地の明渡請求権である。

❸　Bに対する移転登記抹消登記請求権の有無を巡る攻防

　BはAの請求に応じないのだから、まずはA・B間の売買契約を原因として
2020年11月11日にAからBに所有権が移転したと主張し、現時点ではAは所有
者でないと反論することになる（本件訴訟における攻撃・防御の位置づけとしては、
このような反論を「売買契約に基づく所有権喪失の抗弁」という）。
　上記反論に対して、Aは、第三者Cの詐欺ないしAの錯誤を原因としてA・
B間の売買契約を取り消したとする再反論を展開することになる。取消しの効
果は、契約の時点まで遡って契約の効力が生じなかったとみなされることであ
るから（121条。これを遡及的無効という）、取消しの主張は、A・B間の売買を
原因として所有権がAからBに移転したとする法律効果（555条。176条参照）
の発生を障害することになり、Aが現時点でも所有者であるといえることにな
る。したがって、詐欺・錯誤による売買契約の取消しの主張は、有効な再反論
となる（詐欺・錯誤取消しの再反論は、上記「売買契約に基づく所有権喪失の抗弁」
に対する再抗弁になる）。
　ただし、【例題】では、Cが甲土地の土壌汚染をでっちあげ、土壌の浄化工
事が必要であるように見せかけて、A・B間で売買契約を締結させたとまでい
えるかどうかは判然としない。Cによる詐欺があったというためには、Cに、
Aを欺いて錯誤に陥らせる故意とその錯誤に基づいて意思表示をさせる故意が
あったといわなければならないからである。たとえCの詐欺が主張・立証でき
たとしても、BはCに浄化工事代金を当初の見積額通りに支払っており、Bが
Cの詐欺を知っていた、あるいは、知ることができたということを立証するの
は、【例題】で示された事実関係の限度では難しいように思われる（96条2項。

2017年民法改正では、「知り」が「知り、又は知ることができた」と改められ、意思表示の相手方が有過失の場合も追加されていることに注意）。そこで、以下では、Aの錯誤に基づく主張に絞って検討する。

1. 錯誤取消しを巡る攻防

(a) 改正法における錯誤類型

95条1項は、「意思表示に対応する意思を欠く錯誤」（表示錯誤。同項1号）と「表意者が法律行為の基礎とした事情についてのその認識が真実に反する錯誤」（事実錯誤ないし基礎事情に関する認識の錯誤。同項2号）がある場合を取消しの対象としている。

取消権の行使は、発生した意思表示の効果を行為の時点まで遡って無効とする法律効果を発生させるから、取消権の発生要件を定めた錯誤規定は権利障害規定であり、錯誤取消しの効果を主張する者が取消権の発生要件と取消の意思表示があったことについて主張・立証責任を負担することになる。

【例題】の場合、Aは、甲土地の土壌が汚染されており、土地の浄化のためには時間を要することから、土地の浄化工事費用を考慮して通常の取引価格の半額程度の3500万円でBに甲土地を売るという意思表示をしている。まさに、甲土地の土壌が汚染されているという認識を前提にAの意思表示はなされており、その事実に関する認識は真実に反しているから、事実錯誤ないし基礎事情に関する認識の錯誤（95条1項2号）に該当することは疑いない。

もっとも、取消しの効果は遡及的無効であるから、取引の相手方の利益にも配慮する必要がある。そこで、錯誤取消しが認められるためには、①錯誤がなければ意思表示をしなかったという表意者の錯誤と意思表示の間に因果関係があること（主観的因果関係）が必要であるだけでなく、②錯誤が「法律行為の目的及び取引上の社会通念に照らして重要なものである」こと（客観的重要性）が要件となる（95条1項柱書）。事実錯誤ないし基礎事情に関する認識の錯誤（95条1項2号）の錯誤の場合には、上記の要件に加えて、③その事情が法律行為の基礎とされていることが表示（黙示による表示も含む）されていたことが必要である（95条2項）。

95条1項1号の錯誤の場合には、①②の要件だけで取消しが認められるのに、事実錯誤ないし基礎事情に関する認識の錯誤（95条1項2号）の場合に、なぜ③の要件も充足しないと取り消せないのか。これまでも動機の錯誤に関する判例法の位置づけを巡って見解が対立しており（☞山本敬三「事実錯誤（基礎事情錯誤）と民法95条2項の『表示』」磯村保ほか編『法律行為法・契約法の課題と展望』〔成文堂、2022年〕1-36頁）、2017年民法改正においても、この対立が解消したわけではない。

(b) 改正法における錯誤制度の趣旨

伝統的通説（後述する二元論）は、錯誤を内心の効果意思と表示行為から推断される効果意思の不一致と定義した上で、動機が表示され、相手方がこれを知っているときには、その限りで法律行為の内容の錯誤になるとして、その限度で動機の錯誤についても改正前95条の錯誤に当たるものと解してきた（我妻栄『新訂 民法総則（民法講義Ⅰ）』〔岩波書店、1965年〕297頁など）。最判昭和29・11・26民集8巻11号2087頁も、上記の伝統的通説を採用したものと考えられてきた。

95条1項の1号と2号の2つの錯誤類型について、表示行為から推断される効果意思と内心の効果意思が食い違う場合が1号類型、表示行為から推断される効果意思と効果意思の形成にいたる認知過程・判断過程における事情の認識と表示行為が食い違う場合が2号類型であって、効果意思と効果意思形成にかかる過程（動機）を区別して取消権の発生要件を規定したものと解すれば、2017年民法改正は二元論に立ったと評価することもできる。もっとも、伝統的通説に対しては、従来から、動機が法律行為の内容として表示されているのであれば、表示に対応する意思があったことになり、錯誤がないということになるのではないのかという批判がある。

そこで、錯誤を効果意思の不存在とするのではなく、真意の不存在と捉えた上で、動機が表示されたからではなく、表意者の保護と相手方の信頼保護の必要性を考慮して法律行為の内容になったかどうかという観点から錯誤が成立するかどうかを検討するべきであるとする見解が有力になり、現在の通説的見解となっている（川島武宜『民法解釈学の諸問題』〔有斐閣、1949年〕188頁、野村豊

弘「意思表示の錯誤（6）」法協93巻5号〔1976年〕690頁など。効果意思と動機を区別しないで「真意」と捉えることから一元論という）。この見解に親和的な判決としては、最判平成28・1・12民集70巻1号1頁がある。この見解では、特に相手方に錯誤事情への認識可能性がある場合には、相手方を保護する必要がないことを理由に、表意者からの錯誤取消しを認めることになる。

　上記の一元論的見解から2017年民法改正を説明するとすれば、表意者の真意と表示の間に齟齬があれば錯誤取消しが可能であり、95条1項1号と2号は2つの類型を認めたものではなく、2号に該当する場合には、錯誤事情への相手方の認識可能性を考慮して、95条2項で錯誤取消しの要件を加重したと解することになる。ただ、上記の見解によると、相手方の要保護性の欠如を理由として意思表示の効力が生じないとする消極的理由は説明できても、表意者に真意がないとなぜ意思表示の効力が生じないのかについては、積極的な理由は必ずしも明らかでないという批判がある。

　一元論も二元論も、基本的には、法律行為の効力を認める根拠を表意者の意思・真意に求めているが、近時、契約について、契約当事者は自ら契約を締結しその内容を決定した以上、その内容に拘束されるとする見解が有力に主張されるようになり、錯誤取消しが認められるのは、契約の拘束力を認めるべき公平性が欠如しているからであると解する見解が主張されている。具体的には、当事者が、当該契約によって負担すると考えていた義務やリスクと、得られると期待していた利益との間に不均衡が生じた時に、その契約を守るべき理由が失われていることを理由に、錯誤取消しを認めることになる。そこでは表意者の「意思」（二元論）や相手方の「信頼」（一元論）ではなく、当該契約における給付の均衡性や等価性という点を判断基準とし、これらが欠如した場合に合意の拘束力を正当化する根拠が欠如しているとして、意思表示の効力は生じないと解することになる（森田宏樹「『合意の瑕疵』の構造とその拡張理論（1）」NBL482号〔1991年〕24頁など。効果意思と動機を区別しない点では一元論であるが、錯誤取消しの根拠を表意者の意思・真意などの主観に求めないで、合意の拘束力を正当化する理由がないことに求めることから新一元論といわれている）。

　この見解に立てば、事実錯誤ないし基礎事情に関する認識の錯誤（95条1項2号）の場合、前述した実体上の要件のうち、②の客観的重要性の要件で、通

常の一般人を規準に客観的にみて当該契約においてその錯誤が重要で契約の拘束力を否定する必要があること、これに加えて、③の要件で、その事情が当該契約の当事者間で法律行為の基礎とされていることが表示されていることから、合意原因についての錯誤があったことになり、当事者間の合意の拘束力を否定すべきだと判断することになろうか（山本敬三・前掲論文39頁が指摘する「法律行為の内容化」の基準が前者、「表示」の基準が後者に対応するものと思われる）。

2. 請求の当否

(a) 錯誤を原因として取消権は発生しているか

【例題】では、甲土地の土壌が汚染されているという事実の錯誤は、BがAに提示したC作成の調査報告書から生じている。Aが契約の時点で真偽がはっきりしていない事実を一方的に誤認したというわけではない。不動産業を営むBが、Cの調査報告書だけで甲土地の土壌汚染を信じた点に過失があり、この報告書をAに提示することは、Bの不実表示にあたり、Aが上記の錯誤に陥った原因であると捉えることもできる。

2017年民法改正の立法過程では、錯誤と詐欺の間に不当表示という意思表示の取消類型を置くことが検討された経緯がある。しかし、意思表示の相手方が事実と異なることを表示した点を単独の要件として取消しを認めなくとも、前述したように、95条1項2号は、表意者が法律行為の基礎となる事情を表示した場合に限定して錯誤取消しを認めているわけでなく、表意者が法律行為の基礎とした事情について、その認識が真実に反すれば錯誤が認定できる（大中有信「法律行為の基礎錯誤と錯誤要件論」安永正昭ほか監修『債権法改正と民法学 I 総論・総則』〔商事法務、2018年〕466頁）。したがって、上記のような相手方による過失ある不実表示が基礎となっている場合についても、95条1項2号の「表示」の解釈を通じて錯誤取消しの対象とすることが可能であり、前述した①～③の要件を充足していればよい。以上の解釈論を前提にすれば、錯誤制度の趣旨を巡るどの見解に立っても、説明のしかたは異なるが、Aの錯誤を原因として本件売買契約は取消しができるものと解される。

一元論と二元論では、Bに対する表意者Aの意思表示の内容を「甲土地を

3500万円で売る」と捉えた上で、①（主観的因果関係）の要件については、甲土地が土壌汚染されており浄化工事費用に3500万円かかるという錯誤がなければAは上記の意思表示をしなかったこと、②（客観的重要性）の要件については、土地の売買契約を締結する際に、代金額は売買契約の本質的な要素であり、甲土地が土壌汚染されていないのに3500万円で売るという意思表示をしたことは、客観的にみて重要な錯誤にあたると説明することになろう。

　③（基礎事情の表示）の要件については、二元論では、「甲土地の土壌が汚染されている」という事情は動機であり、上記の意思表示の「基礎」となる事情にすぎないが、この事情は、A・B間で表示されており、Bにも了知されていることから、法律行為の内容となっており取消可能であると解することになる。一方、一元論では、Aの真意は、甲土地の土壌が汚染されているという認識に基づいて、浄化工事費用の負担をしないために、甲土地を3500万円で売るという点にあり、土壌汚染という事実は真実ではなく思い違いであり、上記Aの真意をBは認識可能であったことから取消しが可能であると解することになろう。

　これに対して、新一元論では、A・B間の売買契約の内容を客観的に観察すれば、について、土壌が汚染されている甲土地について浄化工事費用をBが負担することを前提に、甲土地の売買代金を3500万円とすることで合意したものと解することになり、②の要件が充足する。一方、③の要件は、A・B間の具体的な契約交渉の過程で上記前提が契約内容に取り込まれていることを肯定する要件となり、甲土地が汚染されていない以上、A・B間の売買契約の拘束力を肯定することができないことから、取消しが可能であると解することになろう。

(b)　95条3項に基づくBの再反論の当否

　95条1項・2項の要件を充足していても、表意者の重大な過失によって錯誤が生じている場合には、取消権は発生しない（95条3項柱書）。軽率な表意者を保護する必要はないからである。表意者の重過失は、取消権発生の効果の発生を障害することになり、取消しの効果を争う側（本件ではB）に主張・立証責任がある（95条3項柱書に基づくBの再反論は、95条1項の取消権発生の効果の発生を障害し、「売買契約に基づく所有権喪失の抗弁」の効果を復活させることになる

ので、再々抗弁になる)。本件では、Aは事業者であり、当面の事業資金を確保するために甲土地を売却している。友人であり不動産業を営むBからの情報だけでCの報告書や見積書を安易に信頼して、甲土地の土壌が汚染されていると信じた点に重過失がなかったかどうかが問題となる。

しかし、【例題】では、たとえAに重過失があったとしても、Bも、Cの調査報告書および土地浄化に係る見積書を前提に、甲土地の土壌が汚染されていると誤認して本件契約を締結しているから、BもAと共通の錯誤に陥っていた可能性もある。その場合には、95条3項2号の除外事由によって、Aは錯誤取消しを主張することを妨げられないこととなる(95条3項1号・2号に該当する事実は、95条3項柱書の効果を障害することになるから、取消しの効果を主張するAの側に主張・立証責任があることになる)。

(c) 取消しの効果の発生時期

取消しは相手方に対する意思表示によって行い(123条)、意思表示は相手方に到達した時からその効力が生じる(97条1項)。【例題】によれば、Aは、2021年4月25日到達の内容証明郵便を出しているが、Aはそれに先立つ2021年4月19日にB方を訪問して、直接、A・B間の売買契約を取り消すと口頭で意思表示をし、Bに甲土地の返還と所有権移転登記について抹消登記申請に協力するように求めている。したがって、取消しの効果は、すでに2021年4月19日に発生しているものと解される。

以上の検討結果からすれば、2021年4月19日時点はもとより、現時点でもAが甲土地の所有権者であり、Bに対する請求は認められることになる。

Eに対する土地の明渡請求権の有無を巡る攻防

　Eは、Bと同様、A・B間の売買契約が締結されたことを主張して、2021年
4月19日時点でAは所有権を喪失したと反論することができるが（売買契約に
基づく所有権喪失の抗弁）、この反論に対して、Aは、Eとの関係でもA・B間
の売買契約について錯誤を原因として取消しの効果を主張して再反論できる
（錯誤取消しに基づく再抗弁）。しかし、Eは、Aとの関係では、Bから甲土地を
買い受けた第三者である。EはBからの転得者であることを理由に、固有の反
論を展開する余地はないだろうか。

1. │ E固有の反論——取消前の第三者

(a)　95条 4 項の制度趣旨
　95条 4 項は、95条 1 項により意思表示の取消しをした場合であっても、善
意・無過失の第三者に取消しの効果を対抗できないと規定している。2017民法
改正では、錯誤取消しの場合にも第三者保護規定が追加された。この規定の趣
旨は、96条 3 項と同様（詐欺取消しについても善意・無過失の第三者に対抗できな
いと改正されていることに注意）、第三者の取引の安全を図ることを目的としてい
る。取消前の第三者の場合、権利者との間で取引を行ったのに、取引後、取
消しの遡及効によって無権利者から権利を取得した者となってしまうのでは、
取引の安全が図れないことを理由とする。そうすると、95条 4 項の「第三者」
であることによって保護されるのは、取り消された契約から生じる法律関係を
基礎に、取消前に新たに独立した法律関係を取得した者に限定されると解すべ
きことになる。
　95条 4 項の第三者であるとする主張は、善意・無過失の第三者との関係で、
錯誤取消しの効果の発生を障害するから、95条 4 項の効果を主張する者が主
張・立証責任を負うことになる。
　本件では、A・B間の売買契約についてAの錯誤を原因とする取消しの効果
は、前述したように、2021年 4 月19日に発生している。B・E間の売買契約は、

2021年３月８日に締結されているから、Eは、A・B間で売買契約が締結されたことを前提に、Aによる取消前にB・E間での売買という新たな法律関係を形成していることになり、95条４項の保護の対象となる「第三者」に該当することになる。

(b) 95条４項に基づく反論の意味

　95条４項に基づく反論は、取消しによるA・B間の売買契約の遡及的無効をEに対抗できないという効果を生じさせる。この意味については、見解の対立がある。A・E間では、AからB、BからEに順次所有権が承継取得されたことを認めるという意味であると解する見解（順次承継説）と、Aとの関係でBからEに承継取得されたことを認めれば充分であるとする見解がある（法定取得説）。後者は、BからEへの承継取得を認めるために、AからBへ所有権が移転したことまで認める必要がないことを理由とする。

　いずれの見解に立っても、実体法上は、95条４項に基づくEの反論によって、Aは、Eとの関係では、A・B売買契約締結時点で甲不動産の所有権を喪失したことになり、有効な反論となる。ただし、攻撃防御の位置づけについては違いが生じる。順次承継説に立てば、A・B間の売買契約の効力を復活させAからBへ所有権が移転していたことを主張することになるから、再々抗弁となる。これに対して、法定取得説では、取消しによってA・B間の売買契約の効力が遡及的に無効となったことを前提に、Eに対する関係でのみEへの承継取得を承認することになるので、売買契約に基づく所有権喪失の抗弁が再抗弁に理由ありとされて排斥されることに備えて、法定取得原因に基づく所有権喪失の抗弁が別途主張されているという位置づけになる（後の所有権喪失の抗弁を、予備的抗弁と称することがある。同様の問題は、96条３項、94条２項についても生じる。94条２項と94条２項類推適用の場合の位置づけの違いについては☞**第５章 Deep Learning Ⅰ-10**）。

2. 請求の当否

　95条４項の「第三者」であるというためには、取消しによって表意者に認め

られている利益を犠牲にしても、保護に値する第三者であることが必要である。

　不動産取引の場合に、第三者が権利者として保護に値する行為を行ったといえるかどうかという観点から、学説は、第三者が登記を完了しているかどうかを問題とし、保護すべき第三者の範囲を画定してきた（これを権利保護要件としての登記という）。第三者の取引の安全を図る規定は、95条 4 項や96条 3 項だけでなく、94条 2 項、545条 1 項ただし書などにもある。学説上は、本来の権利者の要保護性が高い場合には、第三者に登記を完了していることを求め、反対に、本来の権利者に帰責性が高い場合には、第三者に登記の具備までは要求しないとする考え方が有力である。

　96条 3 項では、取消権者が意思表示の相手方の欺罔行為によって錯誤に陥った点と第三者の要保護性を比較して、被詐欺者には騙された点で帰責性があり、第三者が登記まで完了している必要がないと解してきた（このような考え方に親和的な判例として、最判昭和49・9・26民集28巻 6 号1213頁がある）。錯誤取消しの場合にも、表意者が錯誤に陥った点で帰責性があり、その意味では95条 4 項についても、96条 3 項の場合と同様に解すべきことになろう。したがって、【例題】では、Ｅが売買契約を原因として移転登記を完了していないことをもって、95条 4 項の第三者の範囲に含まれないと解することはできないことになると思われる。

　【例題】では、Ｅが、Ａ・Ｂ間の売買契約に錯誤取消事由があることを知っていた事実はない。また、Ｅは、甲土地の市場価格に近い金額で甲土地を購入しており、Ａ・Ｂ間の売買契約に瑕疵があることにつきＥに過失があったことを基礎づけることができるような事実は主張されていない。

　そうすると、Ａは、Ｅとの関係では、甲土地の所有権者であるとはいえないことになり、ＡのＥに対する請求は認められないものと解される。

❺　錯誤取消後に登場する第三者と不動産取引の安全

　【例題】 1 ～ 6 の事実以外に、以下の事実があることが明らかになった。そこで、ＡはＦに対しても訴訟を提起した。

　7．貸金業者ＦはＢの妻の兄で、長年、Ｂに事業資金を融通しており、Ｂの資産状況についてもかなり正確に把握していた。最近、Ｂへの貸付けに回収の不安を覚えるようになったＦは、Ｂが更地で担保が設定されていない甲土地を所有していることを知った。そこで、Ｆは、ＦがＢにこれまで無担保で貸し付けていた5000万円（弁済期は2021年6月1日、利息は年10％）について、この債権を担保する目的で、甲土地を譲渡する旨の契約を締結してほしいと申し入れた。Ｂは、Ｅから残代金800万円の支払いを受けるまでに、上記借入金をＦに弁済できると考え、2021年4月24日に、Ｆとの間で譲渡担保設定契約（☞本章末尾［関連資料］不動産譲渡担保設定契約書）を締結した。Ｆは、上記契約を締結するにあたり、Ｅが甲土地の勾配を補正するために整地作業をしているところを目撃していたが、4月末に、Ｅが建設資材置き場として甲土地を利用し始めたことを知り、同年4月30日に、4月24日譲渡担保を原因として甲土地の所有権移転登記を完了した。

1. Ｆに対してどのような請求権があると主張するか

　Ａが、甲土地につきＡの登記名義を回復するためには、Ｂ・Ｆ間の譲渡担保を原因とする所有権移転登記についても抹消登記請求訴訟を提起することが必要となる（【図表1】）。

【図表1】譲渡担保権設定登記

権　利　部　（甲　区）　　（所　有　権　に　関　す　る　事　項）			
順位番号	登記の目的	受付年月日・受付番号	権利者その他の事項
1	所有権移転	平成17年6月4日 第〇〇〇〇号	原因　平成17年5月24日売買 所有者　〇〇市〇〇町〇番〇号 　　　　Ｂ
2	所有権移転	令和3年4月30日 第〇〇〇〇号	原因　令和3年4月24日譲渡担保 所有者　〇〇県〇〇市〇〇町〇番〇号 　　　　Ｆ

　Ｆに対する請求の訴訟物は、所有権に基づく妨害排除請求権としての所有権移転登記抹消登記請求権となる。**第2章**で検討したように、売買を原因とする

AからBへの移転登記と譲渡担保を原因とするBからFへの移転登記の抹消登記に代えて、Fだけを被告として、真正な登記名義の回復を登記原因とする移転登記請求権があると主張することもできるものと解される。Bが甲土地の所有者でなければ、Fの譲渡担保権は発生しないからである（☞**第2章 Professional View Ⅰ-4**）。

　ただ、【例題】では、Aは、すでにBを被告として、AからBへの所有権移転登記について抹消登記請求訴訟を提起していることから、Fについても、BからFへの移転登記について抹消登記手続への協力を求めればよいことになる。民事訴訟は当事者間で相対的に権利義務を確定するものであるから、Aは、Bに対する訴訟と、Fに対する訴えを別々に提起することができる（もっとも、このような事案において、Aは、民事訴訟法38条前段に基づき、BとFとを共同被告として訴えを提起することが通常であろう。詳しくは、民事訴訟法に譲る）。

Deep Learning Ⅰ-6
抹消登記請求か承諾請求か（千葉）

　譲渡担保権は、所有権移転型の非占有担保権であり、不動産の譲渡担保の場合には、【図表1】のように、権利部の甲区に譲渡担保権は記載されることになる。これは、所有権移転型の担保であるという特徴に基づく公示であると解される。この点に着目して、本文ではAはFに対しても抹消登記請求訴訟を提起するものと記述した。

　しかし、今日では、判例理論においても、譲渡担保権は債権担保を実現する限度で所有権を有しているに過ぎないと解されており、確定的に担保目的物の所有権が移転するのは、譲渡担保権が実行された時点であると解されている。譲渡担保権が非占有担保権である点に着目すると、譲渡担保権が成立するためには、被担保債権が発生していること、および、設定者に目的物の所有権があることが必要である。【例題】の場合に、AからBへの所有権移転登記につき抹消登記手続をすることは、Fの譲渡担保権の有無に影響を与えることになり、Fは登記の抹消に利害関係を有する第三者に当たると解する余地があることになる。譲渡担保権が担保物権であるという点に着目すると、理論的には、抵当権の場合と同様、不動産登記法68条に基づき、譲渡担保権者の承諾があるときに限り、抹消登記を申請することができることになり、Fが承諾しない場合には、AはFに承諾請求をすべきものと解する余地

があることになる。

2. F固有の反論──取消後の第三者

　B・F間の譲渡担保設定契約が締結されたのは、2021年4月24日であり、AのBに対する取消しの意思表示は同年4月19日にBの面前でなされており、その時に取消しの効果が生じたと考えられることから、Fはいわゆる取消後の第三者となる。したがって、Fは、95条4項に基づいて反論を展開することはできない。

　取消後の第三者を保護するために、これまでも、詐欺取消しの事案を通じて様々な見解が主張されてきた。判例・通説は、取消後の第三者と取消権者の関係を177条に基づいて規律するべきであると解しているが、後述するように、学説上は、94条2項類推適用によって第三者の取引の安全を図るべきであるとする有力な見解がある。2017年民法改正によって錯誤の効果が取消しとなったことから、錯誤についても同様の対立が予想される。

(a) 177条構成による展開

　ところで、取り消された行為の効果は初めから無効とみなされるのに、判例・通説が、取消後の第三者と取消権者の関係を177条に基づいて規律するべきであると解しているのは、なぜなのだろうか。

　177条の制度趣旨は、物権変動があったことを登記によって公示しないかぎり、当該物権変動を第三者に対抗できないとすることによって、不動産取引の安全を図る点にある。判例・通説は、物権変動があったことを登記できるのにそれを怠った者の懈怠をとがめることによって不動産物権変動の公示を促進する一方で、公示がなされていない物権変動は存在しないものとして扱ってよいとすることによって、不動産取引の安全を図ってきた（☞**第2章❹1.(b)**）。

　取消後は、取消前と異なり、取消権者は、取り消された契約を原因としてなされた登記が実体法上の権利に裏打ちされていない登記であることを理由に、所有者として抹消登記手続への協力を契約の相手方に求めることができる。そこで、判例・通説は、実体法上の権利に即した登記を速やかに完了しない取消

権者は不利益を被ってもやむをえないという点で、177条に基づいて取消後の第三者の保護を図っても、177条の趣旨に反しないものと解している。

　もっとも、177条では、権利者から権利を取得した者相互間の優劣について、権利取得した者が登記しなかったことの懈怠を根拠に、登記をしなかった者は第三者に対して権利を対抗できないとして取引の安全を図っている。これに対して、取消しの効果は遡及的無効であり、契約の成立の時点まで遡って所有権が移転していないのであれば物権変動はなかったことになり、177条を適用することはできないのではないかという疑問が生まれることになる。そこで、判例・通説は、取り消されるまでは意思表示は有効であり、有効な契約を原因として一旦は所有権が相手方に移転しており、取消しによって所有権が移転しなかったと扱われるにすぎないとして、実質的には、一旦相手方に移転した所有権が取消権者のもとに復帰したと捉えることができると解している（これを復帰的物権変動という）。その意味では、復帰的物権変動という概念は、177条構成を論理的に可能にするために、取引の実態に着目して物権変動があったことを説明するための道具概念である。

　【例題】では、A・B間の売買契約の取消しを原因として、BからAへの復帰的物権変動（所有権の回復）と、B・F間の譲渡担保設定契約を原因とするBからFへの物権変動（譲渡担保権の設定）があり、177条に基づいて、後者の物権変動が先に登記されれば前者の物権変動に優先するものと解することになる。譲渡担保権を非占有型の担保物権として構成するのであれば、Fは所有権移転登記につき登記保持権原があることになる。譲渡担保権を所有権移転の形式をとる担保物権として構成するのであれば、Fが登記を具備することによって、Aはもはや所有権を喪失したことになる。譲渡担保権の法的性質をどのように説明するかについては見解の対立があるが、いずれの考え方にたっても、Fは、177条に基づいて有効な反論を構成することができる。

　177条構成に立つ場合、【例題】では、AがA・B間の契約を取消後に、BがFとの間で譲渡担保設定契約を締結した事実により、Fが177条の第三者であることを容易に主張・立証することができることになる。【例題】の場合、Aによる取消しの意思表示は4月19日であり、4月24日に譲渡担保権が設定され、設定登記がなされたのが4月30日であることから、時的関係の先後のみを

根拠に、取消権者が不利益を被ってもやむを得ないと評価することができるのかという問題意識があるかもしれないが、判例は177条によって不動産取引の安全を図った上で第三者と取消権者の利害を調整している。【例題】においてもFが背信的悪意者であるとAが再反論できるかどうかが争点となる（☞**第2章❸2.3.**）。悪意とは知っているということであるが、本件ではFが、A・B間に復帰的物権変動があったこと（A・B間の売買契約がAの錯誤によって取り消されたこと）を知っていたことだけでなく、背信性、つまり信義則上、取引の安全を主張する必要性が乏しいことを理由に、Aの登記の欠缺（不存在）を主張しうる第三者からFを排除してよいといえるような事情があったかどうかが問題となる。【例題】からは、FがBの義兄で、長年、Bに事業資金を融通し、Bの資産状況についてもかなり正確に把握していたこと、これらの事実から、Fの悪意・背信性を認定できるのかどうかを考えてみてほしい。

(b) 94条2項類推構成による展開

取消後の第三者の取引の安全を図るために、学説上は、94条2項類推説が有力に主張されている。177条構成に対する批判としては、①取消しの効果は遡及的無効であると規定されており（121条）、この点は取消しの前後を通じて違いがないにもかかわらず、取消後は一種の物権変動があると構成することは、理論的にみて整合性が乏しいこと、②取消前の第三者は善意・無過失でないと保護されないのに、取消後の第三者を177条に基づいて保護すると、第三者が悪意であっても原則として保護されることになり、取消しの前後で保護される第三者の範囲が異なることには合理性がないこと、③取消しの意思表示をいつするかは、取消権者の判断に任されており、第三者の保護範囲を取消権者が意識的に操作することも可能となることなどが挙げられる。

そこで、94条2項類推構成に立つ見解は、無権利者であるBと第三者の取引の安全をどのように図るかという観点から、取消前は95条4項に基づき、取消後は94条2項を類推適用して、いずれの場合にも、第三者が善意・無過失の場合に保護されると解している（幾代通「法律行為の取消と登記」『民法学の基礎的課題上（於保不二雄先生還暦記念）』（有斐閣、1971年）53頁、内田貴『民法Ⅰ　総則・物権法総論［第4版］』［東京大学出版会、2008］83頁、山野目章夫『民法概論

2　物権法』［有斐閣、2022］88頁など）。94条2項類推という法規範（☞**第5章❸ 2.(b)**）は、虚偽の外観の作出について帰責性のある真正な権利者との関係で、この虚偽の外観に基づいて無権利者から不動産を取得した第三者を保護する法理である。したがって、①虚偽の外観が存在すること、②外観の作出について真正権利者の帰責性が認められること、③第三者が虚偽の登記を信頼したこと（学説上は、94条2項類推適用は権利外観法理の1つであるとして、③の要件については、第三者の善意・無過失を要するとする見解が多い）、以上の要件を充足していることが必要であると解している。94条類推の効果は、本人（真の権利者）側の帰責性を根拠に、本来、無権利者である第三者を保護することになるので、第三者の側に上記要件につき主張・立証責任があるものと解される。もっとも、不実の外観が登記である場合、登記には事実上の推定力があるから、不実の登記があって、不実であることを第三者が権利取得時に知らなかった場合には、第三者の無過失が一応推定されることになる。

　94条2項類推構成に立つと、【例題】の場合、Ｆは、Ｂ名義の不実の登記を信頼して無権利者Ｂから甲土地につき譲渡担保権の設定を受けた者ということになる。不実登記という外観を作出したＡの帰責性については、Ａが取消後ＡからＢへの移転登記につき抹消登記をすべきであるのに、これをＡが放置していたと解することになろうか。Ｂ名義の登記がなされていることは、登記によって公示されている以外に物権変動がないと信頼してよいので、Ｆの無過失が一応推定され、Ｆが無過失と評価できない事実（Ｆによる甲土地の権利関係についての調査義務が問題となってくる）をＡが主張・立証できなければ、Ａとの関係でＦは譲渡担保権を主張できることになる。

3. 請求の当否

　177条構成ではＦの背信性が、94条2項類推構成ではＦの過失の有無が争点となってくることになる。両構成は理論的には激しく対立しているが、上記争点に関してどのような判断がされるかという観点からみると、実際にはそれほど結論には大きな影響を与えないようにも思われる（「無権利者から不動産を取得した者の保護と94条2項類推適用」については、**第5章**で再論する）。

100

　なお、登記手続上は、AからBに対する請求が認容されても、B・F間の移転登記の抹消登記についてもAの請求が認容されない限り、A・B間の移転登記の抹消登記をすることはできない。登記連続の原則に反することになるからである。上記のような判決がなされると、実体法上は、Fの譲渡担保権の負担付き土地をAは所有していることになる。

●重要判例●
・最判平成28・1・12民集70巻1号1頁（動機についての錯誤）
・最判昭和49・9・26民集28巻6号1213頁（詐欺における善意の第三者の登記の必要性）
・大判昭和17・9・30民集21巻911頁（法律行為の取消しと登記）

●演習問題●
【設問1】
　【例題】の事実1〜6に基づいて、以下の設問に答えなさい。
（1）　AのBに対する甲土地の所有権移転登記抹消登記請求は認められるか。
（2）　AのEに対する甲土地の明渡請求に対して、Eはどのような反論ができるか。
【設問2】
　【例題】の事実1〜7に基づいて、以下の設問に答えなさい。
（1）　Aは、甲土地の譲渡担保権者Fに対して、どのような請求権があると主張するか。
（2）　AのFに対する請求は認められるか。
【設問3】
　AのFに対する請求において、Cの調査報告書で「汚染あり」とされていた事実は、どのような法的意味があるかを検討しなさい。

【関連資料】不動産譲渡担保契約書

譲渡担保設定契約書

　F（以下「甲」という。）とB（以下「乙」という。）とは，以下のとおり，甲が乙に対して有する債権を担保するため，別紙物件目録記載の不動産について譲渡担保契約（以下「本契約」という。）を締結する。

第1条（被担保債権）
　乙は，甲に対し，本日，下記の約定により金5,000万円を貸し付け，乙はこれを借り受けた（以下，「本件債務」という。）。
記
　弁済期限　　2021年6月1日
　利　　息　　年10%
　弁済方法　　甲の指定する銀行口座に一括して送金振込
　遅延損害金　年14.6%

第2条（譲渡担保権の設定）
　乙は甲に対し，前条の本件債務の支払を担保するため，その所有する別紙物件目録記載の土地（以下「本件土地」という。）を甲に譲渡する。

第3条（登記移転）
　乙は，甲に対し，本契約成立と同時に，本件土地について本日付譲渡担保を原因とする所有権移転登記手続をする。

第4条（所有権の回復）
　1　乙が本件債務を約定どおりに弁済を完了したとき，甲は，乙に対して，本件土地の所有権を移転する。
　2　甲は，乙が前項に基づき本件土地の所有権を回復したときは，直ちに，第3条に基づく所有権移転登記の抹消登記手続をする。

第5条（実行・充当）
　乙が，万一，本件債務の支払を怠った場合には，甲は直ちに本件土地を任意に換価し，その換価代金を本件債務の支払に充当し，残余があれば乙に返還し，不足があれば乙に対してその支払を請求する。

第6条（使用貸借）
　甲は，乙に対し，本件土地を第1条に定める弁済期日まで無償で使用することを認める。

第4章 所有権に基づく請求権と不動産物権変動 [応用編②]

——解除事例を通じて学ぶ不動産取引における第三者保護

❶ 出題の趣旨

　本章では、転々譲渡された１筆の土地を巡る複数の利害関係人の利害をどのように調整するかが問題となっている。後述する【例題】では、売買代金債務を履行しなかった買主との間の契約を解除して売却した土地を取り戻したいと考えている売主と、買主からその土地を買い受けた譲受人やその転得者との間で、この土地の所有権の帰属をめぐって紛争が発生している。このような事案を通じて、不動産取引の安全がどのように図られているのかについて考えてみよう。

　なお、解除制度については、2017（平成29）年民法改正で大きな変更が加えられた。改正法では、解除制度は、履行の強制、損害賠償制度とともに契約違反があった場合の債権者の救済制度の一つとして位置づけることになり、解除制度は、契約の当事者の一方に債務不履行がある場合に、契約当事者を契約の拘束力から解放し契約関係を清算させるための制度として規定されることになった。このため、改正後は、債務者の責めに帰すべき事由があることは、解除権の発生要件となっていない。契約に合意した以上、契約当事者は契約内容を実現する義務を負っているが、債務不履行がある場合には、合意した契約の拘束力からの解放を認めるという救済手段を債権者に認めるべきであると考えているからである（債務不履行がある場合であっても解除権の発生が認められない場合として、541条１項ただし書）。また、債務不履行を原因とする解除については、債務不履行の態様（履行遅滞・定期行為・履行不能）によって解除権の発生要件

が定められていた改正前の条文の構造とは異なり、「催告解除」と「無催告解除」の２つに分けて解除権の発生要件についての規定が置かれることになった。

❷　Xは誰に対していかなる権利があると主張したらよいのか

　以下の【例題】は、原告Xが登記を自己の名義にするために、Ｂ・Ｃ・Ｄを被告として提起した登記訴訟で、争いがなかった事実および認定された事実を整理したものである。Xは、Ｂ・Ｃ・Ｄに対してどのような権利があると主張したのだろうか。

【例題】

　１．Aは、長男Xとともに建設会社を営んでいたが、2020年４月に相談役に退き、Xが代表取締役に就任した。また、介護を要する妻、サラリーマンとなった次男、家業を継ぐことになったXとの間で、Aの遺産を巡って、将来相続争いが起こらないようにしたいと考えて、所有する甲土地などの一部の不動産を処分して金銭や預金など分けやすいものにしておくことにした。

　そこで、Aは、個人で建設業を営むBに、甲土地を4800万円で売却することにし、2020年７月31日に、4000万円の支払いと引換えに、甲土地を引き渡すとともに登記手続に必要な書類一式をBに渡し、残金800万円については、同年８月20日に支払うということで合意した。同年７月31日に、甲土地につき、AからBへの同日売買を原因とする所有権移転登記がなされた。

　２．しかし、同年８月20日を過ぎてもBから残代金の支払いがなかった。Aは何度か催促をしたが、Bは待ってくれというだけで埒が明かなかったことから、同年10月３日、２週間の期限を切って支払いを催促するとともに、もし同月18日までに支払いがされなければ契約を解除するとの一文をいれた通知書を内容証明郵便でBに郵送した。この郵便は、同月４日に、

Bのもとに配達されたが、18日になってもBからは支払いがなかった。

3．2020年11月初めになって、Aから甲土地を巡るトラブルについて相談をされたXは、甲土地が自分の建設会社の敷地に近接していることもあり、2020年11月11日に、Aから甲土地について生前贈与を受けた上で、X自らこのトラブルを処理することにした。

Xは、早速、Bの営業時間（月〜金曜日の9〜17時）に電話したがつながらないので、Bを直接訪ねたところ、Bは事実上倒産しており、同年10月下旬から行方不明となっていることが分かった。また、甲土地について法務局で登記記録を閲覧したところ、すでに売買を原因として、BからC、CからDへと所有権移転登記が経由されていた。

4．資金繰りが悪化していたBは、2020年9月末頃、ゴルフ仲間の不動産業者Cに甲土地をできるだけ早く処分する必要があるため、時価より安い価格でよいので買い取ってほしいと購入を持ち掛け、Cは、A・B間で上記のトラブルが生じていることを知らずに、2020年10月21日に甲土地を3500万円で購入し、代金と引換えに、同年10月21日売買を原因として同年10月29日に所有権移転登記を完了した。

5．Cと友人であった建設業者Dは、Cが甲土地をBから購入したことを聞きつけて、甲土地なら是非自分に売ってほしいと申し入れ、2020年11月3日に、Cから4000万円で買い受け、代金の支払いと引換えに同年11月13日に、上記売買を原因として所有権移転登記を完了した。なお、CとDは、Xの知り合いであり、Xの父Aがもともと甲土地の所有者であったことは知っていた。

6．2020年11月末に、Xは、C・Dに会い、「そもそもCがBから甲土地を購入する前に、A・B間の売買契約は解除されていたのであるから、抹消登記手続に協力してほしい」と交渉したが、交渉は決裂した。そこで、2021年1月12日、Xは、自分が甲土地の所有者であるとして、登記を自己名義にするために、B・C・Dを共同被告として訴えを提起した。なお、行方不明であるBには公示送達の手続をしたが、Bは答弁書その他の準備書面を提出することなく、上記訴訟の口頭弁論期日に欠席した。

　Ⅹは甲土地の所有者であるとして登記を自己名義にするために、Ｂ・Ｃ・Ｄを被告として登記請求訴訟を提起したのはなぜなのだろうか。

　Ａ・Ⅹ間には贈与契約が成立しており、Ａは贈与契約に基づきⅩに対して所有権移転義務があるから移転登記義務がある。移転登記をしておかなければ、受贈者が所有者であることを対抗できなくなる可能性があり、贈与者は所有権移転義務を果たしたことにならないからである（売買契約については改正法で560条に明文の規定がおかれることになった）。【例題】では、ＡはⅩへの移転登記手続に協力するだろうから、ⅩはＡを被告とする訴えを提起する必要はない。一方、ⅩとＢ・Ｃ・Ｄ間には債権的な関係がなく、Ｂ・Ｃ・Ｄが抹消登記に協力する可能性はないことから、Ⅹは所有権に基づいて登記訴訟を提起したものと考えられる。物権変動に即した登記請求権を主張するとすれば、【例題】では、Ⅹは所有権に基づく妨害排除請求権に基づいて、Ｃ・Ｄ・Ｅを共同被告として、各所有権移転登記抹消登記手続を求めることになる。

 Ⅰ-6　登記請求に関する共同訴訟（髙原）

　【例題】でＣ・Ｄ・Ｅを共同被告として上記の登記訴訟が提起された場合、請求の趣旨は、「（1）　被告Ｂは、Ⅹに対し、甲土地について○○地方法務局令和2年8月20日受付第○○○○号の所有権移転登記の抹消登記手続をせよ。（2）　被告Ｃは、Ⅹに対し、甲土地について○○地方法務局令和2年10月29日受付第○○○○号の所有権移転登記の抹消登記手続をせよ。（3）　被告Ｄは、Ⅹに対し、甲土地について○○地方法務局令和2年11月13日受付第○○○○号の所有権移転登記の抹消登記手続をせよ。」となる。

　Ｂ・Ｃ・Ｄいずれに対する請求についても、訴訟物は、所有権に基づく妨害排除請求権としての所有権移転登記抹消登記手続請求権となる。このように、1つの訴えで数人から、又は数人に対して訴えを提起することを訴えの主観的併合といい、これを含め、1つの訴訟手続（判決手続）に数人の原告又は被告が関与している訴訟形態を共同訴訟という。共同訴訟の弁論及び証拠調べは、原則として共通の期日で行われる。　◆

　すでに**第2章**（☞**❷1.**）で説明したように、抹消登記に代えて不実登記の名義人から真実の所有者に直接移転登記手続への協力を求めることができる場合がある。【例題】でも、B・C・Dそれぞれに対する抹消登記請求訴訟に代えて、Dだけを被告として、所有権に基づく妨害排除請求権としての（抹消に代わる）真正な登記名義の回復を原因とする（Dに対する）所有権移転登記請求訴訟を提起する余地があるように思われる。

　しかし、【例題】では、Aではなく、Aからの受贈者Xが原告となっており、しかも、DはAの解除後に登場する第三者Cからの転得者である。そこで、Xは、上記の簡便な方法によらずに、物権変動に即してB・C・Dそれぞれを被告として所有権移転登記の抹消登記手続を求めたものと思われる。実務的には、このように物権変動に即した請求をまずは検討しておく必要がある（☞**第2章 Professional View** Ⅰ-4）。

　登記記録は、現在の所有権者がDであることを公示していることになるが、現在D名義の登記しかないと誤解している者がいる。【例題】の不動産登記の権利部（甲区）の記録内容は【図表1】のとおりになる。この登記を見れば分かるように、A、B、Cに関する登記には下線が引かれていない。「下線のあるものは抹消事項である」ことが示されているのであるから、下線部の引かれていないA、B及びCの登記は抹消されていない。これは、A・B間の売買を原因とするBへの所有権移転登記、B・C間の売買を原因とするCへの所有権移転登記も、それぞれ売買を原因として物権変動があったこと、すなわち甲土地の所有権の来歴を表していることを意味する。したがって、Aから甲土地の生前贈与を受けたXの立場からすれば、B、C及びDのすべての移転登記が、現在、Xが甲土地の所有者であることを妨害していることになる。このことは、仮にXの主張に基づいた不動産登記の記録内容を考えると、【図表2】のようになることと比較すれば分かる。

　現在の登記は【図表1】であるが、これを【図表2】の登記とするためには、【図表3】のとおりにしなければならない。B・C・Dそれぞれを被告として所有権移転登記の抹消登記手続を求めたのは、このためである。

【図表1】 甲土地に関する権利部の登記

権 利 部 （ 甲 区 ） （ 所 有 権 に 関 す る 事 項 ）			
順位番号	登記の目的	受付年月日・受付番号	権利者その他の事項
1	所有権移転	平成○○年○月○日 第○○○○号	原因　平成○○年○月○日相続 所有者　○○市○○町○番○号 　　　　A
2	所有権移転	令和2年7月31日 第○○○○号	原因　令和2年7月31日売買 所有者　○○市○○町○番○号 　　　　B
3	所有権移転	令和6年10月29日 第○○○○号	原因　令和2年10月21日売買 所有者　○○県○○市○○町○番○号 　　　　C
4	所有権移転	令和2年11月13日 第○○○○号	原因　令和2年11月3日売買 所有者　○○市○○町○番○号 　　　　D

【図表2】 X が求める登記

権 利 部 （ 甲 区 ） （ 所 有 権 に 関 す る 事 項 ）			
順位番号	登記の目的	受付年月日・受付番号	権利者その他の事項
1	所有権移転	平成○○年○月○○日 第○○○○号	原因　平成○○年○月○日相続 所有者　○○市○○町○番○号 　　　　A
2	所有権移転	令和2年11月11日 第○○○○号	原因　令和2年11月11贈与 所有者　○○県○○市○○町○番○号 　　　　X

【図表3】 X の請求が認められた場合の登記

権 利 部 （ 甲 区 ） （ 所 有 権 に 関 す る 事 項 ）			
順位番号	登記の目的	受付年月日・受付番号	権利者その他の事項
1	所有権移転	平成○○年○月○日 第○○○○号	原因　平成○○年○月○日相続 所有者　○○市○○町○番○号 　　　　A
2	所有権移転	令和2年7月31日 第○○○○号	原因　令和2年7月31日売買 所有者　○○市○○町○番○号 　　　　B
3	所有権移転	令和2年10月29日 第○○○○号	原因　令和2年10月21日売買 所有者　○○市○○町○番○号 　　　　C
4	所有権移転	令和2年11月13日 第○○○○号	原因　令和2年11月3日売買 所有者　○○市○○町○番○号 　　　　D
5～7	勝訴判決に基づいてXの単独申請により、2番から4番までの 所有権移転登記につき抹消登記がされる		
8	所有権移転	令和2年11月11日 第○○○○号	原因　令和2年11月11贈与 所有者　○○市○○町○番○号 　　　　X

Deep Learning I-7
真正な登記名義の回復を原因とする移転登記請求権を認める意義（千葉）

　すでに、**第2章**で詳述したように（☞**第2章❷1.**）、真正な登記名義の回復を原因とする移転登記請求権を認める理由は、いち早く実体法上の権利関係を公示する点にある。これに加えて、学説の中には、登記手続上の制約がある場合に、上記請求には積極的な意義があり、このような登記請求権を容認してもよいのではないかと指摘する有力な見解がある（広中俊雄『物権法〔第2版増補〕』〔青林書院、1987年〕293頁☞**第2章 Professinal View I-4**）。たとえば、本件の場合、仮に、CについてはXの請求が棄却され、他方で、DについてはXの請求が認容された場合、登記手続上は、C・D間の所有権移転登記の抹消登記はできても、B・C間の所有権移転登記の抹消登記はできないから、Xが所有者であることを登記簿上では公示できない。こうした場合に、真正な登記名義の回復を原因として、DからXへの移転登記をすることが認められると、現在はXが所有者であるが、Cが所有者であったことも公示できることになり、真正な登記名義の回復を原因とする移転登記請求権を認める意味があることが指摘されている。　　　　　　　　　　　　　　　　　●

❸　Bに対する請求

　Bに対する請求の訴訟物は、所有権に基づく妨害排除請求権としての所有権移転登記抹消登記請求権であり、この請求権の発生を基礎づけるためには、請求原因として①現在（つまり、口頭弁論終結時に）原告が所有者であること、および、②現在被告名義の登記があること、以上の要件を充足する事実（請求原因事実）を主張する必要がある（☞**第2章❷2.**）。口頭弁論終結時点で、Xが所有者でなければ、所有者であることを前提とするXの請求権は発生しない。❷で述べたように、Xが抹消登記手続を求める対象としての所有権移転登記は被告ごとに異なるが、①は共通する。

　Bは、答弁書その他の準備書面を提出することなく訴訟の口頭弁論期日に欠席しているから、Bの主張が口頭弁論において陳述されたとみなされる余地はなく（民訴158条）、Bは、Xの請求を理由づける事実主張を自白したものとみなされる（民訴159条3項本文、同条1項）。この事実主張により上記請求権の発

生が理由づけられる限り、XのBに対する請求の存否に関する審理は、終局判決に熟することとなる。受訴裁判所は、XのBに対する請求部分につき口頭弁論を分離（民訴152条1項）した上で同部分について口頭弁論を終結し、XのBに対する所有権移転登記抹消登記手続を求める請求を認容する終局判決（民訴243条1項）をすることになる。この終局判決が確定すると、権利に関する登記の共同申請の原則（不登60条）の例外として、Xは単独でA・B間売買を原因とする甲土地の所有権移転登記の抹消を申請することができる（不登63条1項）。もっとも、上記確定判決は飽くまでXとBとの間の相対的な解決にとどまり、CやDは上記確定判決に拘束されるものではない（民訴115条1項1号）。CやDといった登記上の利害関係者がいる【例題】のようなケースでは、上記所有権移転登記は当然には抹消してもらえないこととなる（不登68条参照）。

❹　Cに対する請求

1.　訴訟物・請求原因と請求原因事実

　Cに対する請求の訴訟物も、所有権に基づく妨害排除請求権としての所有権移転登記抹消登記請求権である。したがって、請求原因はBに対する請求と同様に考えればよい。請求原因事実としては、前述した②の要件については、甲土地についてC名義の所有権移転登記があることを主張すればよいが、①の要件については、X・C間で所有権の存在について争いがなく権利自白が成立する時点がいつなのか、そこからXに至るまでの所有権取得原因事実が連続して漏れなく主張されているのかを検討することが必要になる。

　【例題】の場合、B・C間の所有権移転登記が有効であるというためには、Cは、Cの前主であるB、Bの前主であるAが所有者であったことを前提とすることが通常である。したがって、A・B間の売買契約締結当時、Aが甲土地の所有者であった点については、Aが甲土地の所有者であったとするXの主張と一致するので、その時点で権利自白が成立することになる（解除の効果をどのように考えるかによって権利自白がいつ認められるのかについて、いくつかの考え方がある点については☞応用民法Ⅱ第17章❸1.(a)）。そのため、Xは、A・B間

の売買契約締結当時、Aが甲土地の所有者であったと主張をするほか、X・A間の贈与契約が成立したことを主張・立証すればよいことになる。

2. 登記請求権を巡る攻防

(a) Cからの反論——Bの対抗要件具備によるAの所有権喪失

Cは、177条に基づいてA・B間の売買を原因としてBがすでに甲土地の所有権取得につき対抗要件を具備したことを主張して同時点でXの所有権はもはや喪失したと反論することになる（対抗要件具備による所有権喪失の抗弁）。7月31日の時点でAが甲土地を所有していたとしても、同日A・B間で売買契約が締結されており、加えて、BがXより先に登記を経由している。177条によれば、Bは、第三者に対しても所有権者であることを確定的に対抗できることになり、その反面、一個の物の上には一個の所有権のみが成立するという一物一権主義の帰結として、Xは甲土地の所有権を喪失したことになるからである。

なお、XがCを被告として提起した訴訟の攻防では、現在、Xは所有者ではないといえれば、Cは、Xの請求を退けることができるので、Cが上記の反論をするために、それ以上にCが甲土地の所有権を取得したこと、すなわちB・C間で売買契約が締結されたという事実まで主張する必要はない。Xは所有権に基づくCに対する妨害排除請求権が発生していることを基礎づけるために、請求原因において、A・X間に贈与契約が成立したことは前提となっているから、Cは、甲土地を目的としてA・B間で売買契約が成立したことだけをいえば、Bが177条の第三者であることを主張・立証することができ、そのBがA・B間の売買契約を原因として移転登記を完了したことを主張・立証すれば、Xの所有権は喪失したといえることになる。

(b) Xからの再反論——売買契約の解除

そこで、Xとしては、AによってA・B間の売買契約が解除されたことを主張して、所有権がAからBに移転していないと再反論（契約解除の再抗弁）することになる。解除の効果について契約の効力が遡及的に消滅すると解する直接効果説（判例・通説）を前提にすれば、AからBへの所有権はBには移転し

ないことになり、Ａ・Ｂ間に物権変動がない以上、Ｂは177条の第三者にあたるとはいえないことになる。Ｂが登記を具備していたとしても、それは登記の有効要件を欠くことになる。したがって、Ｘの上記主張は有効な再反論となる。

　【例題】の場合、解除原因はＢの残売買代金の不履行であり、Ａは541条本文に基づいて催告解除をおこなっている。解除の効果が発生するためには、解除権の発生要件（541条本文）を充足していること、および、解除の意思表示が必要である（540条１項、97条１項）。

　まず、541条本文に基づきＢの債務不履行を原因として催告解除によって解除権が発生しているというためには、①契約その他の債務の発生原因（【例題】では売買契約が成立していること）、②契約その他の債務の発生原因及び取引上の社会通念に照らして債務の履行をしない〔と評価される〕こと（【例題】では履行遅滞なので債務の履行期が経過したこと）、また、判例・通説が、催告において期間を定めなかった場合にも、催告から相当の期間が経過すれば解除権が発生すると解しているため、③催告をしたこと、④催告後相当の期間の経過が要件となる。解除権の発生を主張する債権者が、上記の点について主張・立証責任を負担することになる（②の不履行についての主張・立証責任の配分をどのように考えるべきかについては☞**応用民法Ⅱ第13章❷2.3.**）。これに加えて、【例題】のように双務契約が債務の発生原因である場合には、⑤反対給付の履行（厳密にいえば履行の提供。492条）をしたことについても、解除権の発生を主張する側に主張・立証責任がある。双務契約の当事者には同時履行の抗弁権（533条本文）が認められているので、相手方が債務の履行を提供するまで、自己の債務の履行を拒むことができることができるからである。このため、上記①で双務契約が成立していることが主張されると、相手方の債務不履行に違法性がないことも明らかになってしまう（同時履行の抗弁権の存在効果と呼ばれている）。そこで、解除権の発生を主張するためには、相手方からの同時履行の抗弁権を予め封じておく必要がある。

　【例題】によれば、Ａ・Ｂ間に売買契約が成立していることは、すでに、(a)Ｃからの反論に表れているので、問題となるのは②以下の要件に該当する事実があるかどうかである。Ｂによって残売買代金800万円の支払いがなく、弁済期である８月20日は経過しており（②の要件充足）、また、Ａは、2020年10月４

日にＢに配達された内容証明郵便において残代金800万円の支払を催告している（③の要件充足）。残売買代金800万円の弁済期は８月20日であり、本来であれば、この時点までに履行の準備をしなければならないところ、Ａは結果としてＢにすでに１か月半あまりの弁済準備期間を与えたことになる。したがって、最後通牒としての催告期間２週間は相当な期間であるといってよいだろう。同期間の末日が経過していることは明らかである（④の要件充足）。また、すでにＡはＢに甲土地の引渡しをしているから、その後の契約債務の不履行は違法であるといえる（⑤の要件充足）。したがって、解除権は発生しているものと解される。

　一方、解除の意思表示については、【例題】では、ＡがＢに、10月３日に「18日までに支払いがされなければ契約を解除するとの一文をいれた通知書」を内容証明郵便で発送し、これが10月４日にＣに到達している。上記の通知は、いわゆる停止条件付解除の意思表示であり、これによって解除の意思表示があったといってよいのか、これを肯定するとしても、いつから解除の効果が発生しているのかが問題となる。

　解除権は形成権であり、停止条件付解除の意思表示は、形成権の発生に条件を付したことになる。形成権に条件を付してはならないと解されているのは、一般的には相手方の地位を不安定にするからである。しかし、停止条件付解除の意思表示の場合には、形成権行使の相手方である債務者が条件を成就するかどうか、つまり、債務を弁済するかどうかを決定することになるので、解除の意思表示に停止条件を付けても債務者の地位は不安定にならない。したがって、上記解除の意思表示も有効と解されている。

　もっとも、上記のような解除通知については、停止条件付解除の意思表示ではなく、停止「期限付」意思表示と解すべきであるとする見解が、実務上は有力である。【例題】に即していえば、上記通知書の「18日までに支払いがされなければ解除する」という文言について、合理的意思解釈を行い、「18日を弁済期限とし、期限である18日を経過したときには契約を解除する」という意思表示をしたものと解されている。

　停止条件付解除の意思表示と解すると、条件が成就したこと、つまり「債務者が債務の履行をしていない」という点について債権者が主張・立証責任を負

担することになり、解除原因が債務不履行の場合には、債権者の解除権行使が困難になる。他方、停止「期限付」意思表示と解すると、解除権者は、弁済期限を経過したことを主張すれば足り、債務の不履行はしていないとして解除の効果を争う側が、「期限内に弁済があったこと」について主張・立証責任を負うことになり、弁済が債務の消滅原因であることとも理論的に整合性があるとする。

　上記の見解に従えば、停止「期限付」解除の意思表示と解すると、停止期限が経過した時点から解除の効果が発生することになる。もっとも、2017（平成29）年民法改正後は、法令又は慣習により取引時間の定めがあるときは、その取引時間内に限り、弁済をし、又は弁済の請求をすることができるものとする規定が新設された（484条2項）。上記改正前も商行為の場合に同趣旨の規定（改正前商520条）があったが、改正後は民事法一般に適用範囲が拡大されることになった。

　【例題】の場合、Bの営業日は月～金曜日であり、Bの営業日の営業時間帯にしか弁済ができない場合には、営業終了時間の経過をもって解除の効果が発生するものと解されることになる。しかし、2020年10月18日は日曜日である。484条2項は142条の特則規定であり、482条2項が優先適用されることになるが、484条2項は、取引時間があるときは取引時間内に弁済をし、弁済を請求することができると規定しているだけであるから、それ以外の点については、142条に基づいて解釈すべきことになろう。142条によれば、期間の末日が日曜日の場合、その日に取引をしない慣習がある場合に限り、期間は翌日に満了することになる。そうすると、同年10月19日の営業時間終了時である17時の経過によって解除の効果が発生することになろうか。

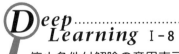

Deep Learning I-8
停止条件付解除の意思表示か停止期限付解除の意思表示か（千葉）

　主張責任と立証責任の配分の基準は一致し、かつ、一致すべきであるという一定の立場を前提として（☞第1章❷3.）、停止条件付解除の意思表示を停止期限付解除の意思表示と解釈すべきであるとする見解が実務上主張されている。民訴学者・民

法学者からは、この点について有力な批判がある。主張責任と立証責任は多くの場合に一致するが、その内容は異なり、両者の基準が一致しない場合がある。主張責任と立証責任の負担が食い違う場合を認める立場を前提にすれば、「期限までに履行がない」という点についての主張責任は債権者にあり、「期間内に弁済があったこと」は債務者側に立証責任があると解することができる。後者の立場に立てば、「○○日までに弁済がない場合には契約を解除する」という解除の意思表示を停止条件付解除の意思表示と解釈しても問題はないことになる。●

(c) C固有の反論——解除後の第三者

　545条1項ただし書は、「第三者の権利を害することはできない」と規定しており、解除の効果をCに主張できなければ、Xからの再反論を覆すことができる。

　ただし、判例・通説は、545条1項ただし書の「第三者」の範囲を縮小解釈し、解除前の第三者に限定している。その理由は、取消前の第三者（95条4項）の場合と同様である（☞**第3章❹1.**）。解除前の第三者は、権利者との間で取引を行ったのに、取引後、解除の遡及効によって無権利者から権利を取得した者となるのでは、取引の安全が図れないからである。したがって、545条1項ただし書の「第三者」とは、解除された契約から生じる法律関係を基礎に、解除前に新たに独立した法律関係を取得したものに限定される。

　他方で、解除の場合には、取消しの場合と違い、第三者について善意・無過失であるという要件がない。これは、解除されるまでは有効な契約であり、しかも解除するかどうかは債権者次第であることから、当該契約が履行されることを期待して、第三者が取引関係に入ることを非難できないからである。また、判例・通説は、取消しの場合と異なり、解除前の第三者であることを主張するためには、登記を要するものと解している。この登記は対抗要件としての登記ではなく、第三者の権利を保護するために求められているにすぎないというのが現在の通説的な見解である。詐欺・錯誤を原因とする取消しの場合と違い、契約解除の原因は債務者にあり債権者には落ち度がないことから、債権者と第三者の利益を比較して、第三者の利益を優先してもよいというためには、第三者が権利者であるために登記をしていること（これを権利保護要件としての登記

という）が必要であると解していることになる。

　本件では、前述したように、遅くとも10月20日のＢの営業時間終了時の経過時点から解除の効果が発生しており、他方でＢ・Ｃ間の売買契約が成立したのは、10月21日であるから、Ｃは545条１項ただし書の第三者に該当すると反論することはできないことになる。

　それでは、契約解除後の第三者であるＣには、反論の余地はないのだろうか。この点、判例・通説は、解除後の第三者の取引の安全を図るために、解除後の第三者と解除権者との関係を177条に基づいて規律するべきであると解している。

　177条の制度趣旨は、物権変動があったことを登記によって公示しないかぎり、当該物権変動を第三者に対抗できないとすることによって、不動産取引の安全を図る点にある。判例・通説は、物権変動があったことを登記できるのにそれを怠った者の懈怠をとがめることによって不動産物権変動の公示を促進し、他方で、公示がなされていない物権変動は存在しないものとして扱ってよいとすることによって、不動産取引の安全を図ることができると解してきた（☞**第2章❶**）。

　解除後は、解除前とは異なり、解除権者は、解除された契約を原因としてなされた登記は実体法上の権利に裏打ちされていない登記であるとして抹消登記手続への協力を契約の相手方に求めることができる。そこで、判例・通説は、取消しの場合（☞**第3章❺2.(a)**）と同様、解除の場合についても、実体法上の権利に即した登記を速やかに完了しない解除権者は不利益を被ってもやむをえないとして、177条に基づいて解除後の第三者の保護を図る実質的理由があるものと解している。解除の効果を遡及的消滅であると解する点との関係についても、取消しの場合と同様、実質的には、一旦相手方に移転した所有権が解除権者のもとに復帰したと捉え、復帰的物権変動があったと説明することになる。

　結局、解除の場合には、解除前後を問わず第三者が解除権者に先立って登記をすれば、第三者が解除権者に優先することになる。その意味では、解除の効果を遡及的消滅と解する必要はないとする批判は的を射ていることになる。

　また、解除の効果を遡及的消滅と解しているのは、解除の効果である原状回復請求権を理論的に説明するために、契約に基づく給付が解除によって法律上

の原因がないことと説明するためであるから、545条1項で解除の効果として原状回復義務が認められている以上、解除の効果として遡及効を認める必要性が乏しいといえよう（2017年民法改正では、取消しの場合についても121条の2で原状回復義務が規定されているが、121条で取消しの効果を遡及的無効とみなしているのは、法律行為に関する意思主義や制限的行為能力者の保護など、取消しの効果として原状回復義務が発生することを理論的に説明するだけでないことに注意が必要である）。

　解除の効果については、債権者に明文で原状回復請求権が認められている以上、契約の効力を契約時点まで遡及して消滅させる必要はないと解する有力な見解（間接効果説）がある。間接効果説（広中俊雄『物権法〔第2版増補〕』〔青林書院、1987年〕117頁、同『債権各論講義〔第6版〕』〔有斐閣、1994年〕352頁、平野裕之『〔民法総合5 ── 契約法〔第3版〕』〔信山社、2007年〕223頁など）は、解除されても解除されるまでは有効な契約であったことはかわらないとした上で、545条1項ただし書が、第三者の権利を害することができないと規定しているのは、第三者が有効な契約に基づいて所有権を取得した関係にあることを注意的に規定したものにすぎないと解している。契約解除の効果として発生した原状回復義務により契約に基づいて移転した所有権は元の権利者に復帰することとなり、解除権者と第三者との関係は、権利者から物権を取得した者同士の関係になる。したがって、間接効果説に立てば、解除の前後を問わず、解除権者と第三者との関係には177条が適用されることになり、解除権者は、対抗要件を具備しない限り、所有権の復帰を第三者に対抗できない関係に立つものと解することになる。

Deep Learning I-9
177条に基づく(a)と(c)の反論の違い（髙原）

　(a)で述べた反論と解除後の第三者であるという(c)の反論は、いずれも177条を条文上の根拠とするが、その意味は異なる。すなわち、(a)で述べた反論は、Aを起点として、A⇒B（⇒C⇒D）とA⇒Xへの物権変動の優劣が問題となっており、登記を具備したBが所有権者であるという反論であるのに対して、(c)で述べた解除後の

第三者であるとする立論は、Bを起点としてB⇒A（⇒X）への復帰的物権変動とB⇒Cへの物権変動の優劣が問題となっており、登記を具備したCが所有者であるという反論であるからである。●

　一方、学説の中には、取消後の第三者と同様（☞**第 3 章❹2.(b)**）、解除後の第三者の取引の安全を94条 2 項類推適用によって図ろうとする見解がある（内田貴『民法Ⅰ──総則・物権総論〔第 4 版〕』〔東京大学出版会、2008年〕450頁など）。しかし、取消しの場合と比較すると、解除後の第三者を保護するために94条 2 項類推適用を支持する見解は少ない。なぜなら、解除の場合には、保護すべき第三者の主観的態様が、解除前も解除後も要件となっていないから、解除の意思表示がなされたのが解除前か解除後かによって第三者の保護範囲に違いがないからである。

　94条 2 項類推構成を採用する場合には、解除の効果について契約締結時点まで遡って売買契約の効力が生じていないことになる点を強調し、この点からA・B間の解除によってBには所有権が移転しなかったことになると構成することになる。したがって、無権利者であるBと取引関係に立つ第三者Cの保護の問題として、Dはその転得者として処理することになる。もっとも、【例題】を94条 2 項類推の適用によって処理する場合に、そもそもB名義の登記についてAに帰責性があったと評価できるかが問題となる（94条 2 項類推法理の要件については☞**第 5 章❹2.**）。

　94条 2 項類推構成に立つと、【例題】では、Aを起点として、A⇒（B）⇒C⇒D（順次承継取得説の場合）、ないし、A⇒C⇒D（法定承継取得説の場合）へと所有権が移転することが認められることになるが、他方で、贈与を原因としてA⇒Xと所有権が移転することになるから、XとCとの間の関係は、対抗関係に立つことになる。したがって、解除後の第三者の保護を94条 2 項類推適用によって図る見解に立つとしても、【例題】では、X・C間の法律関係は、結局、177条によって処理されることになる。

3. 請求の当否

　Cに対する請求の場合、争点となるのは、A・B間の売買契約について解除
の効果が生じているのかという点と、解除後にBから甲土地を購入したCが
177条の第三者にあたるのかという点にある。A・B間の売買契約につき解除
の効果が発生しており、Cが177条の第三者であれば、登記を具備しているC
が所有者であることになり、Aの所有権は喪失することになる。【例題】では、
Cは解除後の第三者でありA・B間のトラブルを知らなかったという事実が認定
されているから、Xが、Cが背信的悪意者であるという主張をしても簡単に排
斥されてしまう。したがって、Xは、現在、甲土地の所有者であるとはいえな
いことから、Xの請求には理由がないものと解される。

❺　Dに対する請求

　XからDに対する請求の訴訟物も、所有権に基づく妨害排除請求権としての
所有権移転登記抹消登記手続請求権であり、請求原因および請求原因事実につ
いては、Cに対する請求について述べたところと基本的には変わらない（☞❹
1.）。
　以下では、【例題】の事実1～6に加えて、以下の事実が明らかになった場
合について、Dに対する請求の当否を検討してみることにしよう。

　　7．Cは、Aが甲地をBに売ったという話を聞きつけ、運転資金を必要
としていたBと交渉して、時価からみると500万円以上安い価格で甲土地
を購入した。
　　8．Dは、甲土地の売買につきA・B間で代金の支払いをめぐってトラ
ブルとなり、AがBとの間の売買が解除されたことを、2020年10月初めに、
B宅で聞いていた。Dは、Xが将来甲土地を買い戻すのは間違いないと推
測し、これを阻止することでXを困らせてやろうと考えて、甲地を4000万
円でCから買い取った。Dは、日頃から自分の事業がうまくいかないのは、

Xが発注者側の工事関係者らに働きかけてDの仕事を妨害しているからだと周囲にもらしていた。

　Xからの請求に対して、Cからの転得者Dも、❸2.で検討したCの反論と同様の反論を展開することができる。解除後の第三者であるCは177条の第三者に該当することになることから、登記を具備したCは自分が所有者であることを主張でき、もはやAの所有権は喪失していることになる。Dは、Cからの承継人であり、AがCに対して所有権を主張できない以上、Dにも対抗できないことになり、したがって、Xはもはや所有者ではないということになるのだろうか。

　確かに、事実7があったとしても、CはA・B間の売買契約の解除を原因とするBからAへの復帰的物権変動については善意である。一方、事実8によれば、DはA・B間の売買契約が解除されたことを知っており、BからAへの復帰的物権変動については悪意である。また、Dが甲土地をCから購入した動機についても、Xを困らせることを目的としていることが認定されている。この点に関連して、第三者からの転得者に対して177条を適用して取引の安全を図った最判平成8・10・29民集50巻9号2506頁の射程距離が問題となる。

　背信的悪意者を177条の第三者の範囲から完全に排除すると、その者からの転得者も権利を取得する可能性が全くなくなる。そこで、上記の判例は、契約が有効な以上、背信的悪意者も全く無権利者であるわけではなく、信義則上、第一譲受人との関係で、登記の欠缺を主張することができないことを理由に所有権を対抗できないにすぎないとした上で、背信的悪意者から承継取得した転得者も有効に権利を取得しており、第一譲受人と転得者との関係についても、対抗関係になると解している。上記判例は、第一譲受人と第二譲受人との関係、第一譲受人と転得者との関係にそれぞれ177条を適用し、登記を先に具備した者が所有権を対抗できるとして転得者の取引の安全を図っていることになる（これを「相対的構成」という）。

　ただし、最判平成8年判決の事案では、第二譲受人が背信的悪意者、転得者が善意者であり、また、未登記第一譲受人からの転得者はいない。
これに対して、【例題】では、BからAへの復帰的物権変動とBからCへの

物権変動があることになるが（☞**本章 Deep Learning Ⅰ-9**）以下にみるような事案の違いがある。①第二譲受人Cが善意者、転得者Dが背信的悪意者ではないかと思われるような事情がある、②CはDのワラ人形であるという事情はない。③BからAへの復帰的物権変動についてAは未登記第一譲受人に相当し、未登記第一譲受人Aからの転得者Xがいる。通常は、未登記の者から土地を譲り受ける人はいないであろうが、A・Xが親子であり、本件土地を生前贈与したという事情がある。

　学説上は、上記判例の射程距離を限定し、直接の第三者が背信的悪意者であり、転得者が善意であった場合についての判決であるとした上で直接の第三者が背信的悪意者でない限り、転得者に背信的悪意者であると評価できる事実があっても、第三者が登記を具備している以上、所有権を対抗でき、転得者はその承継人にすぎないと解する見解（これを「絶対的構成」という）が有力に主張されている（横山美夏「二重譲渡における転得者の法的地位——転得者名義の登記の要否」民事研修521号12頁、松岡久和『物権法』〔成文堂、2017〕138頁など）。上記見解によれば、【例題】では、一旦背信的悪意者でない第三者Cが介在した以上、Cが登記を具備した時点でAは確定的に権利を失ったことになり、Cからの転得者であるDは所有権を対抗できることになる。あとは、転得者であるDが所有権であるとしても、Dの権利行使が権利の濫用に当たるとして、Dによる所有権の行使を封じられるかどうかである。

　しかし、【例題】では、Xが所有権者であるとして妨害排除請求権を行使しているのだから、上記の権利濫用の主張を認めるとしても、その効果は、Xに対してDは所有権に基づく権利行使が認められないというのにとどまり、Xが、現在、所有権を有することを認めるものではない。したがって、XがDの権利濫用を主張したとしてもXの移転登記抹消登記請求権を認めることはできないように思われる。結局、絶対的構成による場合、【例題】では、Xの請求を棄却せざるをえないように思われる。一方、相対的構成による場合には、Xの請求が認容される余地がある。

　絶対的構成に立つ論者が、第二譲受人Cが善意者、転得者Dが背信的悪意者の場合に、相対的構成を採用することを批判している実質的理由は、Cの取引の安全が図れないという点にある。Cは、Xとの関係では権利を対抗できるの

に、背信的悪意者である転得者Dとの関係では、Dが所有権を取得できなかっ
たことを原因としてC・D間の売買が解除され、CがDから代金の返還を請求
されることになってしまうと考えているからである。

　しかし、背信的悪意者である転得者が所有権を取得できないのは、転得者自
身に原因がある。善意の前主が権利者ではなかったことが原因ではないから、
背信的悪意者である転得者が善意の前主に契約不適合責任（561条）を主張で
きないものと解すべきである。ただし、このように解すると、【例題】の場合
背信的悪意者である転得者Dは代金相当額についてだれからも返還を受けられ
なくなるのではないかという点が問題となる。しかし、この点についても、D
はBに対して不当利得返還請求権を主張できるとする以下の構成が主張されて
いる（千葉惠美子＝藤原正則＝七戸克彦『民法2──物権〔第4版〕（有斐閣アル
マ）』〔有斐閣、2022年〕288頁［藤原]）。相対的構成では、DはXにC・D間に
物権変動があったことを対抗できない結果、現在、Aから贈与を原因として所
有権を移転されたXがDに対して所有者であることを主張できることになり、
XからDに対して所有権移転登記の抹消登記請求が認められることになる。
一方、上記Dの給付によってDは損失を被り、Bは、A・B間の売買契約の
解除によってAに対して負っている原状回復義務から解放され、BはAに対
して既履行の代金相当額について返還を受けることができる。しかし、このB
の利得（BのAに対する原状回復請求権としての既払代金返還請求権）はDとの
関係では法律上の原因がないから、DはBに対して不当利得返還請求権があ
るものと解される。

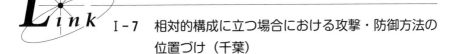

**I-7　相対的構成に立つ場合における攻撃・防御方法の
位置づけ（千葉）**

　【例題】では、Dは、Cの対抗要件具備を原因としてXの所有権喪失を主張できる
ことになる（【図表4】のE2）。DはCの対抗要件具備による所有権喪失の抗弁を主
張すれば足り、Dも177条の第三者であるとする反論が展開されない可能性がある。
そうすると、相対的構成に立つとしても、XとしてはDが背信的悪意者であること

を理由に攻撃する方法がないのではないかという疑問がある。

　Ｃが177条の第三者に該当し、Ｄが背信的悪意者である場合には、「Ｘとの関係では、Ｄは、177条の第三者であるＣの承継人である」と主張することができないとして、Ｄとの関係ではＸの所有権の喪失の効果を主張できないと考えることができるかどうかである。しかし、この点は、判例・学説上、はっきりしない。仮に、このような主張ができるとすると、Ｘの反論は、「Ｄ自身が177条の第三者にあたるが、背信的悪意者であるから177条の第三者の範囲から除外される」というのではなく、「Ｃが対抗要件を具備したとする抗弁を主張することは、背信的悪意者であるＤにはできない」とする構成（一種の権利濫用であるとする主張）ということになり、攻撃防御の位置づけとしては、Ｃが177条の第三者にあたり、登記を具備しているとする抗弁に対する再抗弁（【図表4】のR2）として構成することになるものと解される。

　　　　　　　　　　　　　　　　　　　　　　　　　　　　　　　　　◆

【図表4】Ｄを被告とする訴訟と攻撃防御方法の位置づけ

*以下では、訴訟物をStg、請求原因をKg、抗弁をE、再抗弁をRと略記する。ドイツ語を起源とする略記のしかたであるが、よく利用されている。

*解除につき、直接効果説＋権利保護要件説、背信的悪意者につき相対的構成を前提とする。

【訴訟物】所有権に基づく妨害排除請求権としての所有権移転登記抹消登記手続請求権(Stg)

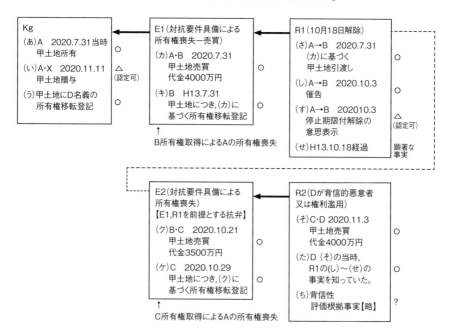

●重要判例●
・最判昭和35・11・29民集14巻13号2869頁（解除と登記）
・最判平成 8・10・29民集50巻 9 号2506頁（民法177条の第三者の範囲——
　背信的悪意からの転得者）

●演習問題●
【設問 1 】
　【例題】の事実 1 ～ 6 に基づいて、Xは、なぜ、自分名義の登記を回復するために、自分が甲土地の所有者であるとして、B・C・Dを被告として訴えを提起したのか説明しなさい。また、その訴訟における訴訟物は何か、複数ある場合はその全てを指摘しなさい。
【設問 2 】
　【設問 1 】の訴えにおけるXからのCに対する請求において、Cからの反論を整理した上で、請求の当否を検討しなさい。
【設問 3 】
　【例題】の事実 1 ～ 6 に加えて、事実 7 の事実が明らかになった。【設問 1 】の訴えにおけるXからDに対する請求において、Dからの反論を整理した上で、請求の当否を検討しなさい。

無権利者から財産を取得した者の保護 ［基礎編］

——94条2項類推適用による不動産取引の保護

❶ 出題の趣旨

第5章及び**第6章**では、無権利者から財産（不動産・動産）を取得した者の保護について検討する。

物権は第三者に対してもその効力を主張できる権利であるから、誰が権利者か、どのような物権変動があったのかを外部から認識しうる状態にしておかなければ、第三者に不測の損害を与える危険性がある。そこで、民法は、登記・登録・引渡しなど、物権変動について外部から認識できるような公示方法を定めている（☞**第2章❶**）。

第4章まで、177条によって不動産取引の安全がどのように図られているのかを学んできた。そこでは、登記によって公示された内容が物権の現状であり、公示されていない物権変動は存在しないものとして扱ってよいとする考え方に基づいて不動産取引の安全が図られていることを知った（これを消極的信頼の保護ということがある）。

動産の取引についても、引渡し（占有の移転）が公示手段となっており、同様の考え方が採られているが（178条）、簡易の引渡し・占有改定・指図による占有移転も公示手段として認められている（182〜184条）。このため、動産取引では、上記のような観念的な占有の移転では、権利者が誰か、どのような物権変動があったのかについて、外部から認識できない場合が生じる。

そこで、動産の場合には、たとえ真実の権利関係と一致しない公示（占有）がある場合でも、物権の存在を推測させるような公示を信頼して取引をした者との関係では、その公示通りに権利が存在していると信頼（積極的信頼）して

取引を行ってもよいとする考え方（これを「公信の原則」という）も採用して取引の安全を図っている。具体的には、前主の占有を信頼して動産取引をした者は、取引の相手方に当該動産の処分権限があるかどうかにかかわらず、権利を取得するとする制度、いわゆる即時取得制度（192条）が置かれている（即時取得制度の詳細については☞**第6章❸2.**）。

　これに対して、不動産については、公信の原則は採用されていない。その意味では、不動産取引の場合には、真の権利者の保護が第三者の取引の安全に優先することになる。不動産の場合に、登記に公信力が認められていないのは、わが国では、当事者の意思表示だけで物権変動が生じ（176条）、不動産登記による公示を対抗要件とする制度が採用されているからである（177条）。しかし、判例は、94条2項類推適用という構成を通じて、限定的ではあるが、無権利者から不動産を取得した者を保護することを認めている。**第5章**では、94条2項類推適用構成を通じて不動産取引の安全を図る考え方と、177条を通じて不動産取引の安全を図る考え方との違いについて理解を深めるともに、94条2項類推適用構成と、公信の原則を認めることとの違いがどのような点に現れるのかを考えてみることにしよう。

❷　Xは誰に対していかなる権利があると主張したらよいのか

　紛争類型としては、これまでと同様、所有権に基づく不動産の明渡訴訟や登記訴訟が提起される場合を素材とすることになる。このため、原告がどのような請求権（訴訟物）があると主張するのか、また、請求権が発生しているというために、どのような事実を主張しなければならないのか（請求原因・請求原因事実）という点は、これまでの復習ということになる。【例題】の【Xの言い分】を読んで、XがYを相手に訴えを提起するにあたって、上記の点についてまずは整理してみよう。

【例題】

【Xの言い分】

　私は、2020年に父親から相続した農地をNに売却した際、当時、土地開発公社の職員であったAが、何くれとなく世話をしてくれたことから、Aと懇意になった。

　父の遺産を元手に不動産経営を行いたいと思い、不動産取引に詳しいAに相談したところ、Aは、B所有の甲土地を紹介してくれた。甲土地は交通の便がよく広さも適当で、近隣の相場を調べたところ6000万円程度で、投資物件として適切なものであることが分かった。Bはすぐにお金が必要であったようで、売買代金を即金で支払ってくれるのであれば、5000万円でよいとのことであった。そこで、私は、2021年2月15日に、甲土地をBから5000万円で購入した。Aは、Bとの間の契約手続も登記手続も全て私に代わって行ってくれた。

　2021年3月、Aに、甲土地の活用方法を相談したところ、管理の手間が少なく定期的な賃料収入がある方法がよいだろうとアドバイスしてくれた。具体的な方法としては、私が建物を建設して第三者に一括して建物を賃貸し、賃借人がこの建物を転貸することを予め承諾するかわりに家賃を保証してもらう、いわゆるサブリースという方法か、甲土地に定期借地権を設定して第三者の費用で建物を建設してもらう方法がよいのではないかということであった。いずれにしても、第三者に土地や建物の管理を委託することが必要になるということだったので、Aに業者の選定・交渉などを頼んだところ、同年4月に、Aから管理委託費用が必要であるとの連絡をうけ、Aに200万円を渡した。

　Aは、サブリース方式より定期借地権方式による方が少ない資金で賃料収入を確保できるとして、2021年6月頃、事業者用建物を所有する目的で、月額15万円、賃貸借期間30年で甲土地を借りたいと言っているCを紹介してくれた。同年7月から、甲土地についてCとの間で賃貸借契約を締結することにしたが、甲土地について定期借地権を設定するための細かい打合せや契約手続についてはAに任せていたため、Cと会ったことはなかった。

同年12月頃には、Ｃが甲土地上に建物を建設した。

　2021年10月頃、私は、Ａに渡した管理委託費用200万円の返還を受けることになったが、Ａは、そのためには私が甲土地の所有者である確認が必要だとして、同年 2 月に甲土地を購入した際に法務局から通知された登記識別情報を教えて欲しいと私に言ってきた。私は、登記識別情報がどういうものか分からずに、Ａの説明を信じて登記識別情報が入った封筒をＡに渡した。

　私は、同じ頃、甲土地とは別の土地 1 筆（乙土地）の所有権移転登記手続もＡに依頼していたが、2021年12月15日に、Ａから、登記手続に必要であるから印鑑登録証明書 2 通と実印を準備するよう言われた。私は、同月18日に、私の自宅に書類を持ってきたＡに印鑑登録証明書 2 通と実印を渡したところ、Ａは、持ってきた書類 2 通に私の実印を押し、書類を持ち帰った。Ａが私に代わって実印を押印した書類が、登記申請のための委任状だったことは、後になってからわかった。また、印鑑登録証明書等がなぜ 2 通も必要であるのかについては全く疑問を持たなかった。なお、乙土地の所有権移転登記手続は、2022年 2 月に完了した。

　2021年12月19日に、今度は、甲土地についてＣとの賃貸借契約書を作成する必要があると言って、再度Ａが私の自宅に立ち寄った。師走で忙しく、私は内容を確認しないままＡに言われるがまま契約書に署名押印した。今回、Ｙに対する訴訟で私が甲土地をＡに売却したとする売買契約書が証拠として提出されているが、その売主欄の署名押印は確かに私のもので、今思えば、そのときに私が署名押印したのはこの売買契約書だったのではないかと思う。ただ、私は、Ｃとの間の賃貸借契約書に署名押印したとばかり思っていた。

　管理委託費用200万円がＡからなかなか返還されず、また、2021年 7 月分以降、Ｃから振り込まれていた賃料が同年12月分から振り込まれておらず、Ｃに催促をしなければならないと考えていたところ、2022年 4 月になって、国土交通省の土地鑑定委員会事務局から、甲土地の売買価格を教えてほしいとの文書が届いた。私は、甲土地を売却した覚えがないので、不思議に思い、司法書士に頼んで甲土地の登記全部事項証明書を取り寄せた

ところ、2021年12月20日付売買を原因として私からＡへの所有権移転登記（本件登記①）がされており、2022年３月23日付売買を原因としてＡからＹへの所有権移転登記（本件登記②）がされていることが判明した。

　そこで、2022年４月20日に、「私が甲土地をＡに売却した事実はない。契約書にある私がＡに3800万円で甲土地を売却するという表示はＡの詐欺ないしは私の錯誤によるものであるから取り消す」とする内容証明郵便をＡに送付した。Ｙは不動産取引経験があり、もっと調査をすれば、Ａが私から甲土地を買ったことがないことはわかったはずである。甲土地の所有者は私であり、登記名義を自分の名義に回復したいので、2022年４月22日に、Ｙを相手に所有権移転登記請求訴訟を提起した。

1. ＸはＹに対していかなる請求権があると主張するか

　【Ｘの言い分】によれば、Ｘは、自分が甲土地の所有権者であるとして、Ｙに対してＸのために所有権移転登記手続に協力するように求めて訴訟を提起している。したがって、ＸのＹに対する請求の訴訟物は、所有権に基づく妨害排除請求権としての所有権移転登記請求権であり、ＸからＡへの所有権移転登記、ＡからＹへの所有権移転登記が不実であるとして抹消登記手続への協力を求めるのに代えて、現在の登記名義人であるＹからＸに直接、移転登記をすることを求めているものと解される。つまり、ＸはＹに対して、甲土地について「真正な登記名義の回復」を登記原因とする所有権移転登記手続を求めていることになる（☞**第２章❷1.**）。請求の趣旨は、例えば「Ｙは、Ｘに対し、甲土地につき、真正な登記名義の回復を原因とする所有権移転登記手続をせよ」のようになる。

　登記をするのは登記官であり、Ｙは、登記申請という意思表示をする義務があるにすぎないので、請求の趣旨は、「登記をせよ」ではなく「登記手続をせよ」となること、移転登記手続を求める場合は、請求の趣旨において、「Ｘに対し」と移転登記手続の相手方が誰であるか明らかにする必要があること、移転登記手続を求める場合、請求の趣旨に所有権移転原因を明示する必要がある

(☞**第 2 章❷1.**)。

2. どのような事実を主張したらよいか

所有権に基づく妨害排除請求権としての所有権移転登記請求権の発生を基礎づけるためには、現在、①原告に所有権があること、②被告名義の登記が存在することが必要である。【例題】では、現在、ＸかＹのいずれが甲土地の所有権者であるかが争われている。

所有権については、現在における原告の所有又は過去の一時点における原告若しくはその前主等のもと所有について争いがない場合には、その時点での原告又はその前主等の所有について、権利自白の成立が認められる（☞**第 1 章❷3.(b)**)。このため、原告は、原告またはその前主等の所有権取得原因を具体的に主張立証する必要がなくなり、その時点での原告またはその前主等の所有から現在の原告の所有に至るまでの所有権移転原因事実を主張・立証すれば足りることになる。

【例題】では、ＸとＹとの間では、ＸからＡへの売買があったとされる時点（2021年12月20日）においてＸが甲土地の所有権者であった点については争いがない。したがって、同時点でのＸの所有について権利自白が成立し、権利の永続性から、Ｘから第三者への所有権移転原因についての主張・立証がない限り、Ｘの現所有が理由づけられることが見込まれる。また、物権的請求権は物権に対する侵害状態によって不断に発生する請求権であるから、所有権に基づく妨害排除請求権が発生するには、「現に妨害状態があること」が必要であり、Ｙによる妨害行為、つまり口頭弁論終結時においてＹ名義の登記があることを主張すればよいことになる。

*P**rofessional View* I-7

不動産の活用方法：サブリース・定期借地権　（川上）

「不動産の活用方法」といわれた場合、何を想像するだろうか。所有権は「自由にその所有物の使用、収益及び処分をする権利」（206条）であることを思い起こせば、

不動産の有効活用とは、その不動産の価値を最大化して効率的に「使用」、「収益」及び「処分」することであろう。有効な利用かどうかの判断には、収益性、投資額、投資回収率、管理コスト、流動性、税負担、経済的・法的リスクなど様々な要因が複雑に絡み合ってくる。例えば、「使用」という活用方法では、高層化すればよいかといえば、高層化することで、投資額が巨額になり、流動性が低くなり、管理コストも大きくなる。かえって、駐車場にしておいた方が、投資額を抑えられ、流動性が高く、土地価格が上昇した際にすみやかに高値で売却できるというメリットがある。所有者のライフプランや意向を把握し、適切な法的スキームを構築し、それに沿った契約を助言するのも弁護士の重要な仕事である。

　さて、【例題】では、Xの意向は「管理の手間が少なく定期的な賃料収入がある方法」である。不動産の活用方法としては「収益」を目的とし、管理コストは低いものということから、Aは「サブリース方式」と「定期借地権方式」を提案している。それぞれの法的構成は【例題】の中で説明されているとおりである。

　サブリース方式は、賃貸住宅の大きなリスクである空き室リスクや賃料滞納リスクについて、入居者の有無にかかわらず、サブリース業者（賃借人兼転貸人）から一定の保証賃料を支払ってもらえることで回避できること、また、入居者募集、賃料回収や建物管理などの管理業務を一括してサブリース業者に任せることができるというメリットがある。他方、土地所有者は自己の資金で建物を建築する必要があり投資額が大きくなること、入居者を選べないこと、入居者の賃料（転貸料）を自由に決めることができないこと、サブリース業者が倒産した場合、管理業務を引き継いで行わなければならないというデメリットがある。

　一方、定期借地権方式は、借地であり建物は賃借人の負担で建築することから、投資額が抑えられ、地代収入が確実に得られること、居住者との間の賃貸借に関するリスクを土地所有者は負わないというメリットがある。他方、期間満了まで中途解約できないので、不動産の利用形態について長期にわたり拘束を受けるというデメリットがある。

　このように不動産の活用は、多くのスキームが開発され、それぞれにメリット・デメリットがあり、場合によっては法律やガイドラインによる規制が存在する。弁護士としては、依頼者である土地所有者の真の意向は何か、不動産は長期の契約となる不動産の活用とライフプランがマッチしているか、法律上の問題はないか、税務上の問題はないか多面的に検討し、応える必要がある。　■

❸　所有権移転登記請求権を巡る攻防

　Ｘからの請求に対して、以下の【Ｙの言い分】を読んでＹがどのような反論をしたらよいのか考えてみよう。

【Ｙの言い分】

　私はサラリーマンであるが、サイドビジネスとして、この数年、所有する不動産を貸して収益を得ている。

　2021年 2 月頃、当時所有していた土地を売却する際に、Ａと知り合い、同年11月頃、この土地の売却にかかる所得税申告についてＡに相談したことをきっかけに、仕事上の交流があった。

　確定申告が終わった2022年 3 月頃、Ａは、私の元を訪れ、代替地として良い土地があると言って、甲土地の購入を勧めてきた。Ａによれば、甲土地は、2021年12月20日にＡがＸから3800万円で購入したものであるとのことであった。Ａは、同年 3 月に勤務先を退職して起業したが、2022年 3 月末までにどうしても事業資金が必要となったので、甲土地を購入してほしいといってきた。Ａは、甲土地には賃借人Ｃがいて、月額15万円の収入になること、賃貸借契約関係の手続はＡがすべて行うので、私に手間はかからないこと、甲土地を購入することは税金面で私にとっても有利であることなどを説明した。

　私が、甲土地の登記関係を確認したいと言ったところ、Ａは、2022年 3 月13日、Ｘとの間の売買契約書と甲土地の登記事項証明書を見せてくれた。Ａの説明通り本件登記①がなされており、甲土地の所有者はＡとなっていたので、安心して、同月23日、Ａとの間で、甲土地を3000万円で購入する契約を締結し、同日、Ａの口座に3000万円を振り込み、所有権移転登記（本件登記②）を完了した。定期借地権付きの土地とはいえ、相場からみれば安い価格で甲土地を手に入れることができたのは、Ａが年度末までの売却を急いだせいである。ＸはＡに甲土地を売却したことはないなどと言っているが、本件登記①があったのだから、そんな言い分は通用しない。

1. Yからの反論①──売買契約による所有権喪失の抗弁

【Yの言い分】によれば、Yの主たる主張は、YとAとの間で、2022年3月23日にAを売主、自己を買主とする売買契約が締結されたとする点にある。しかし、2021年12月20日のX・A間の売買により、Xが甲土地の所有権を喪失したと主張できるのであれば、その時点でXは甲土地の所有権を喪失し、所有者でなくなったので、それだけで有効な反論となる。X・A間の売買の事実が認められれば、176条により上記売買契約時点でのXの所有権喪失を基礎づけることができ、甲土地を再取得等をしていない限り、Xは甲土地の所有権者でなくなったままであるからである。それ以上に、Yが現在の所有権者であること、すなわちAとYとの間に売買契約が締結されたという事実を主張することは不要である。したがって、まず争点となるのは、X・A間の甲土地を目的物とする売買契約の存否及びその有効性である。

【例題】では、上記売買契約に関する売買契約書があり、それにXの実印による印影が顕出されている。売買契約は諾成契約であり、契約書の作成は売買契約の成立要件ではない。売買契約書は処分証書に当たるとされており、Yは、X・A間の売買契約の成立によってXの所有権が喪失したという反論をするに当たり、売買契約書によってX・A間に売買契約が成立していることを直接証明することになる。なお、処分証書の定義については、証明しようとする意思表示その他の法律行為がその文書によってされたものであるという見解と、証明しようとする意思表示その他の法律的行為が記載されている文書とする見解とに分かれているが、いずれの見解によっても、【例題】における売買契約書が処分証書に当たるとされることには異論がないであろう。

しかし、【Xの言い分】によれば、XはAとの間で売買契約を締結したことも、その契約について契約書を作成したこともないと主張している。

文書の成立について争いがある場合には、証拠申出人が文書の真正を証明しなければならない（民訴228条1項）。ただし、民事訴訟法は、私文書の場合には、本人または代理人の署名または押印があるときには、真正に成立したものと推定するとする規定を置いている（民訴228条4項）。本人または代理人の意

思に基づく署名・押印であれば、通常は、文書全体がその者の意思に基づいて作成したと推認してよいことから、このような推定規定が置かれていると解する見解が多い。

　一般に、ある者が作成者と主張される契約書について成立の真正を考える場合、押印（具体的には印影の作出）がその者の意思に基づくものであるかを考えることになる。その者の印章（ハンコ）を他人が本人の意思に基づかないで勝手に使用することは通常はないという経験則に基づいて、実印による印影が顕出されている場合に、当該印影は、その者本人の意思に基づき顕出されたことが事実上推定され（一段目の推定）、それにより、その者の作成に係る契約書全体の成立の真正を推定する（二段目の推定）という考え方が採用されている（最判昭和39・5・12民集18巻4号597頁など）。

　もっとも、【Xの言い分】によれば、問題となっている契約書に押印されている印影がXの印章によるものであることだけでなく、Xは自ら署名したことも認めているから、「本人……の署名……がある」ときに当たり、契約書について成立の真正が推定されることになる。したがって、【例題】の場合には、契約書にX本人の署名があることを主張・立証すれば、上に述べた「二段の推定」を検討する必要はないことになる（印鑑、印章、印影などの用語については☞第6章 Professional View Ⅰ-8）。

　そこで、Xとしては、Cとの間の賃貸借契約書に署名押印したつもりだったとして、その際の状況を具体的に主張立証することで、民訴228条4項により本件売買契約書が真正に成立したとする推認を動揺させることが必要になってくる（通説は反証でよいと解している）。上記推認が動揺すると、売買契約書が真正に成立したものであることが不明となり、本件契約書以外の書証、当事者や証人などの人証から得られた証拠資料と口頭弁論の全趣旨から、X・A間の売買契約の成立が認められるのかどうかを判断することになる。

　これに対して、推認が動揺しない限り、問題となっている売買契約書が、Xの意思・判断などの表現と認められることになり（証拠申出人が主張する特定の人の意思・判断・報告などの表現と認められることを「形式的証拠力」があるという）、売買契約が成立しているという事実認定の根拠（証拠原因）がこの売買契約書に限定されることになるという考え方もある。また、売買契約書は、証明

しようとする法律上の行為が直接その文書によってなされている処分証書であるから、文書の記載内容が、証明すべき事実の証明に役立つ程度、つまり、証拠価値は高いことになり（これを「実質的証拠力」という）、Xが甲土地をAに3800万円で売るという意思表示があったことを前提に、売買契約の成立の有無、効力を検討することになる。

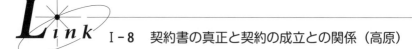

Link　I-8　契約書の真正と契約の成立との関係（高原）

　民事訴訟は、権利の存否をめぐる紛争であることから、権利の発生・変更・消滅は、実体法の要件に該当する事実があるかどうかによることになる。事実があるかどうかについて争いがある場合には、証拠によって証明することが必要になる。証拠調べの対象（証拠方法）は、原則として当事者が申し出たものに限られる（弁論主義の第3テーゼ）。人証としては証人・鑑定人・当事者本人があり、書証としては文書などがある。

　文書の（成立の）真正とは、ある文書が作成者と主張される者の意思によって形成されたことを意味する。真正に成立した文書は、その記載内容が、その文書を作成した者の意思・判断・報告などの表現として形式的証拠力がある。ただし、文書が真正に作成された場合であっても、習字の場合のように、その者の意思・判断などの表明が加わっていないときは、形式的証拠力はないとされる。形式的証拠力があることが証明されなければ、証拠として採用されない。

　処分証書は、証明しようとする法律上の行為が直接その文書によってなされている証書であるという見解を前提とすると、文書の成立の真正が認められると、直接に作成者が一定の法律的行為（契約の締結、弁済等）をしたことが証明されることになり、実質的証拠力は高いことになる。もっとも、処分証書によって法律行為がなされたことが証明されたからといって、表意者の意思の欠缺を理由に当該法律行為の成立や効力を争うことや、法律行為をどのように解釈するかは、これとは別の問題である。民訴228条4項の「推定」の意味について、民事訴訟法の通説的見解は、事実を法律上推定するものではなく、裁判所の事実認定を制約する証拠法則と解している点に注意する必要がある（法定証拠法則）。民訴228条4項については、高橋宏志『重点講義民事訴訟法下〔第2版補訂版〕』（有斐閣、2014年）127頁以下参照。　◆

2. Yからの反論②
──94条2項類推構成による所有権喪失の抗弁

そこで、Yは、X・A間に売買契約が成立していない場合に備えて、本件事実関係の下では、94条2項類推適用が可能であるとして、Xは甲土地の所有権を喪失していると反論することが考えられる。

【Yの言い分】によれば、Yは、甲土地の登記（本件登記①）名義人となっているAから、甲土地の所有者がAであると信じて2022年3月23日に甲土地を買い受けた旨、主張している。

X・A間の売買契約が成立していないとすると、Yは甲土地について無権利者であるAとの間で売買契約を締結したことになり、登記には公信力が認められないことから、Yは甲土地の所有権を取得することはできないことになる。

しかし、不実の登記について権利者に責任があるような事情がある場合に、判例は、虚偽の意思表示（外観）を作出した責任がある者と虚偽の意思表示（外観）を信頼した者との間の利害を調整している94条2項を類推適用し、不実登記の作出について帰責性のある権利者の犠牲のもと、かかる不実登記を信頼して取引を行った第三者が善意（無過失）である場合に、第三者の権利の取得を認めて取引の安全を図っている。

(a)　94条2項類推構成による反論の意味

民法94条2項を類推適用する場合に、その効果については、理論的には2通りの説明のしかたがある。本件の事案にそって説明すると、第1に、XはX・A間の物権変動がないと主張できない結果、Yとの関係では本件建物の所有権がX⇒A⇒Yと移転したと主張することができるとする見解（順次取得説）、第2に、X・A間に物権変動があったように扱われるのはYに有効な権利取得を認めるための一種の擬制であるとして、94条2項の類推適用によってXの所有権がYに承継取得されたと主張することができるにとどまるとする見解（法定取得説）がある。

いずれの見解に立つにしても、94条2項類推適用に基づく主張が有効な攻撃防御方法となるのは、Xは、Yとの関係で、X・A間の物権変動がないことを

主張できないことから、X⇒A⇒YないしX⇒Yへの物権変動があることにな
り、その反面として、順次取得説ではX⇒A、法定取得説ではX⇒Yの物権変
動によりXは所有権を喪失したことになるからである。自称所有者（譲渡人）
が本権を持たないのに、即時に第三者が権利を取得する192条とは、論理を異
にする。したがって、94条2項類推構成によって登記に公信力類似の効力が認
められるといっても、94条2項を類推適用して所有権を取得するのは、物権変
動がないことを第三者に主張できないという効果に基づくものであり、192条
とは異なり原始取得ではなくて承継取得が認められるにすぎない。

　実務上は、X・A間に売買契約が成立しないことを前提に、自分が所有者だ
と主張するYはいない。Yは、まずはX・A間に売買契約が成立したと主張し、
このような反論が認められない場合に備えて、94条2項類推適用によるXの所
有権喪失の反論を展開することになる。理論的には、94条2項類推適用による
Xの所有権喪失の抗弁は、「Xの所有権喪失」という効果を生じさせる限りで
は、売買契約に基づく所有権喪失の抗弁と重なるが、そもそもX・A間に売買
契約が外形的に成立したことを論理的な前提としない反論である。したがって、
X・A間の売買契約に基づくXの所有権喪失の抗弁と94条2項類推適用による
Xの所有権喪失の抗弁は、選択的な関係になる。

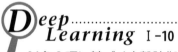

Deep Learning Ⅰ-10
94条2項に基づく攻撃防御方法──94条2項類推の場合との比較
（千葉）

　94条2項類推適用が問題となっている【例題】では、X・A間に売買契約が成立し
ておらずX・A間に物権変動原因がない。これとは異なり、通謀虚偽表示によって
X・A間で売買契約が締結された場合には、売買契約は成立しているが94条1項に
よってその契約は無効となる。しかし、善意の第三者Yとの間では、第三者を保護
するために、94条2項によってXはAとの間の売買契約の無効を主張できないとい
うことになる。

　94条2項類推による効果と対比するために、94条2項の効果についても考えてみ
ると、94条2項についても以下の2つの説の対立がある。すなわち、X・A間にも
有効な契約があるとする順次取得説と、Yとの間でのみ、X・A間の契約が無効で

あったことを対抗できないだけであるから（Ａ・Ｘ間の契約を有効となる効果まで認める必要はなく）、ＸからＹへの承継取得を認め、Ｘとの関係ではＹの保護はこの限度では十分であるとする法定取得説とが対立している。

　上記の見解の対立との関係で、94条2項の反論は、順次取得説では、Ａ・Ｘ間の売買契約が無効であるとする再抗弁の法律効果を更に覆す効果をもたらすことになるので、再々抗弁となる。これに対して、法定取得説では、Ｘ・Ａ間の売買契約の効力が94条2項によって復活するわけではなく、ＸからＹへの承継所得を認めるだけということになる。したがって、法定承継説に立つと、Ｙが94条2項の第三者であるという主張は、Ｘ・Ａ間の売買契約の成立を前提とした反論、再反論等の攻撃防御が展開されるのとは別に、Ｙによる所有権取得の反面としてＸが所有権を喪失したことを主張する反論ということになる。94条2項の効果を法定取得説的に理解すると、承継取得と法定取得とは実体法上論理的に両立しうることとなる。　●

(b)　94条2項類推法理の要件

　94条2項類推というルールは、虚偽の外観の作出について帰責性のある真正な権利者との関係で、この虚偽の外観に基づいて無権利者から不動産を取得した第三者を保護する法理である。したがって、上記の効果があるというためには、①虚偽の外観が存在すること、②外観の作出について真正権利者の帰責性が認められること、③第三者が虚偽の外観を信頼して取引関係に入ったこと、以上3つの要件を充足していることが必要であると解されている。【例題】に即していえば、後述❹2. で検討するとおり、Ｙによる甲土地の取得時にその登記記録にＡを所有者とする登記が記録されていたことが①に該当する具体的事実、同登記記録の作出についてＸの帰責性を肯定する事情の存在が②に該当する具体的事実であるということになる（Ｘ・Ａ間売買を原因とする所有権喪失の抗弁を構成する具体的事実とは異なることに注意）。

　94条2項類推構成は、権利外観法理を基礎としていることから、学説上は、③の要件について、第三者の善意・無過失を要件とする見解が多い。しかし、判例は、事案類型に応じて、前主が権利者でないことにつき、第三者が善意で足りるとする場合と、善意・無過失まで要求する場合があると解している。

　これまで判例において94条2項類推適用が問題となった事例を整理すると、誰が虚偽の外形を作出したのか（権利者本人か他者か）ではなく、(i) 真の権利

者が関与した不実の外形と第三者が信頼した外形が一致している場合（Ⅰ型）と、(ⅱ) 両者が一致していない場合（Ⅱ型）の２つに分類した上で上記分類に応じて、判例は、第三者が保護されるための要件について、(ⅰ) の場合には善意で足り、(ⅱ) の場合には善意に加えて無過失も要求していると考えられる（☞【図表1】）。

　Ⅰ型の場合には、不実の外形の形成に真の権利者が直接かつ積極的に関与する場合（自己作出型☞【図表1】Ⅰ型-a）と、真正権利者の関与なしに存在する不実の外形を真の権利者が容認・放置する場合（他者作出型☞【図表1】Ⅰ型-b）がある。他者作出型の場合にも、真の権利者が不実の外形があることを知りながら、事後的に承認したり、容認ないし敢えて放置したりすれば、真の権利者によって不実登記が作出されたことと異ならないとする評価が可能である。しかも、判例は、不実の外形と第三者の信頼した外形が一致している点で、第三者の無過失を要求して第三者の保護範囲を限定すべきではないと判断している（最判昭和45・4・16民集24巻4号266頁、最判昭和45・9・22民集24巻10号1424頁）。

　一方、Ⅰ型と比較してⅡ型の場合に第三者の無過失を要求しているのは、①他者の作出した不実の登記が真の権利者が予期したところと大きく異なり、第三者の出現によって真の権利者が喪失する権利が著しく増大すること、②真の権利者と関係した他者が、外形について真の権利者の意図したところを越えて別の外形を作出している点で、代理権を越えて代理行為が行われた場合に本人に代理行為の効果帰属を認める民法110条の表見代理との類似性が認められること、以上の２つの点を理由としている。しかし、94条２項類推適用で真の権利者への帰責の根拠となっているのは、本人が代理人に何らかの権限を与えたからではなくて、不実の外形を作出する機会を他者に与えた点にある。また、第三者が信頼した外観とは、他者の代理権ではなく、権利者であるという外形である。そこで、判例は、110条の表見代理責任との違いを勘案して、110条の類推適用ではなく「法意」に基づいて、94条２項類推適用の範囲を拡大してきた（最判昭和43・10・17民集22巻10号2188頁。☞【図表1】Ⅱ型）。

　もっとも、最判平成18・2・23民集60巻2号546頁は、上記のいずれの事案類型に属さない場合にも、第三者が保護される場合があることを判示している。

すなわち、真の権利者自らが外観の作出に積極的に関与した場合やこれを知りながらあえて放置した場合に該当しなくとも、虚偽の外観（不実登記）が作出されたことについての真の権利者の帰責性の程度が、これと同視し得るほど重く、他者が所有者であるとの虚偽の外観（不実登記）を第三者が信じ、そのように信じることについて過失がなかった場合には、民法94条2項、110条の類推適用により、真の権利者は、他者が本件不動産の所有権を取得していないことを第三者に対して主張することができないと判示している。

　これまで、Ⅱ型の場合に、94条2項類推にあたり、110条（の法意）をあわせて適用していたのは、真の権利者が不実登記を作出する機会を自ら作り出し、他者がこれを利用して第三者が信頼した外観を作出したからにほかならない。第三者が無過失である場合にだけ保護されると解する理由は、他者の作出した不実の登記が真の権利者が予期したところと大きく異なるからである。

　これに対して、上記最判平成18・2・23が94条2項とともに110条の趣旨を類推適用しているのは、真の権利者の帰責性を緩和したこととバランスをとるために、第三者の保護要件を加重し、無過失まで要求したものにすぎない。上記判決の事案では、真の権利者は、不実登記の作出を意欲したことも、事後的に不実登記を容認・放置した事実もない。それどころか、真の権利者が他者によって作出された不実の登記の存在を知ったのは、第三者が無権利者との間で取引を行い、登記を完了してからである。したがって、110条によって本人への帰責の根拠を基礎づけようとしたものではないと解すべきである。

　上記最判平成18・2・23は、Ⅰ型の場合には、真の権利者が自ら不実登記を作出した場合やこれをあえて放置した場合でなくても、これと同視できる場合に、真の権利者に帰責性があると判示した点に意義があり、帰責性の要件の緩和との関係で、第三者の主観的な要件を善意だけでなく、無過失まで要求すると判断していると考えるべきである。110条の「法意」ではなく、110条が類推適用されているのは、このような理由によるものと考えられる（☞【図表1】Ⅰ型 -c)。

【図表1】 判例法理と94条 2 項類推の要件との関係

<table>
<tr>
<td colspan="2" rowspan="2">「真の権利者の帰責性」要件　　　　「第三者の外形に対する信頼」要件</td>
<td>真の権利者が作成したと評価可能な外形と第三者が信頼した外形が一致する場合（I型）</td>
<td>真の権利者が作成したと評価可能な外形と第三者が信頼した外形が不一致の場合（II型）</td>
</tr>
<tr>
<td>第三者が信頼した外形の直接的作成者</td>
<td>真の権利者の関与の仕方</td>
</tr>
<tr>
<td rowspan="3">外形</td>
<td>真の権利者</td>
<td>自ら外形を作成</td>
<td>第三者の善意
→ 94条II類推・基本形（I型－a）</td>
<td rowspan="2">第三者の善意・無過失
→　94条II類推＋110条の法意</td>
</tr>
<tr>
<td rowspan="2">真の権利者以外の者</td>
<td>外形を容認・放置</td>
<td>第三者の善意
→ 94条II類推・基本形（I型－b）</td>
</tr>
<tr>
<td>重大な過失あり</td>
<td>第三者の善意・無過失
→ 94条II類推＋110条類推（I型－c）</td>
<td></td>
</tr>
</table>

＊上記の要件を充足しない限り、登記には公信力がないから、第三者は保護されないことになる。

(c) 公信の原則との違い

　本来、通謀虚偽表示は、表意者もその相手方も表意者の意思表示に効果意思が欠けていることを知っているから、意思表示の効力は無効である。しかし、この意思表示（外形）があることを信じて利害関係を有することになった第三者との関係では、取引の安全を図るために、意思表示の無効を表意者に主張できない。これが、94条 2 項の趣旨である。つまり、効果意思がないのに表示行為をした点に、表意者が第三者に意思表示の無効を主張できない理由がある。したがって、94条 2 項を類推適用するにあたっても、虚偽の外観（不実登記）の作出について、「自ら虚偽表示をしたこと」と同程度の帰責性が真の権利者にあることが、帰責性の有無についての判断基準となる。

　その意味では、不動産取引における94条 2 項類推適用は、第三者が不実の外形を信頼したことだけを根拠に、第三者を保護しているわけではないことから、公信の原則を正面から認めることとの間には違いがあることになる。94条 2 項類推構成は、登記には公信力がないことを原則とした上で、虚偽の外形の作出（不実登記の場合には、登記によって公示されている物権変動がないのに、そのような物権変動があることを原因として登記がされていること）につき真の権利者に帰責性がある場合に、例外的に、不実登記を信頼して取引関係に入った第三者を保護しているにすぎない。94条 2 項類推適用が認められるためには、真の権利者の帰責性をどのような場合に認めるか、その帰責性の程度がどの程度なのかが重要である。

(d)　94条 2 項類推法理に関する主張・立証責任の分配

　94条 2 項類推は、無権利者から不動産を取得した第三者を特別に保護する法理であるから、94条 2 項類推適用の要件①〜③（☞❸2.(b)）については第三者の側に主張・立証責任があることになる。しかし、虚偽の外観が登記である場合には、登記には事実上の推定力があることから（最判昭和34・1・8民集13巻1号1頁）、登記があって、その登記が虚偽であることを第三者が権利取得時に知らなかったときには、第三者の無過失が一応推定されることになる。したがって、第三者の主観的要件については、理論的対立があるにもかかわらず、上記の判例・学説の差が、実際にはそれほど大きいわけではないように思われる。

❹　請求の当否

1.｜X・A間の売買契約の成立の有無

　【Xの言い分】では、Xは甲土地についてCとの賃貸借契約書を作成する意図で契約書に署名押印したと主張しており、そもそもAに甲土地を3800万円で売るという意思表示をしたということはないと主張している。そこで、印影と印章の一致、Xの署名の事実があったとしてもXの意思・判断などの表明が加わっているとはいえないことを理由に、売買契約書には形式的証拠力がないとして、X・A間の売買契約が成立していると証明できないと解するか、それとも、文書の成立の真正が認められ形式的証拠力があることを前提に、意思の不合致によってX・A間の売買契約が成立していない（否認）と解するのか、あるいは、X・A間の売買契約は成立しているとしても、Xの錯誤ないしはAの詐欺を原因として売買契約の取消し（抗弁）を認めるのかが問題となっていくことになろう。

　ところで、契約が成立している、つまり、契約の当事者の間に意思の合致があったというためには、相対立する意思表示（申込みの意思表示と承諾の意思表示）が存在し、この意思表示が客観的な内容において一致していることが必要である（これを客観的合致という）。客観的合致がない場合には、契約は不成立

となる。契約が成立しているというために、客観的合致に加えて、相手方の意思表示と結合して相手方との間に契約を成立させようとしているという点に意思の合致があること（これを主観的合致という）も必要なのかについては、見解の対立がある。

判例は、多くの場合、契約が成立したというためには、当該契約の当事者が相互に相手方の意思表示と結合して契約を成立させようとする意思の合致が必要であるとし、主観的合致がない場合には、契約は不成立であると解している。これに対して、学説上は、契約当事者双方の表示行為の客観的な意味内容が合致し、契約を成立させようとする意思が表示されていれば、契約は成立すると解する見解が多い。後者の見解によれば、当該契約の当事者間での主観的な合致がなくても客観的な内容が一致している表示行為があれば、契約は成立し、客観的に合致した内容と表意者の真意との間に食い違いがある場合には、錯誤取消しが問題となることになる。

契約が成立したというためには客観的合致で足りるとする見解に立てば、【例題】の場合、問題となっている売買契約書にXの意思・判断などの表現が認められると、売買契約書に形式的証拠力があることになり、XとAの意思表示について、表示行為の客観的な意味内容は合致していることになる。

しかし、Xには、Cに、甲土地を、事業用建物を所有する目的で、月15万円、期間30年で賃貸するという効果意思があるところ、これに対応する「あるべき表示」をせず、誤った表示をしたということになり、95条1項1号により錯誤取消しの効果を認めることになろうか。そうすると、Yは、X・A間の売買契約が取り消される前の第三者に該当することになるから、Xの請求の当否は、Yが95条4項に基づいて善意・無過失の第三者に当たるかどうかによることになる（☞**第3章❹1. (a)**）。

一方、主観的合致がない場合には契約は不成立であると解する判例の見解に立てば、Xには、Aに甲土地を3800万円で売却するという意思はないことになり、X・A間の売買契約は意思の不合致により不成立になるものと解されることになる。そうすると、Yは無権利者Aとの間で売買契約を締結したことになるから、所有権を取得したとはいえないことになる。94条2項類推適用によって、Yが、Xに対する関係で権利を取得したといえない限り、Xの請求が認容

されることになる。

　以下では、X・A間の売買契約が成立していないとする後者の見解に立った上で、94条2項類推適用に基づくYの反論が認められるかどうかを検討しておこう。

2. 94条2項類推適用の可否

　Yは、Aとの間で2022年3月23日に、甲土地を代金3000万円で購入する契約を締結したと主張していることから、「第三者」に該当すること、また、上記売買契約当時、甲土地につきA名義の所有権移転登記（本件登記①）があったことから、甲土地の所有者がAであることを前提に、Yが上記契約を締結したことは明らかである。したがって、94条2項類推に基づくYの反論が認められるかどうかは、①XからAへの移転登記という不実登記の作出について真の権利者Xに帰責性があったか、②Yが上記登記を信頼して、Aが甲土地の所有者であると信じて、Aと売買契約を締結したと評価できるかどうかによることになる。

(a)　本人の帰責性

【例題】では、Xが、甲土地につき、Aへの所有権移転登記という虚偽の外観の作出自体に自ら積極的に関与したという事実はなく、また、Xが上記所有権移転登記の存在を知りながらこれを承認ないし敢えて放置したという事実も認められない。

　Xが意図したところは、あくまでCとの間での甲土地を目的物とする賃貸借契約書の作成、管理委託費用の返還、乙土地の所有権移転登記手続であったとして、本件登記①の作出についてXに帰責性があるといえるかが問題となる。

　Xは、AにCとの間での甲土地の賃貸借契約に関する事項、乙土地について移転登記申請についても代理権を授与している。これらの代理権授与がAによる不実登記の作出の背景事情となったことは確かであるが、この点から直ちに不実登記の作出についてXに帰責性があると評価することは難しい。また、YはAをXの代理人と信頼して甲土地を購入したわけでもなく、甲土地の所有者

144

がXではなくAであると信じて取引を行っている。

　しかし、Xは、Cとの賃貸借契約書だとするAの説明をうのみにし、その内容を確認せず、登記原因証明情報（不登61条）となる売買契約書に署名押印してAに交付している。さらに、Aから、甲土地の登記識別情報（不登22条本文）、乙土地の所有権移転登記手続のためであると言われて、Xの実印が押された委任状及び印鑑登録証明書を1通ではなくて2通を交付している。つまり、Xは、Aに本件登記①の作出に必要な書類をすべて交付してしまっている。このような事情から推測されるXの意思は、客観的にみれば、Aの本件登記①の作出にあったと評価されてもやむを得ない。Xがわずかな注意を払えば、XからAへの移転登記という不実登記の作出を防止できたといえ、Aが不実登記を作出できたのは、Xの余りにも不注意な行為が原因であるからである。したがって、前述した最判平成18・2・23が判示しているように、Xには、自ら不実登記の作出に積極的に関与した場合やこれを知りながら敢えて放置した場合と同視しうる程度の帰責事由があると評価することができよう。

(b)　Yの善意・無過失

　Xには帰責性があるとしても、帰責性の程度は、他者が作出した不実登記を容認したり放置していた場合と比較すると小さいことから、Yが善意・無過失でない限り、Xが所有権を喪失しているとはいえないものと解される（【図表1】I型-c参照）。

　Yは、Aと売買契約を締結した当時、Aが甲土地の所有者であると信じており、Yが善意であることは【Yの言い分】から明らかである。問題は、Yが無過失といえるかどうかである。

　Yは、甲土地の所有者がAと記載されている甲土地の登記事項証明書を確認していることから、登記の事実上の推定力により、Yの無過失は一応推定される。

　しかし、①Yは、Aが3か月余前に購入したばかりの甲土地の売却を持ちかけていることを認識していたこと、②Yは、Aが甲土地を購入したばかりなのに売り急ぎ、しかも、価格を相場よりも安く（6000万円が相場だとすれば、定期借地権付きの土地とはいえ、半額近くになるということになる）、Aが3か月前の

購入価格からも 2 割強下げて売買することに応じていることを認識していること、③Yはサラリーマンとはいえ、現在も、不動産を賃貸して収入を得ていることといった事情がある。これらの事実からすれば、登記事項証明書を確認するだけでなく、Aが甲土地の所有者であるかどうかについて更なる調査義務を尽くすべきであったとも評価でき、無過失とはいえないという評価もありえるものと解される。

●重要判例●
・最判昭和43・10・17民集22巻10号2188頁（94条 2 項と110条の法意）
・最判昭和45・ 4 ・16民集24巻 4 号266頁（94条 2 項類推適用）
・最判昭和45・ 7 ・24民集24巻 7 号1116頁（94条 2 項類推適用）
・最判昭和45・ 9 ・22民集24巻10号1424頁（94条 2 項類推適用）
・最判平成18・ 2 ・23民集60巻 2 号546頁（94条 2 項・110条の類推適用）

●演習問題●
【設問 1 】
　Xは甲土地の所有権の登記名義（現在はY）をXにしたい。誰に対して、どのような請求権があると主張すべきか検討しなさい。
【設問 2 】
　【Yの言い分】の事実に基づいて、YはXからの請求に対してどのような反論をすることが考えられるか、また、そのために、どのような事実があると主張すればよいか検討しなさい。
【設問 3 】
　XはYのみを相手に所有権移転登記請求訴訟を提起し、この訴訟で、X・A間には売買契約が成立していないと認定されたとして、XのYに対する請求が直ちに認容されるかどうか検討しなさい。なお、上記訴訟では、X・A間の売買契約の有無に関するする事実を除き、上記XY

の言い分で主張された事実が、争いがない事実ないしは証拠により認定された事実であるとして答えなさい。

無権利者から財産を取得した者の保護［応用編］

第6章

—— 動産の引渡訴訟を通じて学ぶ

❶　出題の趣旨

　動産物権変動に関する公示制度は、不動産登記制度と比較すると、公示力は弱い。動産及び債権の譲渡の対抗要件に関する民法の特例等に関する法律に基づく動産等の譲渡登記、自動車・船舶・飛行機・建設機械等の登録・登記制度を創設して公示力の回復を図っている場合を除くと、簡易の引渡し・占有改定・指図による占有移転は、それが観念的な引渡しであっても動産物権変動の対抗要件となるからである（178条）。

　そこで、**第6章**では、即時取得制度（192条）によってどのように動産取引の安全が図られているかを検討する。即時取得制度は、公示が真実の権利関係に一致していなくとも、公示を信頼して取引した者には、その公示通りの権利取得を認めることになり、公信の原則に基づく制度であることになる。即時取得制度は、前主の占有を信頼して動産取引をした者は、取引の相手方に当該動産の処分権限があるかどうかにかかわらず、権利を取得することができる制度であるから、占有に関する規定（186条・188条等）の理解が前提になる。

　同時に、第三者が取得した動産が盗品や遺失物であった場合の特則規定（193条・194条）の理解を通じて、無権利者から動産を取得した者の保護と原権利者との利害調整の在り方を考える。この問題は、占有すべき権利（本権）を欠く占有者から所有権者にどのような範囲で侵害利得を返還させるべきかという問題に関連する問題であり、不当利得法に関する条文（703条・704条・189条・190条）との関係についても整理が必要となる。

　紛争類型としては、これまで主に不動産の明渡訴訟と不動産の登記訴訟を取

り上げてきたが、**第6章**では、動産の引渡訴訟が登場する。動産の引渡しを求めるためには、動産の所有者であるとして所有権に基づく返還請求権（物権的請求権）があるとして請求する場合と、契約に基づいて動産引渡請求権（債権的請求権）があるとして請求する場合がある。以下の【例題】では前者に基づいて請求しており、不動産の明渡訴訟を素材として検討してきた点を応用して考えることになる（☞第1章❸）。

 ❷ A・Bは誰に対していかなる権利があると主張したのか

　以下の【例題】は、後述するA・B間に発生した掛け軸を巡るトラブルに関連して提起された一連の訴訟において、AとBが主張した事実を整理したものである。

【例題】
　1．Aは、京都市内で染織工芸品の製造・販売を業としているが、曾祖父の代から日本画・伊万里の茶碗などの美術品を収集しており、彦根市内にある別宅の土蔵を改造して所蔵し、一部の所蔵品については併設する小規模な美術館で入館料を徴収して公開していた。
　2020年12月30日に、Aは次の展覧会に公開予定の日本画を確認するために、久しぶりに彦根の別宅に行ったところ、横山大観作とされる掛け軸甲（以下、「甲」という）と掛け軸乙（以下、「乙」という）が、他の数点の美術品とともに、土蔵から盗まれていることを発見し、警察に盗難届を出した。
　2．ところが、2022年3月20日に、Aは、たまたま見ていたテレビ番組でBが経営する画廊が紹介され、そこに乙が展示されていることに気づいた。そこで、直ちにBに連絡を入れたところ、Bが乙だけでなく甲も所蔵していることが判明した。そこで、Aは、2022年3月22日に、早速Bを訪れ、盗難届や甲・乙が記載されているAの所蔵品リストなどを示して、善処してほしいと申し入れた。

　3．Bは、大阪市内で画廊を経営するかたわら、美術品の買取・販売業を営んでいた。Bは、京都・滋賀を主たる営業地域として、美術品の買取・販売業を営んでいるCと20数年間にわたって取引をしていた。Cは独自のネットワークがあるらしく、保存状態がよい明治時代以降の日本画をBのところに頻繁にもち込んできた。これまでBがCから購入した美術品についてトラブルが生じたことはなかった。甲・乙は、2020年12月12日に、Cから購入した美術品の一部であり、掘り出し物であった。

　4．Bは、Aとの交渉の中で、甲・乙をCから購入した経緯について次のように説明した。横山大観の作品は個人所有のものが多く、甲・乙に関する情報はあまり多くはなかったが、甲・乙を鑑定した結果、横山大観のものであると確信した。また、入手先については、Cから「甲・乙は、大津在住のPが父親の遺品を整理するために、自分の営業所にもち込んだものである」と説明を受けた。滋賀県に在住の人が横山大観の掛け軸を個人で所有しているという情報を聞いたことがあったので、まさか盗品とは思わず、甲については500万円、乙については400万円でCから買い取った。

　5．Cは、2020年12月5日に、これまで取引をしたことがないPと称する人物から電話で甲・乙の買取りを依頼された。そこで、買入れの際には、身分を証明する物を提示してほしいと言ったところ、来店した際に、Pは預金通帳、登録印鑑、印鑑登録証明書を持参していた。甲・乙の保存状態がよかったことから、Cは、これらをPの言い値で買い取り、直ちに、Pとの間で売買契約書を作成した。P・C間の売買契約書によると、Cは、Pから、2020年12月6日に、甲を350万円、乙を300万円で買い取り、現金650万円の支払いと引換えに、甲・乙の引渡しを受けた。Bも、Cから甲・乙を購入する際に、Pの印鑑登録証明書とP・C間の売買契約書の印影が一致していること、CがP宛に発行した領収書のコピーを確認した。

　6．Bは、正当な対価を支払い、可能なかぎりの調査をした上で、甲・乙を購入したとして、「あなたが、甲・乙を所蔵していたことは分かったが、盗難届を持参されても、あなたが盗難にあったことが証明できるわけではない。Cが盗品を購入したとは思わないし、自分はCから甲・乙を買い取ったのだから返す必要はない」との返答を繰り返した。

　５回目の交渉となった2022年11月15日に、Aは「甲・乙は盗品であり、私が所有者であるから、返還を求める」とする要求書をBに渡したが、BはAの要求を拒絶した。Bの態度に立腹したAは、Bの画廊から立ち去る際に「これは自分のものだ」と言って、Bの静止を振り切って、展示してあった乙を無理やり持ち帰った。さらに、Aは、乙を返してもらうだけでは不十分であるとして、2022年12月６日に、Bに対して甲の返還と甲・乙の使用利益の返還を求めて訴えを提起した。

　これに対して、Bは、甲の所有権者は自分であると主張して返還を拒否するとともに、この主張が認められない場合には、甲の購入代金500万円の弁償を求めると主張し、乙については、引渡しは求めなかったが、購入代金400万円の弁償を求めると主張して反訴を提起した。

　７．その後の警察の捜査によれば、甲・乙は2020年12月１日夜にAの土蔵から盗まれたこと、大津在住のPは実在するが、Cに甲・乙を売却した人物はPとは別人で、Pは現金とともに甲・乙の取引の際に利用された預金通帳・印鑑・印鑑登録証を何者かに盗まれており、これらを利用して、Pと称する人物（以下、「自称P」という）が、Cに甲・乙を売却したことが分かった。現在も、Cのもとに甲・乙を持ち込んだ自称Pは特定されていない。また、自称P自身がA宅から甲・乙を盗んだかどうかも判明していない。

　【例題】では、AはBに対して所有権に基づいて甲の引渡しを求めている。Aの請求の訴訟物は、所有権に基づく返還請求権としての甲の引渡請求権である。また、Aは、甲の返還だけでなく、甲・乙の使用利益の返還も求めている。Aの主張は、自分の所有する甲・乙をBが無権限で使用したことを理由として侵害利得の返還を求めていることになり、訴訟物は190条に基づく使用利益返還請求権ないしは不当利得返還請求権（703条・704条）となる（前者は、所有権に基づく返還請求権としての動産引渡請求に関する附帯請求になると解されるが、後者は、独立の請求になることに注意すること）。

　一方、Bは、AからBに対する甲の引渡請求（本訴請求）に対して、Aに甲・乙の購入代金の弁償を求めて反訴を提起している。Bは、甲に関する本訴

請求が認容された場合に備えて、甲の購入代金相当額の弁償（194条）を求めているので、購入代金の弁償請求については後述するように予備的反訴（本訴請求が認容された場合を停止条件として反訴請求をすることであり、本訴請求が棄却された場合には、反訴請求に対する受訴裁判所の判断はされないこととなるになる）。一方、乙は、甲とともに盗まれた動産で、自称PからC、CからBへと転売されており、発生原因が事実上共通していることから、反訴の要件を充足しているといえそうである（民訴146条1項）。以下では、まず本訴請求（所有権に基づく返還請求権としての甲の引渡請求権と190条に基づく使用利益返還請求権ないしは不当利得返還請求権）について検討した上で、甲・乙の購入代金の代価弁償を求める予備的反訴請求についても検討する。

　なお、【例題】では、甲・乙は盗品であり、193条には、盗難の日から2年間、被害者は占有者に対してその物の回復を請求できるという規定がある。後述するように、193条に基づく回復請求権が、所有権に基づく返還請求権としての動産引渡請求権とは別個の権利を認めた規定なのかどうかについては争いがある。そこで、所有権に基づく動産引渡請求権を巡る攻防を検討する中で、193条の趣旨について、どのような見解の対立があるのか、なぜ、対立しているのかを考えてみることにする（☞❸3.）。

 rofessional View I-8

「印鑑」について（川上）

　ペーパーレス、RPA（Robotic Process Automation）、DX（Digital Transformation）などが進み、書類に「はんこ」を押す機会が少なくなったといえ、日常生活で重要な契約の際には契約書に押印を求められ、また、「裁判所に提出すべき書面には……記名押印するものとする。」（民訴規則2条1項本文）と定められており、日本では現在でも「はんこ」は大きな地位を占めている。押印が求められる趣旨としては、大きくは①文書作成者の真正性担保（作成者が本人であることの確認）のため、②文書作成の真意（本人意思による作成の確認）の確認、③文書内容の真正性担保（書証としての証拠価値）にある。「はんこ」という用語は、法令上では使われておらず、印・印顆・印形・印章・印影・印鑑などの用語が使われている。日常生活では、その使い分けはあまり意識されない。

　「はんこ」は、印顆（印形）と印影から成り立ち、「印顆（印形）」は、印材を成形し文字を刻んで製作した押印に用いる道具そのものを、「印影」は印顆を押して表された影蹟（けいせき）を指すとされる。

　「印章」は、通常、「印顆」のことであるが、法令上は、「印顆」を表す場合と、「印顆及び印影」の双方を表す場合があるので注意する必要がある。例えば、刑法第19章は「『印章』偽造の罪」を定めるが、「『印章』には、印章の影蹟のみならず印顆そのものも含まれる」（大判明治43・11・21刑録16巻2093頁）と解されている。すなわち、客体として印顆と印影の双方を含んでいる。他方、秘密証書遺言の作成方式である「遺言者が、その証書を封じ、証書に用いた印章をもってこれに封印すること」（970条1項2号）の印章は印顆のことである。

　「印影」は、簡単にいえば、はんこを押したときに紙に写される朱肉の跡のことである。この「印影」という用語は、例えば、「文書の成立の真否は、筆跡又は印影の対照によっても、証明することができる。」（民訴229条1項）というように使用されている。

　「印鑑」は、日常用語では「印顆」と同じと受け取られることもあるが、法令上は、「印影」と同じ意味で使われている。歴史的には、印影が本物であるかの照合に使っていた印章の印影が登録されたデータベース（台帳）が「印鑑」であり、印鑑と印影とを照合して真偽を判断していたものが、徐々に真正な印影のことも印鑑を呼ぶようになったと説明されている。法令では、例えば「次に掲げる者でその印鑑を登録した者は、手数料を納付して、その印鑑の証明書の交付を請求することができる」（商業登記12条1項本文）、「印鑑の提出は、当該印鑑を明らかにした書面をもってしなければならない」（商業登記規則9条1項本文）のように使われている。郵便物を受け取る際に、「印鑑を下さい。」と言われることがあるが、印章を渡す者はいないであろう。印章を用いて印影を作出することが求められているわけであり、自然に「印鑑」の用語の正しい使い方をしているわけである。

　また、「印」については、契約書作成の際に、「割印」、「契印」、「消印」、「捨印」などの用語も使われる。それぞれどのような印なのか、その目的は何になるのかも調べてみて欲しい。

*P*rofessional View I-9
「印鑑登録証明書」について（川上）

　【例題】で出てきた「印鑑登録証明書」とはどのようなもので、どのような意味を

有するのであろうか。上で述べた「印鑑」の意味（元来は印章の印影が登録された
データベースの意で、現在は印影の意味で使用される）が理解できれば、どのよう
なものかはおおよそ想像できると思う。

　印鑑登録証明書の一般的な様式は、以下のとおりである。

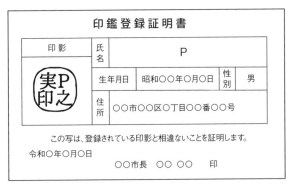

　印鑑登録は、詳細は各市町村で異なるものの、住民登録をしている市町村で、登
録しようとする印章、本人であることの確認書類を持参することで登録の手続きを
行うことができる。印鑑登録できる印章は、一人につき1個であり、同一世帯で既
に登録されている印鑑でないこと、氏名を表しており氏名以外の事項を表していな
いこと、ゴム印・スタンプ印などの変形する印材でないことなどの要件がある。こ
の要件を満たしさえすれば、いわゆる三文判でも印鑑登録をすることができる。こ
のようにして、市町村に登録した印鑑、またはその印章のことを一般的に「実印」
と呼んでいる。

　印鑑登録の手続が完了すると、次のような「印鑑登録証（印鑑登録カード）」が交
付される。

　「印鑑登録証明書」と「印鑑登録書（印鑑登録カード）」は別のものなので、依頼
者に説明するときには間違えないように注意を要する。市町村役所で、申請書に添
えて、この「印鑑登録証（印鑑登録カード）」、またはマイナンバーカードおよび本

人確認書類を提示し、手数料を支払えば、「印鑑登録証明書」の発行を受けることができる。さらに、マイナンバーカードを所持していれば、全国のコンビニエンスストア等のマルチコピー機（キオスク端末）でも発行を受けることができる。

　印鑑登録証明書は、表示されている印影が予め届け出てある印鑑であることを市町村が証明するものであるが、印鑑登録制度で登録できる印影は一人につき１個であること、登録の際に本人確認がなされること、印鑑は市町村が管理するものであることから、印鑑登録証明書の印鑑と同じ印影は、印鑑登録証明書に表示されている者が使用しているものに間違いない、すなわち印影と本人の同一性を証明するものとしても機能している。その機能の重要性から、登録された印章（実印）は本人が厳格に管理保管していて、本人だけが使用するのが当たり前であると考えるのが常識となっている。それゆえに、実印が押印されていることは、経験則上、本人の意思により押印されているとの推認が成り立つわけである。不動産登記においては、不動産登記令（平成16年政令第279号）や登記先例により、申請の際に、印鑑登録証明書が添付書類として求められている。公証人役場で公正証書を作成する場合にも印鑑登録証明書の提出と実印での押印が求められる。また、不動産売買契約書、銀行ローン契約書など重要な財産の処分に関する契約、遺産分割協議書、生命保険契約申込書など本人意思の確認が重要な契約で、慣行として実印による押印と印鑑登録証明書の添付が求められるのは、このようなことからである。他方で、すべての契約に実印の押印が求められているわけではないことにも注意を要する。　■

❸　所有権に基づく動産引渡請求権を巡る攻防

1.｜どのような事実を主張したらよいのか

　所有権に基づく動産引渡請求権の発生を基礎づけるためには、Aは、甲を現在所有していること、Bが、甲を現在占有していること、以上の請求原因に該当する事実を主張することが必要となる。盗難のケースの場合、被告は、原告が所有者であることを争うだけでなく、被害者が、盗難にあった事実や盗難時点で盗品の所有者であった事実についても不知と主張することが多いものと思われる。しかし、【例題】では、甲・乙の返還を巡って、Bは、甲・乙の盗難前に、Aが甲・乙の所有者であったことを認めており、権利自白が成立しているといえそうである。

したがって、Aは、請求原因事実として、盗難当時、Aが甲の所有権者であったこと、および、Bが現在甲を占有していることを主張するだけで、所有権に基づく返還請求権としての甲の引渡請求権が発生しているといえることになる。

2. Aが所有者であるとする主張に対するBの反論① ──即時取得による所有権喪失の抗弁

(a) 192条の第三者の範囲と即時取得に基づく反論の意味

これに対して、Bは、192条に基づいて甲の所有権を即時取得によって原始取得したと反論することになる。Bの上記主張が認められると、一物一権主義によりAは甲の所有権を喪失することになるので、即時取得の主張は、所有権喪失の抗弁として有効な反論となる。

ただし、本件では、自称P⇒C⇒Bと甲・乙が転売されており、192条に基づいて即時取得した者をCと考えるのか、Bと考えるのかについては選択の余地がある。

192条は、今日では、無権利者である前主の占有を信頼して取引をした者を保護するための制度として位置付けられており、原権利者が当該動産の占有を離脱させた点に、原権利者が権利を喪失してもやむを得ない理由があるものと解されている。制度趣旨をこのように理解すれば、192条の第三者の範囲を処分権限がない者と取引をした直接の第三者に限定する必要はないことになる。したがって、BはCが甲・乙を占有していた点を信頼して取引をしたことから、Bが甲の所有権を即時取得した結果、Aは所有権を喪失したとする主張を展開することができるだけでなく、自称Pが甲・乙を占有していた点をCが信頼して取引をしたことから、前主Cが即時取得した結果、Aは所有権を喪失したと主張することもできる。

もっとも、192条は占有取得者の善意・無過失を要件としており、この点の立証のしやすさを勘案すると、実務的には、被告であるB自身が所有権を即時取得したと主張することが多いと思われる。Cの〔善意・〕無過失を立証するよりは、B自身の〔善意・〕無過失を立証するための資料のほうが一般的には

入手しやすいからである。そこで、以下では、B自身が即時取得したと主張していることを前提に議論を展開することにしよう。

　なお、Cが即時取得したと主張する場合には、Bは即時取得したCからの転得者になるが、Cによる即時取得以外に、B・C間で売買契約が締結されていることを主張する必要はない。Cが即時取得を原因として所有権を取得していれば、Aの所有権はその時点で喪失したことになり、AからBに対する請求はそれだけで理由がないことになるからである。

(b)　192条を巡る主張・立証責任の分配

　192条は、①動産を占有する者が取引行為によって当該動産を取得したこと、②占有を始めた者が平穏に、かつ、公然と占有を開始したこと、③占有を始めた者が占有開始時に善意（前主を権利者であると信じたこと）・無過失（前主を権利者であると信じたことに落ち度がなかったこと）であったこと、以上の要件を充足する場合に、即時に、その動産について行使する権利を取得すると定めている。

Deep Learning Ⅰ-11
192条に基づいて原始取得できる権利（千葉）

　192条は取引行為によって占有を始めた者に限定して、動産に行使する権利を取得できると規定しているが、192条に基づいて原始取得できる権利は、所有権と質権に限られる。もっとも、不動産賃貸・旅館宿泊・運輸の動産先取特権については、法定担保物権であるが、192条から195条までの規定が準用され、即時取得制度の趣旨が拡張されている（319条）。この他、動産に行使する権利としては、賃借権と留置権が考えられる。他人の動産が賃貸され、その物の所有者から賃借人が賃貸動産の引渡しを求められた場合に、賃借人は賃借権を192条に基づいて原始取得したとはいえない。動産の賃借権には対抗力がないこととの整合性から、上記のように解されている。一方、留置権の場合には、他人の物の占有者であっても、占有者がその物に関して生じた債権があれば、物の所有者との関係でも留置権を行使できるので、即時取得制度を適用する必要はない（295条）。

　192条は原始取得による権利取得原因の1つであり、即時取得が認められると、原権利者の権利が喪失することになるから、本来、192条の要件については、この効果を主張する者に主張・立証責任があることになるはずである。

　しかし、民法は占有について186条・188条に推定規定を置いている。この規定に基づいて、占有を始めた者が平穏に、かつ、公然と占有を開始したこと、また、占有を始めた者が善意・無過失であったこと、以上の要件についての主張・立証責任は転換され、即時取得によって権利を取得したことを争う者が占有者の悪意・有過失など反対事実について主張・立証責任を負うものと解されている（最判昭和41・6・9民集20巻5号1011頁）。

　ところで、推定とは、ある前提事実があれば他の事実が認定されることである（擬制とは異なり、反対事実を証明して推定を覆すことができる）。推定が法規の適用として行われる場合を法律上の推定という（裁判官の自由心証の枠内で行われる場合を事実上の推定といって区別する）。法律上の推定には、①事実を推定する事実推定、②権利ないし法律関係を推定する権利推定がある。

　186条2項は、前後の両時点（ポイント）における占有を証明すればその間占有が継続していた事実が推定されるから、法律上の事実推定規定であると解されている（判例・通説）。

　これに対して、188条は、本権（占有を正当化できる権利）の訴えにおいて本来の権利者に本権証明の負担を軽減し、本権行使に対する妨害を取り除くための規定である。占有を要件として所有権・地上権・質権・賃借権など占有することを正当化する権利があることを推定していることから、188条は法律上の権利推定規定であると解されている（判例・通説）。

　一方、186条1項は所有の意思をもって、平穏かつ公然に善意であることについて何ら前提事実を証明することなく、占有の事実さえ主張・立証すれば、当該占有が平穏かつ公然に善意であることが推定されることから、暫定真実を定めた規定であると解されている。したがって、上記規定により、192条は「取引行為によって、動産の占有を始めた者は、その動産について行使する権利を取得する。ただし、所有の意思なく占有を始めたとき又は悪意、暴行若しくは強迫若しくは隠匿によって占有を始めたときは、この限りではない。」と定めたのに等しいことになる。

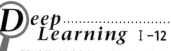
Deep Learning I-12
即時取得制度の主張・立証責任の分配と186条・188条（千葉）

　判例は、192条における占有者の善意は一般には186条1項により、占有者の無過失は188条によって推定するという考え方を採用していると説明されることが多い。最判昭和41・6・9民集20巻5号1011頁は、占有者の無過失についての主張・立証責任に関して、188条によって占有者は占有物上に行使する権利を適法に有するものと推定されることから、占有者からの取得者には過失がないものと推定され、取得者は自己に過失がないことを立証する必要がないと解している。動産の占有は一般に所有権に基づいており、動産を占有している前主を所有者と信じてもよいという点に188条を適用する根拠があり、無過失について立証責任を転換していることになる。

　即時取得制度を公信の原則に基づく制度として位置づけるのであれば、192条では、188条に基づく前主の占有が有する本権推定力を基礎に、取得者の善意・無過失が推定されると解すればよく、善意は186条の規定により、無過失は188条の規定により推定されると分けて考える必要はないように思われる。

　また、本来、186条1項は、占有者（本件では即時取得を主張する占有者）が「自分が本権者であると信じて占有をなすものであること」を推定するものであって、物権取得の際に「前主が無権利者であることを取得者が知らなかったこと」を推定しているわけではない。●

　上記のように、即時取得制度の主張・立証責任を考えると、【例題】では、即時取得を主張するBが、C・B間で甲を目的物とする売買契約が成立し（動産についての取引行為）、この契約に基づいて甲の引渡しを受けて占有を始めたこと（取引行為に基づく引渡し）を主張・立証すればよいことになる。

　なお、実体法上は、192条の要件として、前主が無権利者であること（処分権限はなかったこと）が必要であると説明されている。対抗要件が具備された時期の前後によって権利者のうちいずれの者の権利が優先するかを問題とする178条との違いを理解するためには、前主が無権利者であることという要件は、実体法上、192条の制度趣旨を理解するために極めて重要な要件であることになる。しかし、訴訟手続においては、請求原因事実が認められると、Aに所有権があるという主張が覆らないかぎり、A以外の者は権利者ではないことにな

る。したがって、前主が無権利者であること（処分権限はなかったこと）という要件に該当する事実をBが改めて主張・立証する必要はないことになる。192条が定める即時取得の発生要件と原告が「即時取得の効果の発生を主張するために、主張・立証責任を負っている構成要件要素との間には違いがあることになる（☞**第1章 Deep Learning Ⅰ-1**）。

(c) Bが即時取得したとする主張に対するAの再反論
——占有取得者の過失

192条の制度趣旨は、無権利者である前主の占有を信頼して取引をした者を保護するための制度として理解されていることから、192条にいう「善意」とは、「前主が無権利者であることを知らなかった」（消極的不知）というだけでは足りず、「前主を権利者であると信じた」こと（積極的信頼）であると解されている。

【例題】では、Bは、Aからの問合せがあるまで甲・乙について盗難の事実を知らなかったことから、B・C間で売買契約が締結された当時、BはCを所有者であると信じていたとして、善意の推定は覆らないのが通常であろう。したがって、Bからの即時取得の抗弁に対して、Aは、Bが前主Cを権利者であると信じた点に過失があったことを主張・立証して再反論を行うしかないことになる。

無過失の立証責任は即時取得を争う側に転換されているから、BがCを権利者であると信頼した点に過失があると評価できる事実（評価根拠事実）をAが主張・立証し、Bがこれを妨げる事実（評価障害事実）を主張立証することになる。これらの事実を総合的に検討して、前主Cの処分権限につきBに疑念が生じなければならなかったかどうか、前主Cに処分権限があるとの認識をえるために相当と認められる措置（調査義務）をBが講じたかどうかを判断することになる。

【例題】では、Cが自称Pから甲・乙を購入した経緯についても記述されているが、過失の有無の判断時期は、即時取得する占有者が占有を取得した時点であり、この時点の事情だけが判断材料になる。Bが即時取得したとする構成をとると、BがCから甲を購入しその引渡しを受けた時点において、B・C間

の従来の取引状況と甲・乙の購入状況を比較して、Cが甲・乙の所有者であることを疑うべき事情がなかったかどうか、Bが、Cから情報提供されたC・自称P間の売買契約書及びCが発行した領収書を確認した事実から、BがCを所有者であると認識しうる程度の調査義務を尽くしたといえるかどうかを検討することになる。

3. Aによる193条に基づく回復請求とこれに対するBの反論

(a) 再抗弁（攻撃方法）か新たな訴訟物の定立（訴えの追加的変更）か

Bが192条に基づき甲の所有権を即時取得していたとしても、甲が盗品である事実をAが主張・立証できれば、Aは193条に基づいて甲の返還を請求することができる。動産の占有を失った原因が、原権利者Aの意思によるものではないことが、このような例外を認める理由となっている。

ただし、193条が被害者ないし遺失主に認める回復請求の意味をどのように考えるかについては見解の対立がある。詳しくは後述するが、大判大正10・7・8民録27輯1373頁は、193条に基づき原権利者が回復請求することができる場合、2年間については占有者には権利は帰属しないと解してきた（原権利者帰属説）。192条により占有者に本権が帰属すると解すると、193条は、本権をもはや有しない被害者・遺失主が回復請求権を行使できることになり、回復請求権の根拠を説明できないことを理由としている。上記判決が採用する原権利者帰属説によれば、193条は、取引された動産が盗品および遺失物の場合に、192条に基づいて占有を始めた者が、動産に関する権利を原始取得したとする効果の発生を例外的に妨げる規定であると解されることになる。つまり、盗難・遺失によって原権利者の意思に基づかずに物の占有が離脱した場合には、そもそも即時取得の効果の発生を認めるべきではないと解していることになる。

原権利者帰属説によれば、【例題】の場合、占有者に過失があるという主張も、甲が盗品であるとする主張も、Aの所有権に基づく返還請求権を復活させる主張という点では、同じ働きをすることになる（再抗弁）。裁判官としては、盗品であったという再抗弁に理由ありとしてAの所有権に基づく返還請求を認容することも、Bに過失がありという再抗弁に理由ありとして、盗品であった

かどうかについて判断を示すことなく、請求認容判決をすることもできる（逆に、所有権に基づく返還請求を棄却するときは、両主張を排斥しなければならない）。

　これに対して、通説（占有者帰属説）によれば、192条に基づいて前主の占有を信頼して取引関係に入った善意・無過失の第三者は本来保護に値することになるが、193条は原権利者の意思に基づかない占有の離脱があった場合に、2年間は例外的に所有権その他の本権を復活させることとする法定の請求権として回復請求権を定め、被害者・遺失主を保護しているものと解している（我妻栄〔有泉亨補訂〕『新訂 物権法』〔岩波書店、1983年〕230-231頁など）。したがって、【例題】の場合、Aは、所有権に基づく返還請求権があることを根拠に所有権に基づく動産引渡請求権があると主張することができるだけでなく、盗難にあった被害者として、193条に基づく回復請求権があると主張することもできることになる。2つの請求権の双方を主張するか、いずれか一方のみを主張するかは処分権主義の問題となる。例えば、2つの請求権の双方を訴訟物とし、かつ、本訴原告が各請求について順位付けして判決を求めているとされる場合において、裁判所が請求を排斥しようとするときは、裁判所は、いずれについても判決主文で結論を示すことが必要となる。

　原権利者帰属説と占有者帰属説とは、回復請求権が行使できる2年の間、当該物件の所有権が原権利者に帰属すると解するのか、それとも占有者に帰属すると解するのかという点で理論的に対立しているだけでなく、後述する最判平成12・6・27民集54巻5号1737頁が登場するまでは、盗難・遺失後、回復請求が可能な2年間の盗品・遺失物の使用利益・果実が誰に帰属しているのかを巡っても対立することになり、実務的にはこの点が重要となる（☞❹）。

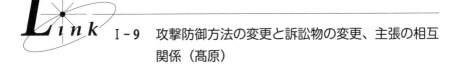 I-9　攻撃防御方法の変更と訴訟物の変更、主張の相互
　　　　　　関係（髙原）

　193条は、「前条の場合において、占有物が盗品又は遺失物であるときは、被害者又は遺失者は、盗難又は遺失の時から2年間、占有者に対してその物の回復を請求することができる」と規定する。

　「回復」や「請求することができる」の文言は、占有者帰属説の理解と親和的である。旧訴訟物理論を前提にして、占有者帰属説に立つ場合、193条に基づく主張は、「Bは、Aに対し、甲を引き渡せ。」という裁判を求めるに当たり、所有権に基づく返還請求権に加えて、193条に基づく回復請求権を訴訟物として追加することになるから、訴えの変更（民訴143条）の手続による必要がある。193条は被害者又は遺失者が盗品又は遺失物の所有権を有していないことを前提とする権利根拠規定と位置づけられるから、所有権に基づく返還請求権とは論理的に両立しない。両訴訟物が別々の手続で審理判断されると、Aとしては、一方で甲が盗品とは認められないなどとして敗訴し、他方で即時取得により甲の所有権を喪失したとして敗訴するリスクがある（占有者帰属説による限り、甲が盗品とされても即時取得による所有権喪失の効果を否定できないことに注意）。この場合、弁論の併合（民訴152条1項）が要求され、弁論を分離することは許されないと解される。

　占有者帰属説による場合の攻撃防御の構造をいわゆる大ブロックの形で示すと、次のようになる（Stgは訴訟物、Kgは請求原因、Eは抗弁、Rは再抗弁、Dは再々抗弁を指すドイツ語起源の略語である。）。

【Stg1：所有権に基づく甲の返還請求権】
　　　　Kg　←E（所有権喪失－即時取得）　※193条は再抗弁とはならない
【Stg2：193条に基づく甲の回復請求権】
　　　　Kg　←E（194条）　←R（代価弁償）

　これに対し、原権利者帰属説による場合、本文解説のとおり、同条は、即時取得の効果発生を障害する規定と位置づけられることとなる。訴訟物は変動せず、所有権喪失（即時取得）に対する再抗弁（攻撃方法）として193条該当事実を主張することになる。

　原権利者帰属説による場合の攻撃防御の構造を前同様に大ブロックの形で示すと、次のようになる。

【Stg：所有権に基づく甲の返還請求権】
　　　　Kg　←E（所有権喪失－即時取得）　←R（193条）　←D（194条）　……

◆

Deep Learning Ⅰ-13

盗品・遺失物の所有者以外の者が被害者・遺失主である場合と193条（千葉）

　占有者帰属説は、受寄者や賃借人が盗難の被害者・遺失主になった場合にも、193条に基づいて回復請求権があると解している。盗品や遺失物の所有者ではないとしても、受寄者や賃借人にも契約に基づいて占有権限があり、本権（占有を法律上正当化する権利）を復活させ占有を回復する権利が193条の回復請求権の内容であると解している。このように解すると、盗品・遺失物の所有者が所有権に基づいて返還請求訴訟を提起する場合に、受寄者や賃借人の193条に基づく回復請求権は所有権に基づく返還請求権と訴訟物を異にするものであり、どのように両者を調整するのかが問題となる。また、理論的には、動産の賃借権など本権自体が第三者に対抗できない権利であるのに、193条の回復請求権については第三者に対しても行使できることになり、この点についても占有者帰属説は原権利者帰属説から批判されている。●

(b)　193条に基づく回復請求権があるとする主張に対するBの反論②──除斥期間

　ところで、193条は「被害者又は遺失者は、盗難又は遺失の時から2年間、占有者に対してその物の回復を請求することができる」と規定しており、時効期間をうかがわせる文言はない。実質的にも、上記期間制限は、早期に法律関係を安定化されることを目的としている。このようなことから、193条は消滅時効ではなく除斥期間を定めたものであると解されている（判例・通説）。

　除斥期間は、消滅時効とは異なり、法律で定められた期間の経過によって、当然に権利が消滅する制度である。消滅時効とは異なり、完成猶予・更新がない。また、援用の意思表示を要しない。学説上の批判はあるが、権利行使の可能性や権利者の意思には関係なく、権利が絶対的、画一的に消滅することになる。193条の除斥期間の起算点は、盗難時・遺失時であり、その時点から2年が経過すれば、193条に基づく回復請求権は消滅することになる。

　【例題】では、盗難の時期は、2020年12月1日であると主張されているから、Aは、2022年12月1日の経過をもって、掛け軸の返還を請求できなくなる。【例題】では、訴えが提起されたのは2022年12月6日であるが、遅くとも2022

年11月15日にAがBに文書をもって甲・乙の返還を求めていることから、除斥期間内に権利行使があったものと解される。なお、2年という期間は出訴期間ではない。このように解すると、193条によって原権利者が保護される場合が、あまりに狭くなるからである。したがって、【例題】では、Bが、除斥期間を根拠に、193条に基づく回復請求権を行使できないと反論することはできないものと解される。

Deep Learning Ⅰ-14
古物営業法の特則（千葉）

　本件の係争物件は、古物営業法上の古物にあたる可能性がある。古物商が、盗品または遺失物を公の市場において、または、同種のものを取り扱う営業者から善意で譲り受けた場合に、被害者または遺失主は、古物商に対し、これを盗難または遺失の時から1年間は無償で回復することができると規定しているから、193条の特則となり、また、その期間は194条の適用が排除されている。しかし、【例題】ではすでに盗難から1年間を経過しているので、古物営業法20条本文の適用はない。　●

(c) 193条に基づく回復請求権の主張に対するBの反論③
——代価提供の抗弁（194条）

　甲について即時取得の抗弁が認められない場合に備えて、Bは、194条に基づいて、代価500万円の提供があるまでは、甲の返還を拒絶するという主張をすることになる。193条は、無償での盗品・遺失物の回復を認めているから、194条は、競売・公の市場等で善意で買い受けた場合に限定して占有者を特に保護していることになる。

　【例題】では、B・Cは共に美術品の買取・販売（商501条1号）を業として営んでおり、Bは、Cから長年にわたり、明治時代以降の日本画を取引していたこと、また、Bは盗品とは知らず、Cを所有者であると信じて甲・乙を買い取っていたという事実が主張されている。したがって、Bは、その物と同種の物を販売する商人から買い受けた善意の占有者に当たることから、Aからの193条に基づく盗品等の回復を求める請求が認容されるべき場合に、Bにおい

て194条に基づいて代価の提供があるまで甲の引渡しについて履行拒絶権を行使すると、同請求を全部認容する判決をすることはできず、引換給付を内容とする一部認容判決になる。例えば、「B は、A から500万円の支払いを受けるのと引換えに、A に対し、甲を引き渡せ」。この場合、A の無条件給付請求がすべて認容されたわけではないから、判決主文に「A のその余の請求を棄却する」と一部棄却である旨が表示されることとなる。

❹　使用利益の返還請求権を巡る攻防

1.｜189条・190条の趣旨

　所有権に基づいて返還請求権が行使された場合に、民法は占有者を保護しており、189条 1 項は、善意占有者について果実取収権を認め、この規定に準じて、学説は、善意占有者には果実だけでなく使用利益も帰属するものと解している。

　類型論を前提にする近時の不当利得法の学説によれば、189条 1 項は「侵害利得」に基づく不当利得返還請求権についての特則ということになる。【例題】にそって189条 1 項の趣旨を説明すれば、B は甲を盗品の所有者である A に返還しなければならないとしても、B は善意占有者であり、C を所有者と信じて甲を有償で取得していることから、この B の信頼を、使用収益・収受した果実の返還義務を免れさせるという限度で保護したものであると解している（千葉惠美子＝藤原正則＝七戸克彦『民法 2 物権〔第 3 版〕（有斐閣アルマ）』〔有斐閣、2018年〕186頁 [藤原]）。

　ただし、善意占有者が本権の訴え（所有権に基づく請求）において敗訴した場合には、訴えの提起の時から悪意占有者とみなされることになり（189条 2 項）、果実・使用利益についても返還義務を負うことになる（190条 1 項）。

2.｜盗品の所有権帰属と使用利益の返還義務との関係

　原権利者帰属説に立つと、盗難等から 2 年間は元物の所有者が原権利者であ

るということになり、その間の果実・使用利益は原則として原権利者に帰属することになる。【例題】では、Aが、2022年3月22日に、Bを訪問して盗難届や甲・乙が記載されているAの所蔵品リストなどを示して、善処してほしいと申し入れた時点で、Bは悪意占有者となったことになり、それ以降の使用収益については、190条に基づいて返還義務があると解されることになる。

　これに対して、占有者帰属説に立つと、回復請求権が行使されるまでは占有者に所有権が帰属することになるから、193条に基づいて回復請求権が行使されて初めて、占有者は190条に基づいて原権利者から使用利益の返還を求められることになる。【例題】では、乙が盗品であることをAがBに告げて甲・乙の返還を求めたのは、2022年11月15日であり、この時点以降初めてBは悪意占有者として使用利益の返還義務があるものと解されることになる。このように、占有者帰属説は原権利者帰属説に比べて無権利者である前主の占有を信頼して取引をした者をより保護していることになる。

　しかし、最判平成12・6・27民集54巻5号1737頁は、盗難・遺失時から2年間、盗品・遺失物の所有権が誰に帰属することになるのかを明確にしないまま、194条は、競売・公の市場等で盗品等を善意で買い受けた占有者と盗品等を回収する被害者等との間の利害の調整を図った規定であるとして、原権利者に物件が返還されるまでの間、占有者は、代価の提供があるまでは盗品等につき使用収益をする権限を有するものとして、占有者は使用利益の返還を要しないと解した。

　上記判決は、①原権利者が回復請求をあきらめた場合に、占有者は所有者として占有取得後の使用利益を享受しえるのに、原権利者が代価弁償を選択して回復請求した場合には代価弁償以前の使用利益を喪失するというのでは、占有者の地位が不安定になること、575条を参考にして、②弁償される代価には利息が含まれないと解されることとの均衡上、占有者の使用収益を認めることが両者の公平に適うという点を理由としている。

　上記判決は、占有者帰属説よりも、さらに占有者を保護していることになるが、学説の中には、上記判決は代価弁償があるまで盗品など占有を継続できる地位があることを認めたにすぎず、これを全うさせるために、占有者は、代価の提供があるまでは、盗品などの使用収益をする「権限」を有するという表現

を使ったにすぎないと解する見解がある（潮見佳男＝道垣内弘人編『民法判例百選 I〔第 8 版〕』140頁〔笠井修〕。中田裕康＝潮見佳男＝道垣内弘人編　民法判例百選 I〔第 6 版〕137頁〔安永正昭〕）。しかし、代価の提供があるまで占有者による盗品などの占有の継続に違法性がないというだけであれば、占有者は不法行為責任を問われないとしても、使用利益の返還義務まで免除されることにはならないように思われる。

　むしろ、前掲最判平成12・6・27は、盗品を有償で取得した善意占有者が、たとえ189条 2 項により悪意占有者とみなされることになったとしても、競売・公の市場等で盗品等を善意で買い受けた占有者には、194条に基づいて占有権原を認め、この点を根拠に使用利益の取得には法律上の原因があるとして、原権利者からの不当利得返還請求権を排除したものと解すべきである。その意味では、194条は190条の特則であることになる（千葉惠美子「即時（善意）取得制度の構造」『民事法学への挑戦と新たな構築（鈴木禄弥先生追悼論集）』〔創文社、2008年〕230頁、渡邊力「即時取得：193条・194条」千葉惠美子＝潮見佳男＝片山直也編『Law Practice 民法 I　総則・物権編〔第 5 版〕』〔商事法務、2018年〕251頁、潮見佳男＝道垣内弘人編『民法判例百選〔第 9 版〕』〔栗田昌裕〕132頁）。193条に基づいて原権利者に無償での盗品等の返還を認める一方で、194条に基づいて競売・公の市場等で盗品等を善意で買い受けたが、その後悪意占有者となった場合にも使用利益の返還を不要とすることに上記判決の意義がある。上記判決は、189条 1 項によって善意占有者に限定して果実・使用収益の範囲で認めてきた占有者の保護を、さらに189条 2 項に基づいて悪意占有者とみなされる場合にも、194条に基づいて代価の提供があるまで拡張したことになる。

　もっとも、上記の判例に対しては、原権利者がすでに劣化した物の返還を受けて、占有者には取引時点の代価相当額を弁償しなければならない場合のように、占有者の使用収益の返還を認めないことが公平といえるのか、競売・公の市場等で盗品等を善意で買い受けた占有者を保護しすぎてはいないかという批判がある（好美清光「判批」民商法雑誌124巻 4・5 号〔2001年〕723頁）。

Professional View I-10

ネットオークション・フリーマーケットアプリを通じた中古品マーケットの発展 (川上)

　これまで前掲最判平成12・6・27を素材として、「競売若しくは公の市場において」（194条）で買い受けた場合の原権利者と占有者の関係について考えてきたが、この判決当時は、中古品の売買といえば、いわゆるバッタ屋、中古OA機器、厨房機器や個人の不要品（衣料品、電化製品、レコード・CD、パソコンなどの古物営業法が区分する13分類の物品）を扱うリサイクルショップが、市場としては中古車を扱う業者が参加する中古車オークションが思い浮かぶ主なところであった。このように、当時は、盗品を買い受ける、または買い受けてしまう占有者の多くは、業として中古品を扱うものであった。もちろん、蚤の市、ガレージセール、フリーマーケットなど個人売買の場がなかったわけではないが、それほどの規模ではなかった。

　ところが、その後のインターネットの急速な発達とデイバイスの普及に伴い、ネットオークションやフリーマーケットアプリが大きな発展を遂げ、CtoC（Consumer to Consumer）市場が無視できないマーケットを形成し、中古品市場が今も進化し続けている。そこでは、消費者が消費者に売り、消費者が事業者に売ることも当たり前のことになり、誰もが売主になり、誰もが買主になるという立場の流動性・互換性が顕著となっている。しかも、その取引の相手が誰であるか、商品の出所はどこかなどの取引の信用性を担保する手段が整備されているとは言い難いのが現状である。すなわち、誰もが盗取された中古品の原権利者になる可能性があり、誰もが盗取された中古品を買ってしまい占有者となる可能性があることになる。このようなデジタル・プラットフォームビジネスであるネットオークションやフリーマーケットアプリの健全な成長を支えることを考えた場合、前掲判例は重要な意義を有しているものといえる。

　シェアリングエコノミーとよばれるインターネットを利用したCtoCの市場は、日本で本格的な市場が形成されてから10年程度である。そこでは、プラットフォーム運営者の法的責任、田畑から野菜・果物・花卉、養殖場から魚介類を大量に盗取して、フリーマーケットアプリを利用して売りさばく者や販売数が限られている商品を小売店で買い占めてメーカー希望価格の数倍でフリーマーケットアプリで出品し、売れないと小売店にクレームをつけ返品を迫る転売屋と呼ばれる者の出現など、さまざまな問題が起きている。　■

❺　代価弁償請求権を巡る攻防

❸**3.** (c)で述べたように、甲については、Ｂは、194条に基づいて代価500万円の提供があるまでは、甲の返還を拒絶するという主張が可能であるが、乙については、ＢはＡに再度の返還を求めずに購入代金400万円の弁償を求めている。

　この点、前掲最判平成12・6・27は、盗品の占有者が、194条に基づいて盗品の引渡しを拒める場合に、被害者が代価を弁償して盗品を回復することを選択し、その物の引渡しを受けたときには、占有者は、物の返還後においても、194条に基づいて代価の弁償を請求できると判示している。したがって、上記判決は、通説同様、194条の効果として、占有者に代価弁償するまで盗品等の返還を拒絶できる権利を認めるだけでなく、盗品の引渡し時点で占有者に代価弁償請求権が発生することも認めていることになる。また、上記判決は、代価の弁償債務を期限の定めのない債務であると性質決定し、占有者が盗品を引き渡した時点から、被害者である原権利者は、代価の弁償債務について遅滞の責任を負うものと判示している。

　なお、【例題】では、Ｂは任意に返還しておらず、Ａが実力行使によって乙を取り戻しており、その点は、上記判決の事案と異なる。しかし、Ａは盗品であることを認識した上でＢから乙の占有を回復し、Ｂへの再度の返還を拒絶している以上、Ｂに代価弁償請求権を認めたからといって、Ａが盗品を回復するかどうかを選択する自由が阻害されているわけではない。他方で、194条が競売・公の市場等で盗品等を善意で買い受けた占有者である点を理由として占有者を保護している以上、占有者が任意に盗品を返還したのかどうかによって、194条の代価弁償請求権の発生の有無に影響を与えるわけではないものと解される。

●重要判例●
- 最判昭和41・6・9民集20巻5号1011頁（188条と192条の主張・立証責任の配分）

170

・大判大正10・7・8民録27輯1373頁（193条の趣旨）
・最判平成12・6・27民集54巻5号1737頁（194条の趣旨）

●演習問題●
【設問1】
　Aは、Bに対して、どのような請求をしたのかを説明しなさい。
【設問2】
　Aからの甲の返還請求に対して、Bはどのような反論をすることができるか。また、Aはこれに対してどのような再反論が可能か。
【設問3】
　Aは、甲の返還だけでなく、Bが甲・乙を購入後利用してきたとして、甲・乙の使用利益の返還を求めている。Aの請求は、どのような根拠に基づくのか。また、その請求には理由があるか。
【設問4】
　BはAに乙の返還を求めずに、Cから乙を購入した代金相当額を請求している。この代金相当額支払請求には理由があるか。
【設問5】
　Bは、甲・乙を購入後、鑑賞しやすいように、軸装であったものを額装に変え、その費用としてそれぞれ10万円を支出した。また、Bは、甲・乙の価値をさらに上げたいと考え、広告宣伝会社であるDにアドバイスをもらう費用として100万円を支払い、Dのアドバイスと紹介により画廊に展示している乙をテレビ番組で放映してもらうことができた。その結果、甲・乙の時価は、Aが土蔵で保管していたときに比べて、甲は100万円、乙は150万円上がっている。Aに甲・乙の返還請求権が認められる場合、Bは、Aに対して、Bが支払った上記費用の返還を求めることはできるか。

第7章
代理制度を巡る諸問題
［基礎編・発展編］
....

——有権代理・無権代理に関する制度の全体像

❶　出題の趣旨

　第 7 章から**第10章**まで代理に関連する制度を学習する。後述する【例題】では、契約にあたって交付した金銭の返還を巡って紛争が生じている。これまでの問題と異なるのは、契約の当事者自身が契約を締結したのではなく、代理人と称する人物によって契約が締結されている点である。

　代理人の行った行為の効果は代理人ではなく本人に直接帰属する（99条）。自分の行った行為の結果について責任を負うのが基本であるのに、他人の行った行為の効果が行為者ではない者に帰属することが正当化されるのは、法定代理の場合には、法律の定めがあるからである。任意代理の場合には、本人から代理人に代理権が授与されているからである。そこで、本章では、任意代理の場合に、どのような要件が充足すれば、他人の行った行為の効果が本人に帰属することにとなるのかを確認する。

　一方、本人から代理人に代理行為に先立って代理権が授与されていなかった場合には、原則として代理行為の効果は本人に帰属しない（113条 1 項）。また、代理人は本人のためであることを示して代理行為を行っているので、代理人にも代理行為の効果は帰属しないことになる。

　しかし、無権代理が行われた場合にも、民法は、代理行為の相手方（条文上は「第三者」と表現されることもあるが、相手方以外の者は想定されていない）を保護するために、催告権（119条）、取消権（115条）のほか、表見代理制度（109条・110条・112条）と無権代理人の責任を定めた規定（117条）を置いている。また、不法行為法や不当利得法を通じて代理行為の相手方が救済される余地が

ありそうである。そこで、本章の前半では、代理人に代理権が授与されていなかったケースを素材に代理制度の全体像を学ぶとともに、本章の後半では、無権代理人が本人の共同相続人の1人として本人を相続した場合の法律関係を検討し、代理制度との関係についても整理をしておくことにしよう。

本人Aに対する請求 ──代理行為の要件と効果

以下の【例題】は、出店予定地の所有者に自社仕様の建物を建設してもらい、当該土地を借りることにしたX会社が、事業計画の変更に伴う紛争の解決を弁護士に相談したものである。

【例題】

1. Xは、アウトレットモールの経営等を業とする株式会社であり、郊外のロードサイドへ店舗展開していた。泉佐野市にある甲土地はアウトレットモールを出店するにはとてもよい立地条件であったことから、Xは、甲土地の所有者であるAと交渉をすることにした。ところが、Aは神戸市内の病院に入院をしており、具体的な交渉はAと同居する長男Cを通じて行うことになった。

2. Xがアウトレットモールを新規に事業展開する際には、出店予定地の土地の所有者に保証金を支払ってX仕様の建物を建設してもらい、この建物をXが賃借することを内容とする賃貸借予約契約を締結するのが通例であった。Xは、Aとの間でも同様の方式によるものとし、2020年6月1日に、以下の内容を含む契約（以下、「本件契約」という）を締結した（☞本章末尾【関連資料】「建物賃貸借予約契約書」）。

　① 　Aが甲土地に、X仕様（別紙省略）の建物を建てて、Xにその建物を賃貸する。

　② 　2020年6月22日に、XはX仕様の建物建築資金として保証金の名目で3000万円をS銀行のA名義の預金口座に入金するものとする。

　③　Ｘ仕様の建物の引渡期日は、2020年10月31日とし、建物の引渡しを
　　　受けた時点で賃貸借本契約が成立し、賃貸借期間 5 年、月額100万円
　　　を前月の月末払いで賃料を支払うものとする。
　④　Ａは、Ｘに対して、2020年10月31日までに、Ｘ仕様の建物を引き渡
　　　さない場合には、違約金として600万円を支払うものとする。
　3 ．Ｃは、Ａがまだ神戸の病院に入院中であるので同席できないとして、
「甲土地の処分に関する一切の事項についてＣに委任する」という内容の
「Ａ」という記名・捺印がある委任状をＸに提示して、本件契約を締結し
た。本件契約書にも、「Ａ」という記名・捺印があり、上記契約書・委任
状の印影と印鑑登録証明書の印影は一致していた。
　4 ．Ｘは2020年 6 月22日に3000万円をＳ銀行のＡ名義の預金口座に送金
したが、2020年10月31日を過ぎても、建物の建設は全く着手されていない
状態だった。Ｘは今後の事業展開にも影響があることから、Ｃに連絡を取
るとともに、甲土地ではなく隣町の乙土地に出店する方向で事業計画を見
直すことにした。
　5 ．ＸからＡおよびＣ宛の内容証明郵便（2020年11月15日付）が、2020
年11月17日にＡ・Ｃの自宅に配達された。上記郵便には、①2021年 2 月末
までに、ＡはＸ仕様の建物を建築して引渡しをすること、②2021年 2 月末
までに上記の建物が引渡しを怠ったときは、本件契約を解除すること、③
その場合には、Ａに対して、保証金3000万円の返還と上記契約書の違約金
条項に基づいて600万円を請求することが記載されていた。
　6 ．甲土地の整地作業は終了していたが、2021年 2 月末までにＸ仕様の
建物は建築されず、2021年 4 月初めの時点（現時点）でも更地のままであ
る。

1. ＸはＡに対してどのような権利があると主張したら よいのか

　Ｘは、Ａに対して支払済みの保証金3000万円を取り戻し、違約金条項に基づ

174

いて600万円の支払いを求めて訴えを提起しようとする場合、Aに対してどのような請求権があると主張したらよいのだろうか。

【例題】によれば、Xは、A代理人と称するCとの間で締結した契約（「本件契約」）に基づき、自己の債務の履行として建物建築資金としての保証金3000万円をAに支払ったにもかかわらず、その所有する甲土地にX使用の建物を建設するというAの義務が履行されなかったことから、隣町の乙土地にアウトレットモールを出店する方向で事業計画を見直すこととした。Xとしては、Aとの間で締結した契約を白紙に戻してAに支払済みの保証金相当額3000万円の返還を求めることをまず考えるであろう。そのためには、後述のとおりAの債務不履行を原因として本件契約を解除し、原状回復請求権としての保証金返還請求権（545条1項本文）を訴訟物とすることになる。

さらに、Xは違約金特約条項に基づいて600万円の支払いも求めている。違約金特約条項は、違約罰として約定されることもあるが、420条3項によれば、違約金は損害賠償額の予定であると推定されるから、違約金600万円の請求の訴訟物は、債務不履行による損害賠償請求権（415条1項本文）であると解される（なお、2017年改正で420条の後段にあった損害賠償額の予定である場合に、裁判所はその額を増減できないとする規定が削除された）。解除によっても損害賠償請求権は妨げられない（545条4項）。

2. どのような事実があると主張したらよいのか

契約解除によって原状回復請求権が発生しているというためには、解除権が発生していること、また、解除権は形成権であるので、解除の意思表示（540条1項）が必要である。

2017（平成29）年民法改正によって、解除権の発生要件については、催告による解除（以下、「催告解除」という。541条）と催告によらない解除（以下、「無催告解除」という。542条）に分けて規定が置かれている。【例題】の事実5によれば、XはAの債務不履行を原因として本件契約について催告解除を行っていることから、どのような具体的事実を主張すれば解除したといえるのかを検討する。

(a)　催告解除

　541条本文に基づき債務不履行を原因として催告解除によって解除権が発生しているというためには、①契約その他の債務の発生原因があること、②契約その他の債務の発生原因及び取引上の社会通念に照らして債務の履行がないこと、③履行の催告をしたこと、④催告後相当期間を経過したことが要件となる。解除権の発生を主張する債権者が、上記の点について主張・立証責任を負担することになる（☞**第 4 章◆2.(b)**および**応用民法Ⅱ第13章◆2.3.**）。

　【例題】の場合、①については、2020年 6 月 1 日に、ＸとＡとの間で、Ｘが保証金3000万円を支払ってＸ仕様の建物を甲土地上にＡに建設し、この建物をＡがＸに賃借することを内容とする契約（本件契約）を締結したこと、②については、Ａは上記建物を建設してＸに2020年10月31日までに引き渡す債務を負っており、建物が建設されず、この債務の履行期が経過したことを主張することになる。

　債務不履行の状態にあっても、③④の要件を充足しないと解除権が発生しないのは、債務者に再度履行の機会を与えるために最後通牒として履行を催促するためであるから、「相当の期間」を定めることの要否や期間が相当かどうかは、この趣旨に沿って判断すべきことになる。【例題】の事実 5 によれば、2020年11月17日にＡの自宅に配達された内容証明郵便で、2021年 2 月末までに建物を建築して引渡しをするように催告し、2021年 2 月末日が経過したことを主張することになる。本来であれば、Ａは、本件契約が締結されてから 5 か月後の2020年10月末日までに建物を建設し引渡しをしなければならないところ、さらにＡに 4 か月の猶予期間を与えたことになることから、再度の履行の機会を与えるのに十分な期間といえそうである。

　本件契約は典型契約ではないが、ＸはＡに保証金3000万円を支払う債務を負い、これに対して、Ａは、Ｘ仕様の建物を建設してＸに引き渡し、当該建物につきＸとの間で賃貸借契約を締結する義務を負っている。保証金3000万円の実質はＸ仕様の建物建築資金の協力金であることからすれば、本件契約の成立の時点で両債務の間には対価的な牽連性があることになり、本件契約は双務契約であるものと解される。

　すでに**第 4 章**で述べたように（☞**第 4 章◆2.(b)**および**応用民法Ⅱ第13章◆2.3.**）、

176

双務契約が債務の発生原因である場合には、①〜④に加えて、⑤反対給付の履行（厳密にいえば履行の提供。492条）をしたことについても、解除権の発生を主張する側に主張・立証責任がある。双務契約の当事者には同時履行の抗弁権（533条本文）が認められているので、相手方が債務の履行を提供するまで、自己の債務の履行を拒むことができることができるからである。そこで、解除権の発生を主張するためには、相手方からの同時履行の抗弁権を予め封じておく必要がある。債務不履行の違法性阻却事由がないか、ないしは、消滅したことが、解除権発生の積極的要件となるものと解される。

　【例題】の事実2によれば、Xの保証金の支払いがAの債務に対して先履行となっている。したがって、Xは、Aに保証金3000万円を支払ったことを主張しないと、Aに履行拒絶権が認められることになり、解除権の発生を主張することができないことになる。

　一方、解除の意思表示については、【例題】の事実5によれば、XからA宛の内容証明郵便（2020年11月17日配達）において、2021年2月末までに上X仕様の建物を建設して引渡しが行われないときは、本件契約を解除すると意思表示をしていることから、停止条件（期限）付の意思表示がなされていることになる（このような方法の有効性については☞第4章◆2.(b)および第4章 Deep Learning Ⅰ-8）。【例題】では、2021年2月末が経過しても、X仕様の建物が建設されていないことから、2021年3月1日に解除の効果が発生したと主張できることになる。

Deep Learning Ⅰ-15
予約について（川上）

　イベントの予約、限定品の予約、航空券の予約、病院の予約等、日常生活で予約という言葉はよく使われる。これらは、予約といっても、当事者の合理的意思を考えると、契約（本契約）を締結する趣旨であると解される。

　一方、民法典には、売買の一方の予約（556条1項）という規定が存在し、有償契約に準用されている（559条）。そこでは、契約の一方当事者が予約完結権を行使した時点で本契約が成立し契約の効力が生じると定めている。このような制度が設け

られたのは、本契約を迅速に成立させるためである。契約の相手方が予約完結権を
行使しない場合に、予約完結の意思表示を求めて訴えを提起し、強制執行により、
本契約を成立させることは迂遠であるからである。また、一方に予約完結権が認め
られる場合だけ規定が置かれているのは、双方が予約完結権を有する場合には、双
方が本契約締結義務を負うことになるので、特に規定を置く必要がないと考えられ
たためにすぎない。

　【例題】 では、「建物賃貸借予約契約」が締結されているが、契約当事者の一方に
予約完結権（オプション）を付与しようとしたとは考えられない。

　契約実務の観点からみると、建物完成前の建築企画段階から将来の賃借人やテナ
ントの希望に合わせて建物の仕様を定める場合があるが、万が一建物完成後に建物
賃貸借契約締結に至らなかった場合には、その仕様が無駄になるだけでなく、特定
の賃借人を念頭に置いた仕様であったときは、改めて費用をかけて改修しないと第
三者に賃貸することすらできない可能性がある。建築主の立場からすれば、建物完
成前から建物賃貸借契約の締結を確約させることが望ましく、そのために、将来の
賃借人として建物を借りる義務を合意しておく必要がある。将来の建物賃借人から
しても、本件建物を確実に賃借できることを前提に出店計画を立案して事業計画を
立てることから、万が一建物建築主が翻意すると、その費用や事業計画が大きく狂
うリスクを背負うことになる。このようなリスクを回避するために、建築主の貸す
義務を契約で合意しておく必要がある。

　本件契約は、上記のような契約当事者のニーズに沿って締結されたものであり、
少なくとも、①Ｘには Ａに3000万円の建物建設保証金の支払義務が、Ａには Ｘ仕様
で建物を建設しこれを引き渡す義務があるとともに、②建設された建物について Ｘ・
Ａ双方が、Ｘ仕様で建設された建物を目的として賃貸借本契約を締結すべき義務を
負っていると解すべきである。本件契約のうち②の部分については、予約ではなく、
ＸがＸ仕様の建物の引渡しを受けることを停止条件として賃貸借契約（本契約）が
成立したと解する余地もある。

　いずれにせよ、「予約」の文言に拘泥し、また、予約であれば一方の予約であると
して、556条1項に基づいて契約当事者の法律関係を規律すべきではないことになる。
●

(b)　有権代理——代理行為の効果を本人に帰属させるための要件

　もっとも、**【例題】** では、ＣがＡの代理人としてＸとの間で本件契約を締結
している。したがって、ＸがＡに対して本件契約を解除したとして既払いの保

証金3000万円の返還等を求めるためには、C・X間で締結された本件契約の効力がAに直接に帰属したことを主張しなければならない。

　99条1項は、「代理人がその権限内において本人のためにすることを示してした意思表示は、本人に対して直接にその効力を生ずる。」と規定している。また、第2項において相手方（法文上は「第三者」）が代理人に対してした意思表示について準用している。したがって、①代理人と相手方との間で代理による法律行為（代理行為）が行われたこと、②代理人が本人のためにすることを示したこと（顕名）、③代理行為に先立って本人から代理人に代理権が授与されていたことが、代理行為の効果を本人に帰属させるための要件となる。

　【例題】では、①Cは、Xとの間で、2020年6月1日、本件契約を締結したこと、②その際、CがAのためにすることを示したこと（【例題】では商行為にあたるので、厳密には顕名を要しないが実務上は商行為であっても顕名するのが一般的である）、③本件契約の成立に先立ち、Aが甲土地の処分をCに委託し、Cがこれを承諾したことを主張することになる。

Deep Learning I-16
代理権授与行為と委任契約（千葉）

　【例題】の場合、本文③の要件（代理行為に先立つ代理権の授与）に該当する具体的な事実は、A・C間で委任契約が締結されたということに他ならないが（643条）、代理権の授与があったというためには、①本人と代理人との間で委任契約や雇用契約等の事務処理を委託する内容を含む契約が成立している（事務処理契約説）といえばよいのか、それとも、②これらの契約等とは別に代理権を授与するという行為が必要なのかについては争いがある。②の見解の中には、代理権授与行為を本人・代理人間の無名契約であるとする見解（無名契約説）や、代理権の授与に代理人の承諾を要しないとして本人による単独行為であるとする見解（単独行為説）がある。

　本人・代理人間には委任契約等と代理権授与行為の2つの法律行為が必要であるとして、両者を区別することは、確かに、代理人の行為能力に瑕疵がある場合であっても、代理権授与行為には直ちに影響を与えないことになり、取引の安全に資する。しかし、両者を区別することは困難な場合が多いこと、また、事務処理契約説においても表見代理（109条・112条類推）によって取引の安全を図ることができること

から、学説上は①の見解が有力である。

　2017年民法改正では、改正前105条が削除され、本人・代理人間の内部関係については、委任の箇所で規定されている（644条の 2 参照）。この点からも、①の見解が補強されたものと解される。この見解に従えば、委任契約など本人と代理人との間で対外的に何らかの事務処理を内容とする契約があることを主張・立証すれば、その限度で代理権の授与があったことを主張できることになる（103条も参照）。

　委任状は、AがCにどのような事務を委任したのか委任契約の内容を示すとともに、事務委託に伴ってどのような内容の代理権が付与されているのかを証明するための手段となる（委任状については☞**第 8 章 Professional View Ⅰ-11**）。また、【**例題**】では、Cは委任状をXに提示して本件契約を締結したというのであるから、委任状の提示には顕名があったことを示す事実としても意味があることになる。　●

Deep Learning Ⅰ-17
違約金請求権の発生を理由づける事実（千葉）

　違約金条項は本件契約の一条項を構成しているから、Xとしては、前述した本件契約成立の事実を主張・立証することになる。違約金条項は原則として賠償額の予定と解されるから（420条 3 項）、本件契約が締結されたという事実のほか、債務不履行に基づく損害賠償請求権の発生を基礎づける事実の主張が必要であることになるが、請求できる損害額が違約金の額となる。

　もっとも、Xが違約金の支払いを求めるためには、「違約」すなわち本件契約を構成する違約金条項違反があった事実を主張・立証する必要がある。本件契約には「Aは、Xに対して、2020年10月31日までに、X仕様の建物を引き渡さない場合には、違約金として600万円を支払うものとする」という違約金条項が含まれている。Xは、上記期限までにX仕様の建物をAがXに引き渡さなかったという点について主張責任を負い、上記期限までに建物を引き渡したという点について立証責任をAが負うと解するのか、それとも、主張責任と立証責任が一致していることを前提に、Xは、建物引渡期日である2020年10月31日の経過を主張すればよいのかについては、見解の対立がある（☞**第 4 章❷2. (b)**および**応用民法Ⅱ第13章❷2.3.**）。また、本件契約にはXにおいて保証金3000万円の先給付条項が含まれているから、Xとしては、上記期日の経過を主張するだけでは足りず、保証金3000万円をAに支払ったこと（＝違法性阻却事由が履行期までに消滅していたこと）を併せて主張・立証する必要がある。　●

❸ 無権代理と相続

　【例題】の事実1〜6に加えて、以下の事実が明らかになった。この場合、誰に対してどのような請求をするべきだろうか。

　7．XはAに対する訴訟を準備するために調査をしていたところ、Aが2020年8月1日に75歳で死亡していたことが明らかになった。この事実を知ったXは、再度、A宛の郵便と同様の内容を記載して2020年12月15日に、Aの推定相続人である妻Bと子C・D・E宛てに内容証明郵便を送付し、2020年12月17日には、B・C・D・E全員に到達した。

　8．Xは、Eから次のような内容が記載された文書を受領した。「現在、Aの相続財産については遺産分割の協議中で、甲土地に関するXとの間で締結された本件契約の契約書や委任状のAの氏名はAの筆跡ではなく、Cが記名しAの実印を勝手に押印したものではないかと思われる。Aは2019年12月から神戸市内の病院に入院していたが、2020年5月頃から容体が悪化して寝たきりの状態で、Aが契約書などにサインしたとは考えられない。そもそも、病状からいってこの種の契約について話ができる状態ではなかった」。また、Eによれば、Aは生前に後見開始の審判を受けたことはないという。

　9．そこで、Xは、Aの所有する甲土地についてCが勝手に本件契約を締結したのであれば、2021年1月31日までに、追認するかどうかについて確答を求めたところ、Cからは、「Aの死亡でご迷惑をかけたが、早急に契約の履行に向けて善処するので、しばらくご猶予ください」という内容の書面が郵送されてきた。しかし、B、Dからは何の連絡もなく、Eからは、Xとの契約を白紙に戻した上で、相続財産について、納得のいく利用方法や処分の方法を考えたいので、追認を拒絶する旨の内容証明郵便が送られてきた。

1. Xは亡Aの相続人らにどのような権利があると主張したらよいのか

　【例題】の事実7によれば、A・Bは夫婦で、同夫婦の間の子C・D・Eがいる。Aを本人、Cを代理人として本件契約が締結された後に、本人Aが死亡したことになる。Aの死亡によって相続が開始し（882条）、相続人は相続開始時点から被相続人の財産を承継し（896条本文）、相続人が数人あるときは、相続財産は、その「共有」に属し（898条、899条）、遺産分割の結果に基づいて、各共同相続人に被相続人の積極財産、消極財産が相続開始時に遡って承継されることとなる（909条本文）。Aの死亡後、相続を放棄したり限定承認をしたりした事実が窺われないことから、Bは配偶者（890条）、C・D・Eは子（887条1項）として被相続人Aの共同相続人として亡Aの権利義務を承継することになる。法定相続分はBが2分の1、C・D・Eが各6分の1（＝1/2×1/3）である（900条1号）。

　Xの主張に従えば、Aは生前、Cを代理人として本件契約を締結し、X・A間で本件契約が成立していることになり、Aは、Xに対して2020年10月31日までにX仕様の建物を建設して引き渡す義務（不可分債務。430条）を負っており、Aの相続開始により、共同相続人B・C・D・Eは上記義務その他本件契約上の地位を共同相続したことになる。

　【例題】の事実5によれば、Xは本件契約を解除して保証金3000万円の返還と違約金600万円の支払いを求めようとしている。そうすると、Aの死亡によって、B・C・D・E全員に対して契約解除の意思表示が必要になる（544条1項）。

　解除の効果について直接効果説に従えば、本件契約の成立時点に遡って契約が消滅することになり、この時点でAに保証金返還義務が発生し、B・C・D・Eは、Aの死亡時＝相続開始時に、各相続分に応じてXに対して保証金返還義務を承継したということになる。Xとしては、本件契約解除を原因とするAの保証金返還義務の一部として、妻Bに対して1500万円の支払いを求め、子C・D・Eに対して各自500万円の支払いを求めて給付訴訟を提起することに

なる。違約金についても同様に考えることとなろう（以下では、判例に従い直接効果説に基づいて記述するが、間接効果説に立つと、A死亡の時点でB・C・D・Eは本件契約上の地位を承継し、Aの相続開始後に、XがB・C・D・Eに対して行った解除の意思表示によって解除の効果が発生することになる。この解除の効果の発生時点でB・C・D・Eは原状回復義務を負うことになる。間接効果説に立つと、Aが原状回復義務を負うと解する余地はなく、Xは、相続を原因として本件契約上の地位を承継したB・C・D・Eに対して契約を解除し、各相続分に応じた保証金返還請求権があると解することになろうか）。

　【例題】の事実8によれば、本件契約はCがAから委任状を偽造してAの代理人と称して締結された可能性があり、Aの共同相続人B・D・EとCは利害を異にする可能性がある。そこで、以下では、C以外の共同相続人B・D・Eについてまずは検討することにしよう。

 **I-10　共同相続人を共同被告とする場合と強制執行（髙原）**

　本文で述べたように、保証金返還義務が共同相続人の相続分に応じて分割承継されると、共同相続人の全員を被告にしなければ、3000万円全額の回収はできないこととなる。特に、Aの相続財産（S銀行のA名義の預金口座にある預金、甲土地、自宅など）の名義がA名義のままになっている場合には、将来の金銭債務についての強制執行を保全するため、提訴に先立ち、上記預金の各準共有持分、甲土地や自宅等不動産の各共有持分に対する仮差押命令の申立てを検討しておくべきであろう。

　◆

2. 共同相続人B・D・Eに対する請求①──保証金返還請求権

(a) 有権代理構成

　XがB・D・Eに対して保証金の返還請求権があるというためには、XはAとの間の契約の解除によって原状回復請求権があると主張する必要である。Aに本件契約の効果が帰属していなければ上記の主張ができないから、Xは、

まずはCがAの代理人として本件契約を締結したとして有権代理を主張することになる。

　有権代理構成に基づく主張は、❷2.で検討したように、催告解除によって原状回復請求権が発生していること、および、Cによる代理行為の効果が本人Aに帰属していたことを基礎づける事実の主張をすることになるが、これに加えて、B・D・Eが、Aの原状回復義務を相続により承継取得した事実（☞Deep Learning Ⅰ-18）を主張しなければならないことになる。

Deep Learning Ⅰ-18
相続の主張・立証責任の分配（髙原）

　896条本文が定める「被相続人の財産に属した一切の権利義務を承継する」という効果を主張するためには、被相続人の死亡事実の主張を要することはいうまでもないが、898条1項との関係で、①相続人の全部を主張し、他に相続人がいないことまで主張・立証すべきという見解（のみ説）と、②主張者が相続人であることを主張・立証すれば足り、他に相続人がいることは相手方の抗弁と位置付ける見解（非のみ説）がある。①説に従えば、Aの原状回復義務を相続により承継取得した事実を主張するためには、Aが2020年8月5日に死亡したこと、Bは当時Aの配偶者であり、C・D・EはA・B夫婦間の子であり、他にAの相続人はいないことの主張・立証を要するということになる（戸籍・除籍謄本で容易に立証できることが多い）。これに対し、②説に従えば、A死亡時にBがAの配偶者であったこと、D・Eはそれぞれ　Aの子であったことを主張・立証すれば足りることとなる。　　　　　　●

(b)　表見代理構成

　しかし、【例題】の事実8からすると、本件契約締結に先立ちAがCに代理権を授与したとはいえない可能性がある。そこで、Xは、表見代理（109条1項）に基づいて本件契約解除を原因とする原状回復請求権の存在を主張することが考えられる。

　Cに代理権が授与されていなかったとしても、【例題】の事実3によれば、「Aは甲土地の処分に関する一切の事項についてCに委任する」という内容の委任状をXに提示して本件契約を締結している。「A」という記名・捺印があ

る委任状を相手方に示すことは、本人Aから相手方Xに対してCに代理権を授与したとする「表示」があったことを意味する。

109条1項は、本人が代理人に代理権の授与をしていないにもかかわらず、相手方に代理権を授与した旨を表示した場合には、本人に帰責性があるとして、無権代理行為である場合であっても、その効果を本人に帰属させることを認め、代理行為の相手方を保護している。109条の表見代理については、**第8章・第9章**で詳しくは取り上げるが、代理権授与表示自体はいわゆる観念の通知であるとしても、本人に帰責性があるというためには、代理権授与表示が本人の意思に基づくことが前提となる。

【例題】の事実8記載のEの主張が認められるとすると、Aは2020年5月頃から容体が悪化して寝たきりの状態で、契約書などにサインしたり、本件契約の締結について話ができたりする状態でないとすると、Aが委任状をCに交付し、これをXに提示したという事実を認定できる可能性は低いことになろう。

 I-11　有権代理の主張と表見代理（109条1項）の主張との相互関係（髙原）

表見代理（109条1項）は、当事者から「予備的」なものとしてしばしば主張される。同様の例は、当事者が所有権の存在を理由づけるために承継取得と時効取得を攻撃方法として主張している場合にも見られる。当事者が、まずは承継取得を理由に、これが認められなければ時効取得を理由に順位付けをして主張を展開しても、裁判所は時効取得の主張に理由ありと認めれば、承継取得の主張の当否について判断するまでもなく所有権の存在は基礎づけられることになる。

実務や伝統的通説は、民訴114条1項について、「主文に包含するもの」に限り既判力を有し、理由中の判断には既判力は及ばないと解している。このため、裁判所は、複数の攻撃方法の審理判断について当事者の順位付けに拘束されないと考えられている。

したがって、裁判所が仮に表見代理の要件を満たすという認定をすれば、有権代理（特に、本人による代理人に対する代理権授与の有無）につき判断するまでもなく、保証金支払請求権がAに効果帰属しているという判断をすることが可能である。こ

のような意味で、表見代理の主張は「予備的」なものではない。これに対して、保証金支払請求権の存在の主張を否定する判断をしようとする場合には、これを理由づける有権代理、表見代理その他の主張の全てを排斥しなければならないことになる。

◆

3. 共同相続人B・D・Eに対する請求② ── 不当利得返還請求権

　有権代理の主張も109条1項に基づく表見代理の主張も排斥される場合に備えて、Xは、本件契約に基づいて保証金3000万円をAが法律上の原因なくして受領したことを理由に、不当利得の返還を求めることが考えられる（契約解除による原状回復請求を主位的請求、不当利得返還請求を予備的請求と位置付けるのが通常であろう）。

(a)　訴訟物

　不当利得の返還を請求する場合、訴訟物については、2017（平成29）年改正によって、703条に基づく不当利得返還請求権に基づいて構成するのか、121条の2第1項に基づく原状回復請求権として構成するのか、ケースによっては適用すべき規範について意見の対立が生じる可能性がある。給付利得の場合には原状回復によるべきであるとして、現存利益の範囲で返還義務を認める703条1項の特則として、121条の2が新設されたからである。
　【例題】では、無効な契約の後始末と解することも、Cの詐欺的な行為によってXがAに保証金を給付した結果、Xの財産権が侵害されたとみることもできる。また、無権代理行為による無効の場合に、121条の2第1項の「無効」な行為に基づいて債務の履行として給付したといえるのかについては議論の余地がある。無権代理による無効は、119条本文の無効とは異なり、本人の追認によって有効な代理行為になることから、本人に代理行為の効果が帰属しない（つまり、A・X間の契約は不成立）という意味であるからである。そこで、本書では、一般規定である703条に基づく不当利得返還請求権が訴訟物として選択されたものとする。

(b) 不当利得返還請求権と主張・立証責任の分配

　703条は「法律上の原因なく他人の財産又は労務によって利益を受け、そのために他人に損失を及ぼした者」（以下、「受益者」という）は、「その利益の存する限度において、これを返還する義務を負う」と規定する。同条にいう受益者を出発点にして考えていくと、①利得、②損失、③①と②の因果関係、④法律上の原因がないこと、⑤利益が現存することの5つの要素に要件を分節することができ、これらの構成要件要素を充足する事実があれば、不当利得返還請求権が発生することとなる。このうち、①〜④は、不当利得返還請求権の発生を主張する側に、主張・立証責任があり、⑤は、一旦発生した不当利得返還請求権についての利得の減少・消滅を意味することから、受益者側が主張・立証責任を負うことになる（判例・通説）。④の「法律上の原因に基づかないこと」という消極的要件について不当利得の返還を求める者が主張・立証責任を負担すると解しているのは、不当利得の補充性を根拠としている。

　もっとも、近時の不当利得学説に基づくと、給付利得型の場合には、上記のとおり、不当利得返還請求権の発生を主張する側が請求原因として「法律上の原因がないこと」を主張・立証すべきであるが、侵害利得の場合には不当利得返還請求権があると主張する側が受益者の利得に法律上の原因がないことを立証することが困難であるとして、④の要件については、受益者が利得に法律上の原因があることについて主張・立証責任を負うべきであるとする考え方が学説上有力に主張されており、これに従う実務もないわけではない。給付利得の場合には、無効・取消原因を主張すれば、法律上の原因がないといえるから、「法律上の原因がないこと」を不当利得返還請求権の発生を主張する側に求めることは主張・立証責任の公平な分担という観点からみて問題はないと考えられるが、侵害利得の場合には、立証責任の公平な分配という観点から、上記のような主張がなされている。

　無権代理行為の場合にも、代理権がないのに、本人の代理人として代理行為を行い本人の財産を侵害したと捉える余地があり、侵害利得を基礎付ける事実を主張する余地が出てくる。しかし、前述したように、①代理人と相手方との間で代理による法律行為（代理行為）が行われたこと、②代理人が本人のためにすることを示したこと（顕名）、③代理行為に先立って本人から代理人に代

理権が授与されていることが、代理行為の効果を本人に帰属させるための要件となるから、代理行為と顕名があったことだけを主張すれば、無権代理行為があったということができる。有権代理が原則で無権代理は例外的規律であると整理をする限り、代理権授与の主張又は立証がなければ、無権代理行為であることが当然基礎付けられることになる。したがって、立証責任の公平な分配という観点からみても、無権代理行為による無効の場合には、法律上の原因に基づかないことという要件の主張・立証責任の負担が不当利得の返還を主張する側にあると解しても問題はないものと解される。

(c)　どのような事実を主張したらよいのか

【例題】では、Xが3000万円をAに支払った事実、Aの死亡によりB・C・D・Eが相続人としてAの相続財産を承継した事実を主張することによって、①利得、②損失、③①と②の因果関係があったことはいえる。④の法律上の原因はないという要件との関係では、Cによる代理行為とAの代理人として代理行為をしたことを主張することになるが、Aは追認ないし追認拒絶をしないまま死亡している。「法律上の原因に基づかないこと」を主張・立証するためには、本人Aへの本件契約の効果が帰属していないことが確定していることが必要である。

【例題】では、本人Aの共同相続人の中に、無権代理人Cと、無権代理行為には何ら関与していないその他の共同相続人B、D、Eが混在している。

民法は、本人による追認の有無によって代理行為の効果が本人に帰属するかどうか不安定な地位に置かれる相手方を保護するために、相手方に催告権（114条）と取消権（115条）を付与している。相手方は、本人に対して催告をして代理行為に係る法律関係を確定させることができる（114条前段）。その趣旨は、制限行為能力者の相手方の催告（20条）と同様である。取消権の場合とは異なり（115条ただし書）、代理権がないことを知っていた相手方も催告権を行使する限度で保護されている。

催告期間内に本人が確答をしないときは、追認を拒絶したものとみなされ（114条後段）、無権代理行為の効果が本人に及ばないことが確定する。催告期間中に本人が追認の意思表示をしたとき（113条1項の反対解釈）は、原則とし

て契約の時に遡って（116条本文）、有権代理と同様の効力が確定し、相手方の取消権は消滅し、無権代理人の責任も発生しないことが確定する。

【例題】では、Ｘは上記催告権に基づいて、Ｂ・Ｃ・Ｄ・Ｅに確答を求めたが、Ｅは追認を拒絶し、Ｂ・ＤはＸからの問合せを無視したことから、追認拒絶の意思表示をしたものとみなされる（114条）。他方で、Ｃは、Ｘからの問い合わせに対して、「Ａの死亡でご迷惑をかけたが、早急に契約の履行に向けて善処するので、しばらくご猶予下さい」という内容の回答をＸにしていることから、Ｃには追認の意思表示があったものと解する余地がある。したがって、保証金を法律上の原因なくして受領したかどうかは、上記Ｃの追認の意思表示、Ｅの追認拒絶の意思表示およびＢ・Ｄのみなし追認拒絶の意思表示が、本人Ａを相続した相続人全体の主張に影響があるのかどうかによることになる。

共同相続において、各相続人が個別に追認・追認拒絶できるのかどうかについては、見解が対立してきた。判例（最判平成５・１・21民集47巻１号265頁の多数意見）は、無権代理人が本人を共同相続した場合には、共同相続人全員が共同して無権代理行為を追認しない限り、無権代理人の相続分に相当する部分においても、無権代理行為が当然に有効になるものではないと解している（追認不可分説）。また、無権代理人ではない共同相続人全員が追認している場合には、無権代理人は追認を拒絶できないと解している。

判例が、共同相続の事案で追認不可分説を支持しているのは、当該無権代理行為に関与していない共同相続人を保護するためである。すなわち、①無権代理行為に関与していない共同相続人に追認拒絶権を認めないと、相続財産を承継できなくなること、②予期しない第三者（【例題】ではＸ）と相続財産を共有することになる可能性があることを理由とする。

理論的には、無権代理行為の相手方とこのような共同相続人の利害を調整しつつ、無権代理人が単独相続した事案と無権代理人の他に共同相続人がいる事案に、統一的な法律構成を提示できないかが課題となる。

ところで、無権代理人が本人を単独相続した事案で、判例・通説は、無権代理人は相手方に追認を拒絶できないと解しているが、最判昭和40・６・18民集19巻４号986頁は、その理由として、相続によって本人と無権代理人の資格が同一人に帰属することになり、無権代理人自ら本人として法律行為をしたのと

同様の法律上の地位が生じる（資格融合説）と判示している。

　しかし、単独相続型・共同相続型いずれの事案においても、以下の理由から、無権代理人としての地位と本人の地位が無権代理人に併存する（資格併存説）と解したほうがよさそうである。①共同相続の場合、無権代理人は共同相続人の1人でしかないから、融合説によったところで、無権代理人ではない共同相続人の利益を考慮すると、相続の結果、無権代理が有権代理になると解するわけにはいかない。②相続とは被相続人の地位を包括的に承継することであるから、この点からも、被相続人＝本人の財産が当然に無権代理人に帰属するだけでなく、本人の追認拒絶権も無権代理人は承継すると解したほうが、理論的には一貫する。③無権代理人の無権代理行為が当然に有効になると解すると、相手方に115条の取消権の行使が許されないことになり、相手方にとっても不利となる場合がでてくる。

　もっとも、無権代理人としての地位と本人の地位（追認権と追認拒絶権を相続）が無権代理人に併存することになり、無権代理行為をした共同相続人に追認拒絶権が帰属するとしても、その「行使」を無権代理人に認めるべきかどうかは別途検討を要する問題である。

　単独相続型の場合に、無権代理人に追認拒絶権の行使が認められないとすれば、共同相続型の場合にも、無権代理人の「相続分」については追認拒絶権の行使は認められず相手方の履行請求権を認めるべきであるという結論（前掲最判平成5・1・21の三好達裁判官反対意見参照）を支持すべきようにも思われる。しかし、共同相続の場合には無権代理行為に全く関与していない共同相続人がいることを考えると、やはり、判例の多数意見に従って、追認権は共同相続人全員が行使しなければならないとする構成を通じて無権代理行為全体が無効になると解すべきであろう。また、共同相続の場合に、追認権や追認拒絶権が可分に帰属すると解した場合の法律関係の複雑さを考えると、多数意見が簡便で実際的であるように思われる。

　【例題】では、B・Dのみなし追認拒絶およびEの追認拒絶により全体として追認が拒絶されたことが確定したものとして、「法律上の原因に基づかない」とする展開になる。

4. Cに対する請求
——無権代理行為と代理行為の相手方の救済

　Cに対する請求も、Aから承継した保証金返還義務の履行（有権代理。109条1項）を求める請求、及び、Aから承継した不当利得返還義務の履行を求める請求については、B・D・Eに対する請求（☞◆2.3.）と同様に考えればよい。

　Xとしては、これらの請求のほかに、Cに対しては、無権代理人として117条や不法行為に基づき保証金相当額3000万円の損害賠償を求めることになる。

　【例題】の事実3の委任状の形式は一応整っている。しかし、事実8のEの主張が事実であるとすると、本件契約の契約書や委任状のAの筆跡はAのものではなく、AがCに対して代理権を授与した事実はなく、Cが委任状を偽造して本件契約を締結したことになる。Cに代理権があることが証明できない場合や表見代理の主張ができない場合に備えて、XはCに対して無権代理人であることを理由に責任を追及する必要があることになる。

　なお、表見代理は代理行為の相手方を保護する制度であるから、表見代理の効果を主張するかどうかは、相手方の自由である。したがって、Xは表見代理の主張をしないで無権代理の主張をすることもできる（最判昭和33・6・17民集12巻10号1532頁、最判昭和62・7・7民集41巻5号1133頁）。表見代理によって相手方が保護される可能性があるとしても、これを無権代理人が自己の責任を免れる理由とすることはできない。

(a) 117条に基づく責任

　民法は無権代理人の責任について117条に特別の規定を置き、無権代理人は代理行為の相手方に履行又は損害賠償の責任があると規定している。もっとも、代理人は本人のためにすることを示して意思表示を行い、相手方も意思表示の効果が代理人に対してではなく本人に直接帰属すると考えているのであるから（99条1項・2項）、117条に基づく責任は、無権代理人と相手方との間に契約が締結されたものとし、無権代理人に契約責任を負わせているわけではない。117条に基づく無権代理人の責任は、代理行為の相手方を保護するために、本

人と相手方との間に成立するはずであった契約について履行がなされた場合に準じた責任を法が特別に無権代理人に負わせた制度であると解すべきである（前掲最判昭和62・7・7）。判例・通説は、無権代理人に過失がない場合でも117条の責任があると解しており、無権代理人の責任は、代理権がないにもかかわらず代理権の存在を主張して相手方を信頼させた責任であると解すべきである。

　117条1項に基づく損害賠償請求権の発生を基礎づけるためには、①代理人と相手方との間で代理行為が行われたこと、②代理人が本人のためにすることを示したこと（顕名）、③損害の発生とその額を主張・立証しなければならない。117条1項にいう「他人の代理人として契約をした」ことを分節すると、上記①②のようになる。①・②に加えて代理行為に先立って本人から代理人に代理権が授与されていたことが主張立証されれば有権代理（99条）の要件を充足することになるから、①・②に該当する事実だけが主張・立証され、代理行為に先立って本人から代理人に代理権が授与されているという要件を充足する事実が主張・立証されなければ、当該代理行為は無権代理行為があったことになるからである。

　学説の中には、本人が追認を拒絶していること、つまり、代理行為の効果が本人に帰属していないことが確定していることを無権代理人の責任の発生要件であると解する見解もある。しかし、無権代理の場合には、効果帰属要件を欠くために本人に対して効力を生じないという意味で、無権代理の効果は無効であることからすれば（113条1項）、本人の追認は無権代理人の責任発生を障害する抗弁であると解すべきである。

　117条の責任を「代理行為の相手方を保護するために、本人と相手方との間に成立するはずであった契約について履行がなされた場合に準じて、法が特別に無権代理人に負わせた責任」と解するとすれば、117条の損害賠償請求権の範囲についても、契約内容の履行に準じた責任を認めるべきことになり、判例（大判大正4・10・2民録21輯1560頁、最判昭和32・12・5法律新聞83・84号16頁）・通説は、履行利益を請求できると解している。したがって、【例題】では、履行利益に準じて、本件契約に基づいて支払った保証金相当額3000万円以外に違約金（損害賠償の予定）600万円についても損害賠償請求することができるもの

と解される。

　上記の見解に対しては、有力な反対説がある。117条の責任は、履行又は履行に代わる損害賠償を内容としており、代理行為を行った者が、自己の意思に基づいて無権代理関係に入り込んだと評価できる時に認められる特別の法定責任であり、無権代理人自身が契約をしたのと同じ責任を課すものと解する見解である（佐久間毅『代理取引の保護法理』〔有斐閣、2001年〕324頁以下。同『民法の基礎1　総則〔第5版〕』〔有斐閣、2020年〕297、300頁）。

　この有力説によれば、117条は無権代理人に重い責任を課すことになるので、無権代理人に十分な帰責性が必要であるとする。117条の責任は、無権代理人が、代理権の欠缺を知るべきであったのに、それを知らなくて（過失があり）、不法行為責任を負わなければならない場合に、相手方を保護するために履行責任ないし履行に代わる損害賠償責任という重い責任を負わせた制度であると解している。上記有力説によれば、117条は無過失責任ではなく、117条の責任を認めるためには無権代理人に過失があることが必要となり、無過失の無権代理人は責任を負わないことになる。

⒝　709条に基づく責任

　117条に基づく請求に加えて、Ｃの無権代理行為を詐欺等による不法行為と構成して、709条に基づいて損害賠償請求権があると主張することも考えられる。

　前述した判例・通説に従い、117条の責任を代理権がないにもかかわらず代理権の存在を主張して相手方を信頼させた者の責任であると解すれば、被害者の損害の塡補という点に主な目的がある709条の不法行為責任とは性質が異なることになる。そうすると、117条に基づく損害賠償請求と709条に基づく損害賠償請求とは、いわゆる請求権競合の関係に立つことになる。

　給付訴訟における旧訴訟物理論に立つ限り、両請求権があると主張された場合、117条に基づくＣの損害賠償責任ありと判断される場合には、もはや709条に基づく損害賠償請求権の有無が判断されることはないのが通常である。もっとも、117条に基づく損害賠償責任が排斥される場合には、Ｃの不法行為責任の有無について検討する必要がある。

　例えば、後述のように、Ｃが勝手にＡ名義の委任状を作成し、Ｘを騙して本件契約を締結し、この契約に基づいて保証金3000万円をＡ名義の預金口座に交付させたような場合には、Ｃの故意によってＸに不必要な出費をさせたことになり、Ｘの財産権を侵害したことを被害法益としてＣに対して不法行為に基づいて損害賠償を求めることができるといえそうである。損害として保証金相当額3000万円の賠償のほか、違約金相当額600万円の賠償をも求めるかどうかが問題になるが、これは、無効な契約を前提とした架空の損害であり、709条の被害法益との関係で損害として計上することは難しいと考えられる。

Link Ⅰ-12　本人と代理人を共同被告として訴えを提起した場合における本人に対する請求と代理人に対する請求との間の関係（髙原）

　【例題】の事実 7 とは異なり、Ａが死亡していない場合、Ｘとしては、本人Ａのみを被告とすることも、自称代理人Ｃのみを被告とすることも可能である。これは処分権主義の一つの帰結である。この場合において、Ａに対する訴訟の裁判官 J1 が、ＡのＣに対する代理権授与を否定し、Ｃに対する訴訟の裁判官 J2 がＡのＣへの代理権授与を肯定してＣの無権代理人としての責任の発生を否定すると、Ｘは本人Ａにも代理人Ｃにも敗訴するリスクがある。

　仮にＡ・Ｃを共同被告として訴えを提起した場合、あるいは、訴訟の係属中に上記両訴訟を併合して共同訴訟の形態となったとしても、通常共同訴訟（民訴39条）であるという解釈運用が確立しているから、Ｘの上記リスクを除去することはできない。このような事態に対する対処方法の 1 つとして、1996（平成 8）年民事訴訟法制定時に新設されたのが、同時審判の申出がある共同訴訟である（民訴41条）。しかし、学説上は、上記新規定の導入後も、いわゆる訴えの主観的予備的併合（判例は否定）等を肯定すべきであるという議論がなお主張されている。

　詳細は民事訴訟法の講義に譲るが、訴えの主観的予備的併合の問題が存在する訴状を審査する場面は少なくない。実務上は、履行ないし賠償を求める額いかんにもよるが、釈明を求めると、【例題】のような事案では、Ｃに対する損害賠償請求訴訟では、Ａに対する履行請求訴訟の結論いかんにかかわらず、終局判決を求める趣旨の単純併合である旨の釈明がされ、印紙が追納されて訴訟要件上の問題点が解消さ

れることが多い。

　なお、Cに対する請求については、本文で述べたように、117条に基づく責任と不法行為責任との関係をどのように考えるかが問題となるが、実務上は、選択的併合の趣旨で提訴されることが多い。　　　　　　　　　　　　　　　　　　◆

❹　請求の当否

　【例題】の事実1～9に加えて、以下の事実が認定された場合、どのような判決が予想されるだろうか。

> 10.　Aは、泉佐野市にある自宅を増築して、2016年3月頃から長男Cとその家族がA・Bと同居していた。建物とその敷地はA名義である。
>
> 　Aが2019年に神戸市内の病院に入院してからは、Bは神戸在住の長女Dの家に居住しDとともにAの看病をしていた。AとCは同じ金庫に実印を保管しており、その金庫からAの実印を持ち出して、Cが勝手にXと交渉し本件契約を締結したものである。Xは、Aが神戸市内の病院に入院していることは知っていたが、これらの事実やAの病状については知らなかった。
>
> 　なお、CがXから受領した保証金3000万円のうち600万円については、Cが甲土地の測量や整地費用のために使い、残り2400万円はS銀行のA名義の預金口座にそのまま残っている。

1.　B・D・Eに対する請求

　XのB・D・Eに対する請求のうち、主位的に請求された、本件契約の債務不履行解除に基づく原状回復請求権は、本件契約に基づいて支払われた保証金3000万円の返還を相続分に応じて求めたものであり、予備的に請求された703条に基づく不当利得返還請求権は、Cの無権代理行為により本件契約の履行としてAに支払われた3000万円の返還を相続分に応じて求めたものである。

【例題】の事実10によれば、本件契約締結に先立ちＡがＣに代理権を授与した事実は認められないから有権代理の主張は採用できない。また、事実3でＸに提示されたとされるＡ名義の委任状は代理人ＣがＡの意思に基づかずに作成されたものでＡがＸにＣへの代理権授与を表示したとはいえないから、表見代理（109条1項）の主張も採用できないものとして、主位的請求は棄却される可能性が高い。

　他方で、Ｓ銀行のＡ名義の預金債権がＡに帰属していたとされる限り、本件契約の解除により、Ａは法律上の理由なく保証金名目で3000万円の振込入金を受けて同額を不当に利得したこととなり、この不当利得返還義務をＢ・Ｄ・Ｅが相続によりそれぞれ承継したことから、相続分に応じて、Ｂは1500万円、ＤおよびＥは500万円の支払を求める予備的請求には理由があるとして認容される可能性が高い。

　事実10によれば、Ｂ・Ｄ・Ｅからは600万円について費消されたとする抗弁が主張されることになるであろう（最判平成3・11・19民集45巻8号1209頁）。【例題】では、すでに測量や整地などで600万円が使われているものの、他方で、測量や整地がされたことにより甲土地の価値が増加しているとすれば、上記抗弁には理由がないとされる可能性が高いものと考えられる。

　なお、Ｂ・Ｃ・Ｄ・Ｅに対して不当利得返還請求権を上記額の範囲内で行使しても総額で3000万円しか請求ができないことになり、無権代理人Ｃに対して3600万円を請求するほうがよいとも思われる。しかし、仮にＣに対する請求が認容されたとしても、Ｃに資力がなければ実際上は回収ができない。本件では、Ａの相続財産（Ｓ銀行のＡ名義の預金口座にある預金・甲土地・自宅など）を共同相続しているＢ・Ｃ・Ｄ・Ｅに対して不当利得の返還請求をして勝訴判決を得ておくことが、債権回収という点からも意味があり現実的である。

2. Ｃに対する請求

　ＸのＣに対する請求は、117条に基づき保証金相当額3000万円等の賠償を請求するほか、ＤおよびＥに対するのと同額の金員500万円の不当利得の返還を併合して請求するものと考えられる。事実10からすれば、Ｃが無権代理人であ

ると認定されるのは仕方がなく、XのCに対する117条に基づく請求に理由が
あるかどうかが問題となる。なお、上記117条に基づく請求が認められると、
Cに対する不法行為に基づく損害賠償請求権や上記の不当利得返還請求権の有
無についての判断はされないことが通常であろう。

117条1項に基づく損害賠償請求権を巡っては、Cから、抗弁として、①代
理権の存在、②本人による追認（以上、117条1項）、③XがCに代理権がない
ことを知っていたこと（悪意。117条2項1号）、または、知らなかったことに
つき過失があること（117条2項本文）を主張される可能性がある。しかし、①
については、CがAの了解を得ずに勝手に委任状を作成し本件契約を締結した
事実が認められており、②については、前述したように、本人Aを相続した共
同相続人全員が追認しないかぎり、無権代理行為は有効にならないとする判例
理論からすると、①②の反論は主張自体失当ということになる。したがって、
【例題】では、Cに代理権がないことを知らなかった点についてXに過失があ
ったかどうかが争点となる。

117条2項本文の「過失」の意義について、学説の中には、表見代理制度を
通じて救済することができない相手方を保護するために117条の責任が法定さ
れているのに、相手方に過失があって表見代理が成立しない場合に117条の責
任が免責されると117条の存在意義がなくなるとして、117条の過失は重過失を
意味すると解する見解がある。しかし、判例（前掲最判昭和62・7・7）・通説
は、117条の過失は単純過失であると解している。①117条1項は取引の安全と
代理制度の信頼維持を目的として、法律が特別に無権代理人に無過失責任を負
わせた制度であり、この点とのバランスを考慮して、代理行為の相手方が悪
意・有過失である場合には保護に値しないこと、また、②表見代理と無権代理
人の責任追及とは別の制度であって、表見代理が認められるためには、相手方
の善意・無過失のほかに、本人の帰責性が必要であるから、117条が相手方の
無過失を要求したとしても、無権代理人の責任制度が無意味になるわけではな
いこと、③過失ある相手方は無権代理人に対して709条に基づいて損害賠償を
請求すればよい（過失相殺される）として、117条の過失を重過失と解する必要
はないとしている。

【例題】において、Xが知っていた事実は、Aが病気であり神戸の病院に入

院していた事実、A・C間に親子関係がある事実などである。これらの事実お
よびXの立場、本件取引の内容などから、Cの代理権の有無についてXにどの
程度の調査義務を求めるのかが問題となる。

　表見代理の場合には、本人への効果帰属が認められないことを出発点として、
本人に代理権があるような外観を作り出した帰責性があり、かつ、相手方に代
理権の存在について注意義務違反がなかった場合に、本人への効果帰属を認め
てよいという効果が導かれている。これに対して、117条 2 項では、無権代理
人には責任があることを出発点として、無権代理人の責任が無過失責任である
こととの均衡を図るために、相手方に過失がある場合に「無権代理人の責任を
免除してよいのか」という観点から、代理権の存在についての相手方の過失の
有無が問題となっている。過失の有無を判断する際の評価の基準が、表見代理
の場合と無権代理の場合に違いがあることに注意する必要がある。

　また、2017年民法改正で、117条 2 項の規定の上記の基本的な理解を維持し
た上で、相手方に過失があって代理権があることを知らなかった場合であって
も、代理行為をした者が自己に代理権がないことを知っていた場合（再抗弁）
には、相手方が無権代理人に対して履行または損害賠償請求責任を追及できる
規定（117条 2 項 2 号ただし書）が追加された。無権代理人が悪意の場合に、無
権代理人の責任を免除すべき理由はないからである。妥当な改正といえる（佐
久間・前掲『民法の基礎 1 』300頁は疑問とする）。

　【例題】では、Cは委任状を偽造していることから、Cの代理権の有無につ
きXに調査義務違反があったとしても、117条 2 項 2 号ただし書により、Cは
自分に代理権がないことを知っているから、XはCに対して無権代理人の責任
を追及できることになり、3600万円の損害賠償を求める請求が認容されること
になろう。

198

●重要判例●

最判昭和62・7・7民集41巻5号1133頁（無権代理人の責任）
最判平成5・1・21民集47巻1号265頁（無権代理人による本人の相続）

●演習問題●

【設問1】

　Xが本人Aに対して保証金3000万円の支払を求めて訴えを提起するに当
たり、【例題】の事実1～6に基づき（事実7～10は考慮しない）、どの
ような権利があると主張したらよいか。これに加えて違約金条項に基づ
く600万円の支払を求める場合はどうか。

【設問2】

　Xは、B・C・D・Eを共同被告として、XがAに支払った保証金相当
額3000万円を不当利得したとしてその返還を求める訴えを提起した。こ
の場合において、【例題】の事実1～10のとおり事実が認定されたとし
て、XのDに対する請求の当否について検討しなさい。

【設問3】

　XがCに対して117条に基づき保証金相当額3600万円の賠償を求める場
合において、損害賠償請求権の発生を主張するためにどのような事実を
主張すべきか。Cはどのような反論をすることができるか。この2点に
ついて説明しなさい。

第 8 章　表見代理制度を通じた取引の相手方の保護 ［基礎編］

——白紙委任状が交付された紛争類型と109条 1 項・110条

 出題の趣旨

　第 7 章では、有権代理・表見代理・無権代理に関連する制度について、その意義を明らかにし、関連する制度相互間の関係を概観した。**第 8 章・第 9 章**では表見代理制度に焦点を当て、この制度を通じた取引の相手方の保護について考えてみることにする。

　表見代理制度は、今日では、代理権がないまま代理行為がなされた場合に、無権代理人に代理権があると信じて代理行為を行った相手方を保護するための制度として理解されている。表見法理・権利外観法理に基づく制度の 1 つとして、109条・110条・112条の 3 か条を包括的に理解するのが一般的である。

　表見代理制度では、無権代理行為であるにもかかわらず、代理行為の効果が本人に直接帰属することを認めることになる。この効果を正当化するために、代理権があるような外観作出について、どのような点で本人に帰責性があると解すべきなのか、また、どのような範囲で代理行為の相手方を保護すべきなのかについて検討を加え、表見代理の各類型の趣旨を明らかにし、その適用範囲を考えてみる必要がある（安永正昭「表見代理を巡る問題」内田貴＝大村敦志編『民法の争点』〔有斐閣、2007年〕75頁参照）。

　代理を巡る紛争には、しばしば委任状が登場する。**第 7 章**の【例題】では、委任状の形式的記載は一応整っているが、それが代理人によって偽造され取引に利用された事案であった。**第 8 章**では、本人が交付した委任状の白紙部分を代理人が不当に補充して取引に利用した事案を取り上げる。白紙委任状が問題となる紛争事例を素材に、どのような表見代理制度を通じて紛争を解決すべき

か検討する。なお、「白紙委任状」といっても、委任状に通常記載されるべき内容のどこが空白（白紙）なのかにより、議論すべき点は変わってくることに注意が必要である。

 ❷　XはYに対していかなる権利があると主張したらよいのか

以下の【例題】は、後述するXからYに対する訴えを提起するにあたって、Xの弁護士が、XおよびAから聴取した内容を整理したものである。

【例題】

1．Xには、M株式会社（以下、「M」という）の代表取締役・社長をしている長男Aと、大阪市役所に勤めている次男Bの2人の息子がいた。Xの夫が創業したMは、魚の養殖・加工等を主な業務としていたが、Xの夫の死亡に伴い、Aが代表取締役・社長に就任した頃から、Mの業績は急激に伸びていた。

2．Xは、2021年4月7日に、Aから、Mの事業の拡張に伴い、海外の生産拠点を整備するために、水産加工物を扱う商社・Y株式会社（以下、「Y」という）から引き続き資金1億円を1年間借り入れるために、Xが所有する甲土地に抵当権を設定させてもらえないかと相談された。

Xは、夫と死別した後、夫の遺産の一部として甲土地を相続したが、Aから一切迷惑はかけないと言われたことから、Aの依頼を了承した。そして、Aに言われるままに、甲土地の登記識別情報（番号）、Xの実印、印鑑登録証をAに交付した。Aから「印鑑登録証で印鑑登録証明書は自分が市役所までもらいに行くし、委任状は抵当権を設定するのに必要な書類だけど、間違いがあると困るから、自分が後から記載するから何も書かなくてもいい。委任者のところに判だけ押してほしい。」と言われたので、Xは、委任事項と受任者欄は白紙のまま、委任者欄のところについても署名も記名もしないまま実印だけを押してAに渡した。

　3．Yは以前からMと水産加工品の取引をしてきた。Aから加工工場を増設するにあたって1億円の融資をして欲しいと依頼され、2019年4月1日に、Yは、期間2年、年利5％で1億円をMに貸し付けた。ところが、2020年頃から異常気象の影響か魚の養殖事業がふるわず、Mの業績は急速に悪化し、また、急激な事業拡大によって資金繰りに窮することになり、弁済期日である2021年3月31日に、上記借入金債務を弁済できなかった。

　4．Aは、2021年4月1日に、Yを訪問し、利息分を弁済するので、元本の返済を猶予してほしいと懇請した。Yの上記貸付にあたっては、Aが連帯保証人として個人保証をしていたほか、Mの加工工場とその敷地（2021年3月末の時価7000万円）について抵当権を設定していた。しかし、抵当権を実行しても、貸付額の回収には、まだほど遠い状況で、Aの主な財産である不動産にはすでに複数の抵当権が設定されていた。

　5．Aは、当初、X所有の甲土地に抵当権を設定し、あと1年間元本の返済猶予を願い出る予定であったが、2021年4月10日にYを訪問した際に、甲土地の登記識別情報（番号）、Xの実印および印鑑証明書のほかXからの委任状を示して、XはAの母であり、Xから甲土地の処分について一任を受けたことを告げ、Mの債務の弁済に代えて、甲土地をYに譲渡したいと申し出た。

　上記委任状の委任事項欄には、「甲土地の処分に関する一切の事項について、Aに委任する」と記載されており、受任者欄にはA、委任者欄にはXの記名捺印があった。委任状と印鑑登録証明書の印影は一致していた。

　Yが調査したところでは、甲土地の時価は1億円程度であったことから、2021年4月14日に、Yは、Aとの間で、MのYに対する元利金債務の弁済に代えてXが甲土地をYに譲渡すること、Yは遅延損害金については免除することを内容とする契約（以下、「本件契約」という）を締結した。そして、2021年4月20日には、代物弁済を原因として、甲土地についてY名義の所有権移転登記を経由した。

　6．2021年8月になって、Xは、Bに、Aから頼まれて、Mの借入れの担保として甲土地に抵当権を設定したことを話した。コロナ禍によってMの経営にも影響があるのではと思ったBは、心配になって甲土地の登記を

閲覧したところ、甲土地の所有者の登記名義人が、ＸからＹに移転していた。Ｘは、Ｙに対して所有権移転登記の抹消を求めて訴えを提起することにした。

Professional View Ⅰ-11
委任状について（川上）

任意代理権の発生原因に関して代理権授与行為の法的性質に争いあることは前述したとおりである（☞第７章 Deep Learning Ⅰ-16）。実務上は、この任意代理権の授与に伴い本人から代理人に「委任状」の交付がなされ、相手方も適用な任意代理権を有しているかを「委任状」（慎重な確認を要する場合には、本人の自署、実印による押印及び印鑑登録証明書の提出を求めている）により行っている。このように「委任状」は実務において任意代理権の有無の確認に重要な文書となるが、あくまで任意代理権の存在を証する証拠書類に過ぎない点にも注意を要する。本人から代理人に委任状が交付されていたとしても、実体として任意代理権の授与行為がなければ、無権代理であることに変わりはない。それ故に、民法109条が代理権授与の表示による表見代理等を定めているわけである。

委任状には、委任者、委任の相手方、代理権を授与した委任事項の範囲が必要的な記載事項として記載されなければならず、これの全部又は一部を欠いた委任状は、未完成の委任状である。このような未完成の委任状のうち、本人が交付の相手に未完成部分の補充権を与えた上で、交付された委任状がいわゆる「白紙委任状」となる（☞【図表１】【図表２】）。■

【図表１】委任状の例／例題の事実５でＡがＹに示した委任状

委　任　状

２０２１年４月７日

Ｙ株式会社　御中

委任者　住　所　〇〇市〇〇区〇〇〇×××
氏　名　X
連絡先　000－0000-0000

私は、甲土地の処分に関する一切事項について、下記の者に委任します。

代理人　住　所　〇〇市△△区●●●▽▽▽
氏　名　A
連絡先　000-1234-5678

【図表2】　白紙委任状／例題の事実2でXがAに渡した委任状

1. 訴訟物・請求原因・請求原因事実

　XがYに対して、甲土地につき所有権移転登記の抹消登記手続を求めて訴訟を提起する場合、上記請求の訴訟物は、所有権に基づく妨害排除請求権としての移転登記抹消登記請求権となる。

　Yにとっては、Xは甲土地の前主であり、Xに所有権がなければ、Yも自分が所有者であることを主張できない関係にあるから、代物弁済契約を締結した2021年4月14日当時のXの所有権については権利自白が成立することが見込まれる。したがって、①Xは、2021年4月14日当時、甲土地を所有していたこと、②甲土地についてY名義の登記があることが、請求原因事実となる。Yは請求原因事実を争わないから、Xの請求権の発生が基礎づけられることになり、上記請求の争点は、Xが現在もなお所有者であるかどうかという点になる。

2. Yからの反論①
──代物弁済を原因とする所有権喪失の抗弁（有権代理構成）

(a)　有権代理構成に基づく反論
　Yとしては、X・Y間の代物弁済契約に基づいて、甲土地の所有権はXからYに移転したことを理由に、もはやXの所有権は喪失したと反論することが考

えられる。代物弁済を原因として所有権が移転したというためには、①本来の債務の発生、②本来の債務の弁済に代えて代物の給付により弁済する旨の合意があること、③代物弁済者が代物の権利者であったことが必要である。【例題】では、本来の債務は、MのYに対する元利金債務であり、この債務が発生していることを主張すれば足りるから、①については、2019年4月1日に、YがMに1億円を期間2年、年利5％で貸し付けたこと、②については、X・Y間で①の元利金債務の弁済に代えて甲土地の所有権をYに譲渡する旨の合意をしたことを主張する必要がある。代物弁済契約を締結した2021年4月14日当時、Xが甲土地の所有者である点については請求原因事実に顕われるから、あらためて③を主張する必要はない。

　ただし、上記代物弁済契約は、AがXの代理人として、Yとの間で締結されているから、②の要件を充足したというためには、代理行為の有効要件（（ア）代理行為、（イ）顕名、（ウ）（ア）に先立つ代理権授与があること）を充足することが必要になる（99条）。代理は、代理人が行った代理行為の効果を本人に帰属させる制度であり、いずれの要件についても代理の効果の発生を主張する側に主張・立証責任があることになる（☞第7章❷2.(b)）。したがって、【例題】では、（ア）AとYは、2021年4月14日、①のMの債務の弁済に代えて甲土地の所有権をYに譲渡することを合意したこと、（イ）Aは、（ア）に際して、Xのためにすることを告げて委任状を示したこと、（ウ）Xは、（ア）に先立って、甲土地の処分に関する事務一切をAに委任することを内容とする委任契約を締結したこと、以上の事実を主張することになる。

　代理権の発生原因については、委任契約等の対外的な事務処理を行う契約とは独立した代理権授与行為があったことを別途主張する必要はないものと解される（☞第7章 Deep Learning I -16）。したがって、Y主張の代理権がXからAに授与されているというためには、A・X間に甲土地の処分に関する事務処理を委託する委任契約が成立していることを主張すれば足りることになる。

Deep Learning Ⅰ-19
所有権移転原因としての代物弁済契約と債務消滅原因としての代物弁済（千葉）

【例題】では、甲土地の所有権がＸからＹに移転したことを主張できればよいのであって、Ｍの債務が甲土地の所有権の移転によって消滅したことまで主張する必要はない。本文で述べたように、Ｙは、この契約に基づいて甲土地の所有権がＸからＹに移転したことを主張する限度で事実を主張すれば足りる。したがって、代物弁済契約がＸ・Ｙ間で締結されたことを主張すれば足り、甲土地の引渡しや所有権移転登記を完了した事実を主張する必要はない。

　もっとも、条文上は、代物弁済は債務の消滅原因の１つとされ、債務者が負担した給付に代えて代物の給付によって本来の債務の弁済と同様に債務を消滅させることができることが規定されている（482条）。そこで、債務の消滅原因としての代物弁済の効果の発生を主張するにあたって、判例は代物弁済契約を要物契約であると解した上で、代物の給付については、所有権が移転するだけでなく債権者が対抗要件を具備することが必要であり、それまでは本来の債務は消滅しないと解してきた（最判昭和39・11・26民集18巻９号1984頁、最判昭和40・４・30民集19巻３号768頁）。しかし、代物弁済契約を諾成契約であると解しても、代物弁済契約に基づいて代物交付義務（義務の内容として代物の引渡しや対抗要件の具備など）が履行された結果として本来の債務は消滅すると解すれば足りることから、2017年民法改正では、後者の考え方に立って条文が修正されている。

　なお、【例題】ではＭの債務をＸが弁済したことになるので、この弁済は第三者弁済となる。474条１項本文によれば、債務者以外の者の弁済も原則として有効であり、代物弁済も可能である。　●

(b)　Ｘによる再反論

　もっとも、【例題】の事実２によれば、Ｘは、ＭのＹからの借入れに際して、物上保証人になるために必要な行為をＡに委任し、この限度で代理権を授与しただけであり、それを超えて、甲土地の処分についてＡに代理権を授与したわけではない。つまり、Ｘは、ＡにＹとの間で代物弁済契約を締結する代理権を授与していないと反論することになる。代理権の授与があることについては、有権代理を主張するＹ側に主張・立証責任があることから、Ｘの上記の反論は

代理権授与の事実を「否認」していることとなる。これに対して、YはAが提示したXの委任状及び印鑑登録証明書を証拠として提出し、甲土地の処分についてAに代理権が授与されていたことを立証することになる。

　【例題】によれば、委任状にはXの記名があるだけでXの自署等はないようであるが、委任状の委任者欄にはXの実印が捺印されており（☞【図表1】）、印鑑登録証明書（☞第6章 Professional View Ⅰ-9）の印影と一致している。

　前述したように（☞第5章◆1.）、文書に作成名義人の印章によって顕出された印影が存在するという事実により、当該印影は本人の意思に基づいて押印されたことが推認され、この結果、民訴228条4項の要件を満たすものとして文書全体が真正に成立したことが推定されることになる。

　【例題】の場合、委任状の委任者欄にはXの実印による印影が存在しているという事実により、その印影がXの意思に基づいて押印されたものであることが推認されることから、民訴228条4項が適用され、委任状の真正が推定されることになりそうである。もっとも、判例・通説によれば、民訴228条4項は、裁判所の事実認定について一定の制約を規定した（法定証拠法則）にとどまると解されている（☞第5章 Link Ⅰ-8）。

　仮に、委任状によりX・A間の委任契約成立の事実が認定できたとしても、X・A間に成立した委任契約の効力やどのような契約内容であるのかは、契約当事者間の契約の目的および取引上の社会通念に照らして判断されることになる。

　【例題】事実2によれば、Xは、M（代表取締役A）がYから事業資金の借入れを受けるために、当時X所有の甲土地を目的とする抵当権の設定にかかる事務処理をAに委任することにし、そのために対外的な事務処理を行う限度でAに代理権を授与したものといえる。受任者欄のほか、委任事項が白紙である委任状（☞【図表2】）をXがAに交付したことがどのような意味があるのかは議論になりうるとしても、上記のような白紙委任状を交付したというだけで、XがAに対し甲土地をどのように処分することも許容したと解釈されることはむしろ稀なことであり、上記の事務処理のために交付されたものにすぎないものであったと解されることが通常であろう（この点は、第9章においても問題となる）。Xは、X・A間の委任契約において合意された事務内容・委任状の交付

にかかる経緯、委任事項欄がAによって不当に補充されたこと、以上の事実を主張して、Yが主張する甲土地に係る一切の処分に関する代理権がAに授与されていたとする事実を否定することになる。上記各事実が認められれば、Aには、甲土地の処分に関する代理権が授与されていたする主張は認められないことになり、A・Y間で締結された代物弁済契約成立の効果はXには帰属しないという結論に傾くことが多いであろう。

3. Yからの反論②
──代物弁済を原因とする所有権喪失の抗弁（表見代理構成）

有権代理の場合と同様、表見代理の成立が認められると、本人は、無権代理行為であることを理由として、代理行為の効果の帰属を拒むことができなくなる。【例題】では、Aによって補充されたXの委任状がAを介してYに提示されていること、AがXから授与された代理権を超えて代理行為が行われた事実が主張されている。これらの事実に着目すると、Yは、109条1項本文ないしは110条に基づいて表見代理を根拠に、XからYに甲土地の所有権が移転し、Xはもはや甲土地の所有権を喪失したと主張することが考えられる。

表見代理制度は表見法理・権利外観法理に基づく制度であり、無権代理行為であるにもかかわらず、有権代理の場合と同様の効果を認めているのは、無権代理人に代理権があるような外観を作出した点で本人に帰責性があるからである。後述するように、109条1項と110条では、本人の帰責性をどのような点に認めるか、また、どのような第三者＝代理行為の相手方を保護するのか、主張・立証責任の配分のあり方も含めて違いがある。

(a)　109条1項

本人が他人に代理権を授与していないのに、その他人に代理権があると本人が相手方に表示（授権があったとする観念の通知）した場合には、本人には強い帰責性がある。他方で、相手方はこのような代理権授与表示があればその他人に代理権があると信じるのが通常である。

そこで、109条1項本文は、表示された代理権の範囲内で代理行為が行われ

ている場合には、表見代理の成立を認めることを原則とし、同項ただし書で相手方が代理行為を行った者に代理権がないことを知っていた（悪意）か、代理権がないことを知らなかった点に過失がある場合に、例外的に、本人の責任が免責されるという構造になっている。したがって、同項においては、相手方の悪意・有過失の主張・立証責任は、免責の効果を主張する本人の側が負担することになる（最判昭和41・4・22民集20巻4号752頁。109条1項ただし書）。

　換言すれば、109条1項の責任は表示責任の一種ということになり、本人が相手方の悪意・有過失を主張・立証できない限り、本人に免責の余地はないことになる（93条1項参照）。このように、109条1項本文が本人に重い責任を課している理由は、本人が表示した代理権の範囲で無権代理人によって代理行為が行われている点に求められる。

　委任状は、本人と代理人間の委任契約に基づいて、対外的な事務処理を行うために誰にどのような代理権を授与したのかを相手方に示すために利用されるが、本人が委任事項欄や受任者欄が白紙である委任状を無権代理人に交付し、無権代理人が当該白紙部分を補充して、この委任状が無権代理人を介して代理行為の相手方に提示された場合にも、通説は、客観的にみて本人が相手方に無権代理人に代理権を授与したとする表示をしたものと解している。

　ただし、前述したように、109条1項本文は、本人による第三者（代理行為の相手方）に対する代理権授与表示だけで、原則として無権代理行為の効果を本人に帰属させることになるから、109条1項の表見代理が認められるためには、本人の利益を犠牲にしてもやむを得ない程度の帰責性が本人にあることが必要である。①無権代理人を介して第三者に対してなされた表示が本人の意思的関与に基づくものであること、ないしは、本人がこれを容認したり、放置したりするなど、これと同視できるような場合であること（佐久間毅『民法の基礎1　総則〔第5版〕』〔有斐閣、2020年〕273頁は、本人に代理行為者を通じて外部に対する何らかの法律行為をすることになるという認識が必要であるとして行為意識および表示意識が必要であるという）、かつ、②本人が第三者に表示した代理権の範囲と第三者が信頼した代理権が一致していることが必要であると解される。

(b)　110条

　110条は、本人が代理人に代理権限があるという外観を与え、相手方が代理行為の際に、代理人に代理権があると信ずべき正当な理由があれば、代理人が代理権限外の行為をした場合であっても、代理行為の相手方を保護している。判例・通説は、110条の「正当な理由」を相手方が代理人に代理権があると信じ（善意）、信じた点に過失がないことを意味すると解しており（最判昭和35・12・27民集14巻14号3234頁）、代理行為の相手方の善意・無過失の主張・立証責任は、表見代理の効果を主張する側が負担することになる。

　110条の場合にも、無権代理人に代理権があるとする外観を作出した点で本人に帰責性があることになり、この点から、無権代理行為であるにもかかわらず、有権代理の場合と同様の効果の発生が正当化されることになる。しかし、判例は、私法上の法律行為を行う何らかの権限を本人が無権代理人に与えていれば、無権代理人による代理行為と本人が当該代理人に授与した代理権との間に関連性がなくてもよいものと解している（大判昭和5・2・12民集9巻143頁、最判昭和35・2・19民集14巻2号250頁、最判昭和39・4・2民集18巻4号497頁等。ただし、最判昭和46・6・3民集25巻4号455頁は、公法上の行為であっても、私法上の契約による義務の履行のためにされる場合、具体的には登記申請行為をする権限についても基本代理権に該当すると解している。登記申請行為については☞**第2章 Deep Learning Ⅰ-4**）。つまり、相手方が信頼した外観の作出に本人が意思的に関与したとする評価がなくてもよく、また、他者が作出した代理人に代理権があるとする外観と、本人が意図したところが、齟齬していてもよいことになる。学説上は、本人が単なる事実行為を委託している場合であっても、それが本人のために対外的に重要な行為をする権限であれば、110条による表見代理の成立を認めてもよいと解する見解が有力である（内田貴『民法Ⅰ〔第4版〕総則・物権総論』〔東京大学出版会、2008〕190頁など。ただし、この見解に従えば、相手方の事情だけではなく本人側の事情も含めて代理権があると信ずべき正当の理由があるかどうかを総合的に判断することになる）。

　このように、110条では、109条1項と比較すると、客観的にみて本人が無権代理人に代理権を授与した何らかの外観があれば、本人の帰責性の要件は充足することになる。

　そこで、110条の場合には、代理人に代理権が存在する積極的信頼がない限り、代理行為の相手方を保護しないものとしている。したがって、代理行為の相手方の善意・無過失についての主張・立証責任は、表見代理の効果を主張する側が負担するものと解されており、110条の表見代理の場合には、代理行為の相手方が、代理人に代理権限があるかどうか半信半疑の状態では表見代理の成立は認められないことになる。

　これに対して、前述したように、109条1項本文の表見代理の場合には、代理権授与表示を受けた相手方にとっては相手方が代理権の存在を信じることは一応もっともなことであり、本人の帰責性もより強いことが前提となっていることから、2004（平成16）年の民法現代語化改正の際に、確立した解釈を明文化する趣旨で、現行109条1項ただし書に相当する規定が新設された。したがって、代理権の不存在について代理行為の相手方が悪意・有過失の場合にだけ本人が免責されることになり、代理権があるかどうか半信半疑である場合には、なお表見代理の成立が認められることになる（四宮和夫＝能見善久『民法総則〔第9版〕』〔弘文堂、2018年〕388、389頁以下）。

　109条1項本文に比べて、110条が本人の帰責性の要件を緩和しているのは、本人が代理人にどのような権限を与えたにせよ、任意代理の場合には、私的自治の範囲を拡張するために越権行為をするような代理人を選任した点で本人には帰責性があると解しているからであり、他方で、相手方が代理人に代理権があると信ずべき正当の理由があるかどうかという要件を通じて、保護されるべき第三者の範囲を絞りこむことにしているからである。

4. 代理人による白紙委任状の不当な補充とYに対する請求の当否

　【例題】では、Xは、Aに対して甲土地への抵当権設定に関する代理権を授与し、その際にXがAに交付した委任状について、Aが委任事項欄を不当に補充して本人が授与した代理権の範囲を超えて代理行為を行っている。

　本人によって白紙委任状が交付された場合には代理人による補充を容認しているのであり、代理人による補充と相俟って本人がその補充された内容の代理

権を代理人に与える旨の「表示」をするに至ったと解して、本人が委任事項欄白紙の委任状を任意に交付することは、何の制限もない代理権を与えたのと同じであり、本人側の帰責性は重いとして109条1項本文による表見代理の成立を認めるべきであるとする見解がある（四宮＝能見・前掲書387頁）。

　しかし、前述したように、109条1項本文は、本人が代理行為の相手方に代理権授与表示をしたというだけで、原則として表見代理の成立可能性を認めているものの、委任事項欄が白紙の委任状を交付し、代理人が虚偽の表示を行う契機を本人が与えたというだけで、109条1項の責任を拡張しているわけではない。そこで、学説の中には、本人による代理権授与表示は意思表示ではないが、表示に対応する本人の意思が欠けていることを問題として2017（平成29）年民法改正前の95条を類推する見解（幾代通『民法総則〔第2版〕』〔青林書院、1984年〕373頁。ただし、本人の重過失が問題となる場合が多いという）、あるいは、本人に代理権授与表示であるという認識（表示意識）が欠けていることを理由に、109条1項の代理授与表示があるとは言えないと解する見解（佐久間・前掲書281頁）が有力に主張されている。しかし、109条1項本文は無権代理の効果が本人に帰属しないことを原則としつつも、代理権を授与していないのに、代理権を授与したと表示したことを原因として、例外的に本人に一種の表示責任を負わせる制度である。いわば禁反言の法理に基づいて本人の責任を認めているものと解される。したがって、意思表示理論のアナロジーによるのではなく、白紙委任状の本人による任意交付と他者による補充と補充された委任状の提示について、代理権授与表示として本人に帰責できるかどうかを端的に判断し109条1項本文の適用範囲を画定すべきものと解される。

　【例題】では、本人が作成した白紙委任状は、抵当権設定にかかる対外的事務について代理人への代理権授与の事実を相手方に示すために交付されたものに過ぎない。本人が授与していない甲土地の一切の処分にかかる代理権が代理人にあるとする委任状を作出し表示したのは代理人である。Xの帰責性は、白紙委任状を交付した点ではなくて、むしろ越権行為を行うようなAに代理権を付与した点にあり、110条に基づいて表見代理の成否を判断すべきものと解される。

　上記のように解すると、【例題】では、A・Yで代物弁済契約を締結する際

に、Aに代理権があるとYが信じた点に正当な理由があるのかどうかが争点となる。YはAに甲土地の一切の処分について代理権がないことを知らなかったことから、YがAに代理権があると信じた点について過失がなかったかどうかが問題となる。無過失の評価根拠事実としては、委任状の委任事項欄には、「甲土地の処分に関する一切の事項について、Aに委任する」と記載されていたこと、Aが上記委任状だけでなく、甲土地の登記識別情報（番号）、Xの実印および印鑑証明書を持参していたことが重要である。一般に、これらの事実は、土地を処分するための代理権が授与されていたことを推認させる事実であり、相手方としてもこれらの書類を提示された場合には、甲土地の処分についてAに代理権があるということを信じるのが通常である。したがって、これらの書類を提示されたYには、Aに甲土地の処分に関する代理権があると信じた点につき過失がなかったと一応は評価できそうである。

　もっとも、Xが所有する甲土地の所有権をYへ移転することによってMの債務を第三者弁済していること、Aの代理行為はMの債務につき連帯保証人となっているAにとっても利益となるが、代物弁済はXに何ら利益をもたらさないこと、Mの代表取締役社長であるAとXが親子であること、甲土地の価額が高額であること、それにもかかわらず、Aの代理権についてY会社はXに一度も問い合わせを行っていない。これらの事実は、Yが無過失であったとする評価を障害する事実となろう。これらの事実を総合的に評価して、Yの無過失の有無を判断していくことになる。

❸　Zに対する請求

　【例題】の事実1〜6のほかに、以下の事実が明らかになった。

　　7．Yは、Mに対する貸付金の回収を図るために、甲土地を転売することにした。Zは、マンションの建設用地を探していたが、不動産仲介を業とするN会社から、甲土地が売りに出ていると連絡を受けた。土地の形状がよく、静観な環境で、ファミリータイプのマンションを建設するために適した土地であったことから、Zは、甲土地を1億2000万円で購入するこ

とにし、Ｙとの間で、2021年９月15日に、売買契約書を作成して、売買代金と引換えに、甲土地の引渡しを受け、同日、移転登記を完了した。

1. 訴訟物と請求原因・請求原因事実

　Ｘが、甲土地の登記名義を回復するには、ＹおよびＺに対して、それぞれ、所有権移転登記の抹消登記手続を求めるか、ないしは、Ｚだけを相手にして、真正な登記名義の回復を原因として（移転登記の抹消に代わる）所有権移転登記手続を求めるのか、いずれかとなる。訴訟物は、前者の場合には、所有権に基づく妨害排除請求権としての所有権移転登記抹消登記請求権、後者の場合には、所有権に基づく妨害排除請求権としての所有権移転登記請求権となる（☞**第 2 章❷1.**）。

　【**例題**】の事実１～７が上記訴訟で主張されたほか、争いがあったＸからＡに対する代理権授与の範囲については、Ａが、上記訴訟の口頭弁論で、証人として、Ｘから授与されたのは、甲土地について抵当権を設定する点にかかる代理権であって、甲土地の一切の処分に関する代理権は授与されていないことを証言したとして、以下では、ＸからＺに対する請求の当否を検討してみよう。

　Ｚにとっては、Ｘは甲土地の前々主であり、Ｘに所有権がなければ、Ｚも自分が所有者であることを主張できない関係にあるから、Ｘ・Ｙ間で代物弁済契約を締結した2021年４月14日当時、Ｘが甲土地の所有者であった点については権利自白が成立するものと見込まれる。したがって、①2021年４月14日当時、Ｘが甲土地を所有していたこと、②甲土地についてＺ名義の所有権移転登記があることが請求原因事実となり、Ｘの請求権の発生が基礎づけられる。Ｚに対する請求においても、Ｘが現在もなお所有者であるかどうかが争点になる。

2. Ｚ固有の反論──94条 2 項＋110条の類推

　Ｙだけでなく、Ｚについても、❷3. で検討したＹからの反論と同様の反論が可能となる。表見代理制度は代理権の存在を信頼した者を保護する制度であ

る以上、「第三者」とは、表見代理人と取引をした直接の第三者に限られることになる（☞**第7章❶**）。したがって、Ｚは、**❷3.** で検討したように、Ｙが110条の第三者にあたるとして、Ｘ・Ｙ間に代物弁済契約が成立した点を理由に、Ｘの所有権がもはや喪失したと主張することになる。

　ＸのＹに対する請求が認容される場合には、Ｙは甲土地の所有権者ではないことになるから、Ｚは、表見代理以外に、Ｚ固有の反論として、94条２項の類推適用に基づく所有権喪失の抗弁を主張することが考えられる。なぜなら、Ｚは、前主であるＹ名義の登記を信頼して、取引関係に入った第三者であるからである。94条２項の類推適用も権利外観法理の１つであるが、Ｚの信頼した外観はＹ名義の所有権移転登記であり、Ｙ名義の所有権移転登記という外観を作出した点にＸの帰責性がないか、ＺがＹを甲土地の所有者であると信じた点に過失がないかどうかを検討する必要がある。

　本件では、甲土地につき、2021年４月20日にＸ・Ｙ間の代物弁済を原因としてＸからＹへの所有権移転登記がなされ、Ｙ・Ｚ間で甲土地の売買契約が締結された2021年９月15日に、Ｚ名義の所有権移転登記が完了している。

　Ｘは、甲土地にＹ名義の所有権移転登記がなされたことにつき積極的に関与していないことはもちろん、Ｙ名義の登記が経由されていることすら認識しておらず、Ｙ名義の登記を知りながらこれを承認していたとか、あえて放置していたといった事情もない。したがって、94条２項類推適用における本人への帰責の根拠を不実登記の作出が権利者の意思に基づく点にあると捉えると、Ｘには帰責性はなく、94条２項類推適用の余地はないものと解される。

　もっとも、**第5章**（☞**第5章❸2.(b)**）で検討したように、最判平成18・2・23民集60巻２号546頁は、権利者から不動産登記に関する取引などに権限を与えられていた者が権限外の不実登記を作出し、しかも、権利者がその権限外の行為を代理人が容易に行うことができる状況を作出している場合に、真の権利者のあまりにも不注意な行為が原因となって不実登記が作出されたときには、真の権利者の帰責性の程度は、自ら外観作出に積極的に関与した場合や放置した場合と同視できると判示している。

　94条２項類推適用という判例法理が、不実登記を信頼した第三者を保護する制度であるとすれば、94条２項（＋110条）類推の第三者の範囲には、Ｚのよ

うな転得者も含まれるものと解されることになるが、このように解するのであれば、本人の帰責性の判断に当たっては慎重な検討が必要となる（最判平成15・6・13判時1831号99頁参照）。

　【例題】においても、XからYへの所有権移転登記が可能となったのは、XがYへの所有権移転登記を申請するために必要な書類や資格徴憑をAに交付したからである。しかし、事実2によれば、MのYからの借入れのために、Xが物上保証人として甲土地に抵当権を設定することを了承し、そのために必要な甲土地の登記識別情報（番号）、Xの実印、印鑑登録証を、Mの代表取締役であり、Xの子であるAに交付したにすぎない。印鑑登録証明書の交付を受けるために、AはXから印鑑登録証を預かり、また、委任状の委任事項欄を白紙のままXがAに交付したのは、Aの言動によるものである。そうだとすれば、Xのあまりに不注意な行為が原因となって、XからYへの移転登記という不実登記が作出されたとまではいえない。また、Xが少し注意を払えばY名義の移転登記が作出されることを防止できたということもいえないように思われる。

　結局、Zに対する請求についても、❷3. で検討したように、110条に基づき表見代理が成立するかどうか、Yが甲土地の処分についてAに代理権があると信じた点に過失がなかったかどうかによるべきものと解される。

●重要判例●
- 最判昭和39・5・23民集18巻4号621頁（白紙委任状と代理権授与表示）
- 最判昭和35・2・19民集14巻2号250頁（民法110条の基本代理権――事実行為）
- 最判昭和39・4・2民集18巻4号497頁（民法110条の基本代理権――私法上の行為についての代理権）
- 最判昭和46・6・3民集25巻4号455頁（民法110条の基本代理権――登記申請行為）
- 最判昭和51・6・25民集30巻6号665頁（民法110条の正当理由の判断）

216

●演習問題●

【設問1】

　Xは、Yに対して所有権移転登記の抹消を求めて訴えを提起した。**【例題】**の事実1～6に基づき、事実2については、Aが証人として証言し、AがYとの間で行った代理行為については無権代理と認定されたものとして、XのYに対する請求が認められるか検討しなさい。

【設問2】

　Xは、YのほかにZに対しても訴えを提起することにした。**【例題】**の事実1～7に基づき、事実2については、Aが証人として証言し、AがYとの間で行った代理行為については無権代理と認定されたものとしてXのZに対する請求が認められるか検討しなさい。

Professional View Ⅰ-12
訴訟委任状と委任契約（川上）

　委任状の典型例としては、訴訟委任状（【図表3】）がある。訴訟委任状は、委任者である依頼者を委任者とし、弁護士を受任者とする委任状である。訴訟委任状は、訴訟代理権の授与の証拠書類となるが、その基礎となる実体的な代理権授与は、「委任契約書」（【図表4】）で依頼者から弁護士に与えられている。

　「委任契約書」第1条では、依頼者から弁護士に対して特定の事件処理について、その委任の範囲を定めて代理権を授与している。この依頼者の意思表示により、実体的な代理権が授与されているわけである。この代理権の授与の証拠書類とするために作成されるのが、【図表3】の訴訟委任状となる。■

【図表3】 訴訟委任状

委　任　状

令和○年○月○日
住　所　○○県○○市○○町○丁目○番○号
委任者　　甲　野　太　郎　　㊞

　私は、次の弁護士を訴訟代理人又は手続代理人と定め、下記の事件に関する各事項を委任します。

弁護士　　乙野　花子
○○弁護士会所属
事務所住所　○○○市○○区○○丁目○番○号
○○法律事務所
電話番号　00-0000-0000
FAX番号　00-0000-0000

記

第1　事件
　1　相手方　丙山　次郎
　2　裁判所　大阪地方裁判所
　3　事件の表示　損害賠償請求事件
第2　委任事項
　1　上記事件の訴訟行為・手続行為、訴え・申立て、反訴・控訴・上告・上告受理・抗告・許可抗告・異議につきその提起又は申立て、それらの取下げ、取下

　　げについての同意、和解、調停合意、請求の放棄、請求の認諾、弁済金物の受
　　領、保管金納入及び受領
　2　参加、訴訟脱退、強制執行、仮差押え及び仮処分、保全処分
　3　担保保証の供託、同取消決定の申立て、同取消しについての同意、同取消決
　　定についての抗告権の放棄、権利行使催告の申立て、担保取戻し
　4　供託物の払渡（取戻・還付）及び利息利札の請求並びに受領、閲覧申請
　5　債権届出、債権者集会及び債権調査期日への出席、議決権の行使ほか債権者
　　としての権利行使
　6　手形訴訟、小切手訴訟又は少額訴訟の終局判決に対する異議の取下げ及びそ
　　の取下げについての同意、訴訟参加又は訴訟引受けによる脱退
　7　上記事件に関する調査、照会、交渉
　8　復代理人選任

【図表 4】委任契約書

委任契約書（民事　着手金・成功報酬型）

　依頼者を甲，受任弁護士を乙として，次のとおり委任契約を締結する。

第 1 条（事件等の表示と受任の範囲）
　　甲は乙に対し下記事件又は法律事務（以下「本件事件等」という。）の処理を
　委任し，乙はこれを受任した。
　　　①事件等の表示
　　　　事件名　　　損害賠償請求事件
　　　　相手方　　　丙山　次郎
　　　　裁判所等の手続機関名　　大阪地方裁判所
　　　②受任範囲
　　　　☑ 示談折衝，□書類検討・作成，☑ 契約交渉
　　　　☑ 訴訟（一審，控訴審，上告審，支払督促，少額訴訟，手形・小切手）
第 2 条（弁護士報酬）
　　甲及び乙は，本件事件等に関する弁護士報酬につき，乙の弁護士報酬基準に定
　めるもののうち ☑ を付したものを選択すること及びその金額又は算定方法を合
　意した。
　　なお，合意した金額又は算定方法は，全て（　税込　）である。
　　☑ 着手金
　　　①着手金の金額を次のとおりとする。ただし，上訴等の手続に移行し，引き
　　　続き乙が受任する場合の着手金は，新たな委任契約で定める。
　　　　金110万円とする。

②着手金の支払時期・方法は，特約なき場合は本件事件等の委任のときに一括払いするものとする。

③委任契約時に請求額が未確定の場合や，業務内容が追加された場合等の追加着手金については特約で定めるものとする。

☑報酬金

①事件解決時（和解も含む）の報酬金の金額を次のとおりとする。ただし，本件事件等が上訴等により受任範囲とは異なる手続に移行し，引き続き乙がこれを受任する場合は，その新たな委任契約の協議の際に再度協議するものとし，乙が受任しない場合には次のとおりとする。

□金　　　　　　　　　　円とする。

☑特約のない限り甲の得た経済的利益の10％とする。経済的利益の額は，乙の弁護士報酬基準に定める方法によって算出する。

②報酬金の支払時期は，示談，和解，判決等により本件受任事務が終了したときとする。ただし，執行手続も受任している場合は特約で定めるときとする。

第3条（実費・預り金）

1　甲は下記の費用概算として金5万円を乙に預託する。

☑印紙

☑郵券

☑交通費

☑通信費

□その他（目的）

2　前項の預り金が不足する場合には，乙は必要な額を追加で預託する。

3　乙は，不要であることが明らかとなった預り金はその時点で精算する。

4　実費・預り金については，示談，和解，判決等により本件受任事務が終了したときに精算する。

第4条（弁護士業務の適正の確保）

1　甲は，本件事件等の処理の依頼目的が犯罪収益移転に関わるものではないことを，表明し保証する。

2　前項の内容の確認等のため，乙が甲に対し，本人特定事項の確認のための書類を提示又は提出するよう請求した場合，甲はそれに応じなければならない。

3　甲は，前項により確認した本人特定事項に変更があった場合には，乙に対しその旨を通知する。

第5条（事件処理の中止等）

1　甲が第2条及び第3条により支払うべき金員の支払いを遅滞したとき，又は前条第2項に基づく乙からの請求に応じないときは，乙は本件事件等の処理に着手せず，又はその処理を中止することができる。

2　前項の場合には，乙は速やかに甲にその旨を通知しなければならない。

第6条（弁護士報酬の差引等）

1　乙は，示談，和解，判決等により本件受任事務が終了した際に甲に対して清算すべき債務がある場合には，第2条及び第3条により甲が支払うべき金員を差し引いた上で甲に支払うことができる。

2　乙は，第2条及び第3条により甲が支払うべき金員を支払わないときは，本件事件等に関して保管中の書類その他のものを甲に引き渡さないことができる。

3　前2項の場合には，乙は速やかに甲にその旨を通知しなければならない。

第7条（委任契約の解除権）

甲及び乙は，委任事務が終了するまで本委任契約を解除することができる。

第8条（中途解約の場合の弁護士報酬の処理）

本委任契約に基づく事件等の処理が，委任契約の解除又は継続不能により中途で終了したときは，乙の処理の程度に応じて清算を行うこととし，処理の程度についての甲及び乙の協議結果に基づき，弁護士報酬の全部もしくは一部の返還又は支払いを行うものとする。

甲及び乙は，乙の弁護士報酬基準の説明に基づき本委任契約の合意内容を十分理解したことを相互に確認し，その成立を証するため本契約書を2通作成し，相互に保管するものとする。

_____　年　　月　　日

　　　甲（依頼者）

　　　　住所_____

　　　　氏名_____　印

　　　乙（受任弁護士）

　　　　氏名_____　印

Professional View Ⅰ-13

経営者の個人保証 （川上）

【例題】のＡのように、会社が金融機関から融資を受ける際に、代表取締役である社長などの経営者の個人保証を要求されることが多いのが実情である。この個人保証とは、一般的に、経営者が、会社の債務を連帯保証することをいう。そのため、個人保証をした経営者は、会社が債務不履行に陥った場合、会社の債務を全額支払わなければならないことになる。

このような個人保証を金融機関が求めるのは、主に責任財産の拡張のためであるが、経営者に会社経営に対する責任と自覚を持ってもらう狙いもある。株式会社は有限責任であるはずなのに、会社の債務について経営者にも連帯保証をさせることで、実質的に無限責任を負う形を創り出すことに違和感を感ずるかも知れない。実際、個人保証をした経営者が会社倒産に伴い過酷な状況に陥る事例は枚挙にいとまがない。

　他方、小規模閉鎖会社が多い日本では、株式会社であっても、その全株式を役員が保有しており、しかも役員全員が親族関係にあるという会社は少なくない。株式会社の株主は有限責任の利益を享受するために厳密な財産分離やガバナンス体制の構築が求められるが、小規模閉鎖会社では、会社財産と役員個人財産の分離がなされず渾然一体となっていたり、株主と経営者が一致していることからガバナンス体制による経営者への牽制が効かず、経営者個人の一存で報酬が決まる、会社の財務状況を表す財務諸表が不正確（そもそも作成されていない）など有限責任を享受するだけの基盤が不十分であるという実態も否定できない。

　上記のような事情があることから、金融機関としては、小規模閉鎖会社への融資にあたっては会社の責任財産へ全幅の信頼を寄せることができず、実態は個人経営と評価せざるを得ない場合には、個人保証を取らないと安心して融資できないという側面もある。実際、コンプライアンスと内部統制システムの構築が求められる上場企業においては、金融機関が経営者の個人保証を取ることはない。

　しかしながら、金融機関が安易に個人保証に頼り過剰な融資を行い、連帯保証人である経営者個人を過酷な状況に追い込み、事業の再起を図れない状態としてしまうことは、チャレンジ精神のある起業を萎縮させてしまう。

　そこで、民法では、従前から保証契約は書面でしなければ効力を生じない（民法446条2項）として要式契約とするなど規制を強化する方向での改正がなされ、さらに2017（平成29）年改正においては、個人根保証契約（民法465条の2以下）、事業に係る債務についての保証契約の特則（民法465条の6以下）を立法し、極度額を定めることを要件とする（民法465条の2）、主債務者となる会社の取締役等以外の者を保証人とする場合には、公正証書の作成を要件とすること（民法465条の6、同465条の9）、主債務者である会社は、保証人に対し、会社の財産状況等を知らせる情報提供義務を定める（民法465条の10）などの規制の強化を図った。上記の規定は、2020（令和2）年4月1日以降の契約について適用される（保証に関する2017年民法改正の詳細については本シリーズ『応用民法Ⅲ』参照）。

　このように、保証債務に関する規制は徐々に強化されてきているが、小規模閉鎖会社における個人保証を皆無とすることは現状では困難である。先に述べたとおり、個人保証には、経営者に経営への自覚と責任を促すことや単独では融資基準を満たさない会社の信用を補完して資金調達の円滑化に寄与する面がある。他方、過度の個人保証は会社の活力や経営者の再起を妨げる面がある。

　そこで、中小企業の経営者保証に関する契約、履行等における中小企業、経営者および金融機関の対応についての中小企業団体と金融機関団体共通の自主的ルールである「経営者保証に関するガイドライン」（以下「ガイドライン」という。）が、

2014（平成26）年 2 月 1 日から運用が開始されている。このガイドラインでは，①融資の際に個人保証を不要とするか、保証機能の代替手法の活用を検討すべき条件（ⅰ法人と経営者との関係が明確な区分・分離がなされていること、ⅱ主たる債務者の財務基盤の強化がなされていること、ⅲ財務状況の正確な把握、適時適切な情報開示等による経営の透明性が確保されていること。）。②既存の個人保証の見直し，③窮地に陥った経営者に早期の事業再生や廃業を促すために、経営者に一定の資産を残すことができるようにして債務整理の負担を軽減することなどが定められている。

　しかしながら、ガイドラインの運用状況、特に個人保証を求めない融資が必ずしも進展しないことから、金融庁はガイドラインの見直しを行い、2023年 4 月から新しいガイドラインが実施される予定である。

　新しいガイドラインでは、①経営者保証を取ろうとする金融機関は、「どの部分が不十分であるとして経営者保証を求めるのか」、「どのような改善を図れば保証契約の変更、解除等の可能性があるのか」について、経営者に具体的に説明することが義務づけられる。そして、②金融機関は、保証人に対する説明内容を記録する共に、③金融庁へ件数を報告することを義務づけ、④金融庁はヒアリング・検査を行い、違反などがあった場合には行政処分を行うことができるようになる。

　あくまでガイドラインなので法的な拘束力はないソフトローではあるが、さらなる活用の拡大が期待されている。　　　　　　　　　　　　　　　　　■

表見代理制度を通じた取引の相手方の保護［応用編］

第9章

——白紙委任状が交付された紛争類型と109条2項・112条

❶　出題の趣旨

　2017（平成29）年民法改正は、改正前112条に修正を加えて112条1項として、表見代理の一類型であることを条文上明確にした。さらに、改正前109条と110条の重畳適用、改正前112条と110条の重畳適用を認めた判例法理を明文化し、109条2項および112条2項として新設した。**第9章**では、109条2項および112条1項・2項に焦点をあて、代理権があるような外観作出について、どのような点で本人に帰責性があると解すべきなのか、代理権があると信頼して取引を行った相手方をどのような場合に保護すべきなのかに検討を加えて、表見代理の各類型の制度趣旨を明確にし、その適用範囲を考えてみよう。

　本章でも委任状を巡る紛争事例を素材として検討する。**第7章**が偽造された委任状が取引に用いられたケース、**第8章**が本人から交付された委任事項欄等が白紙である委任状を代理人が不当に補充した事案であった。これに対して、**第9章**では、本人から白紙委任状を交付された者がその委任状を他人に渡し、当該他人（委任状の転得者）が不当に受任者欄と委任事項欄を補充したケースを検討材料とする。このような事案の違いを意識しなから、表見代理の5つの類型を通じて、どのように取引の安全が図られているのかを検討する。

　また、これまでは主に売買や贈与など、財産権が一回で移転する契約を巡る事例を通じて学んできたが、**第9章**から貸金の返還にかかる請求が本格的に登場する。貸付けは典型的には金銭消費貸借契約に基づいて行われるが、2017年民法改正では、従来の要物消費貸借契約（587条）と並んで書面でする諾成要式的消費貸借契約が新しい契約類型として追加されることになった（587条の2）。

加えて、**第9章**の事例には、不動産担保の典型である抵当権と非典型担保の1つである不動産譲渡担保が登場する。いずれも設定者のもとに担保目的物の占有が留まったまま担保に供される担保物権である点で共通性がある。譲渡担保権の効力については判例理論に依拠して考えることになるが、動産抵当制度として譲渡担保が発展した国が多い中で、わが国では譲渡担保の法理が不動産を念頭に形成されてきたという特色がある。まずは、不動産譲渡担保を素材に、わが国の譲渡担保の法理の基礎を学ぶことにする。

109条2項の表見代理制度

以下の【例題】は、後述するAのDに対する訴訟で、当事者が主張した事実を整理したものである。

【例題】

1. 2020年2月末に、Aは、スマホ用アプリの開発を主な事業目的とするM株式会社（以下、「M社」という）の代表取締役社長である義弟Bから相談を受けた。

Bの話によれば、「M社が現在開発中のアプリについて、当初の予想より開発資金がかさみ、M社の取引先であるN株式会社（以下、「N社」という）から開発資金の一部として3000万円を一時借り入れることになった。貸付けにあたり、不動産に担保物権を設定させてほしいといわれたが、私もM社も担保として提供できるような不動産を所有していない。申し訳ないが、Aが所有する甲土地に上記借入金の担保として抵当権を設定させてもらえないか」ということであった。

AがBにM社の財務状況や借入金の返済計画を尋ねたところ、「M社が開発したソフトの売掛代金3000万円の入金が遅れているが、7月上旬には入金される見通しなので、そのときに、N社に全額返済する予定である。それまでのことである」とのことであった。また、「抵当権設定に関する一切の手続や費用は、M社のほうで全部負担するので迷惑はかけない」と

説明された。

　甲土地は、Aが2010年12月16日に死亡した父の財産につき遺産分割によって取得した財産の１つであり、今のところ特に利用する予定もなかったことや、Bから「M社の経営状況について妻に心配をかけたくないので、この件はいわないでほしい」と懇請されたこともあり、AはBの依頼を了承した。

　２．2020年４月３日に、Aは、M社の本社で、Bから物上保証人になる謝礼として30万円を受け取り、委任状を作成した。Bが、「抵当権設定に関する手続は当社の担当部局で進めるので、委任者欄に自署して実印だけ押してくれればよい」といったので、<u>Aは委任事項欄や日付・受任者欄は空欄のまま委任状を作成し、Bに交付した。あわせて、Aは、抵当権設定契約と抵当権設定登記をするために必要となる印鑑登録証明書、運転免許証のコピー、実印をBに預け、甲土地の登記識別情報（番号）を教えた。</u>

　３．Aは、2020年７月末に、たまたま甲土地の登記事項証明書を取り寄せたところ、甲土地の所有者名義がDになっていることが判明した。AがBを詰問したところ、Bは、実際には、N社の代表取締役Cに、Aからの上記委任状・印鑑登録証明書を渡し、甲土地の登記識別情報（番号）を教えていたことが明らかになった。

　４．Dは個人で貸金業を営んでいたが、2020年４月10日に、CからN社の運転資金として5000万円を緊急に融資してほしいと依頼された。Dは、過去にもN社に運転資金を融資したことがあったので、不動産担保があれば直ちに融資できると回答したところ、Cから物上保証人がいるとの返答があった。2020年４月13日に、DはN社に、貸付期間３か月（弁済期2020年７月12日）、利息年12％の約定で、5000万円を貸し付け、Cは、Aからの委任状をDに示した上で、上記元利金債権が弁済されない場合には、甲土地の所有権をDに移転する旨の契約を締結した。同日、この契約に基づいて、D名義の所有権移転登記（登記原因：譲渡担保）を完了し、Dは、N社の口座に5000万円を振り込んだ。

　なお、CがDに提示した委任状には委任者欄にAの記名・捺印、受任者欄にCの署名・捺印があり、また、委任事項欄には「A所有の甲土地に関

する一切の件」と記載されていた。また、委任状のＡの印影と印鑑登録証明書の印影は一致していた。

　5．Ｄは、Ｎ社に貸付けをするに際して、甲土地の登記記録で、甲土地の所有者がＡであること、現地調査をして甲土地が更地であることを確認した。また、同年４月11日に、Ａの連絡先の携帯番号に電話をして、Ｎ社の借入に際して、甲土地を担保に入れることを了承しているかどうか確認した。しかし、Ａの連絡先とされた携帯番号は、実はＢのものであり、Ｄからの確認に応答したのはＢであった。

1. 訴訟物と請求原因・請求原因事実

　ＡはＤを相手に、甲土地のＤを所有者とする所有権移転登記の抹消登記手続を求めて訴訟を提起することになるが、ＡからＤに対する上記請求の訴訟物は、所有権に基づく妨害排除請求権としての所有権移転登記抹消登記請求権である。上記請求権の発生を基礎づけるために、原告が主張・立証責任を負担する要件は、①現在、原告が甲土地の所有者であること、②現在、被告名義の登記があることである。登記保持権原がないこと（妨害に違法性阻却事由がないこと）については、登記を保持している相手方に主張・立証責任が転換されている（☞第２章❷2.）。

　ＤはＡの甲土地の現所有を争っているから、所有権について権利自白がどの時点で認められるかが問題となる。【例題】では、Ｄは甲土地の譲渡担保権者であると主張している。後述するように、Ｄは、譲渡担保を原因としてすでにＡの所有権は喪失したとしてＡの現所有を争うか、ないしは、ＤはＡ所有の甲土地に譲渡担保権を取得したとしてＤ名義の登記を保持する権原があると主張することになる。したがって、少なくとも譲渡担保設定契約の締結時点で、Ａが甲土地の所有者であったことについては権利自白の成立が可能であることになる。したがって、2020年４月13日当時、Ａが甲土地の所有者であったこと、甲土地につきＤ名義の所有権移転登記があること、以上の事実を主張すれば、Ａは上記請求権の発生を基礎づけることができる。

2. Dの反論①──有権代理

　Aからの請求に対して、Dは、A・D間の譲渡担保設定契約に基づいてDに譲渡担保権が成立しており、Aはもはや甲土地の所有権を喪失したと反論することが考えられる。被告が、ある不動産について原告の現所有を争っている場合、一般的には、被告が原告の現所有を前提に、原告と被告との関係で被告名義の登記について登記保持権原があるという主張をする余地はない。しかし、譲渡担保権は権利移転型の担保物権であることから、所有権移転という形式によるとしても、債権担保の範囲で所有権が移転しているにすぎないものと解される。そこで、所有権喪失の抗弁構成での反論のほか、Aが甲土地の所有者であることを前提に、譲渡担保を登記原因とするD名義の所有権移転登記についてDに登記保持権原があるという構成を念頭に反論することも考えられることになる。

Deep Learning Ⅰ-20
不動産譲渡担保に関する判例理論の現状（千葉）

　不動産譲渡担保が設定された場合に、判例は、目的物の価格と被担保債権額との間に差がある場合には譲渡担保権者に清算義務があること（最判昭和46・3・25民集25巻2号208頁）、また、被担保債権の弁済期後も設定者は債務を弁済して目的物を取り戻せる権利（受戻権）があるとする判例理論が確立し（最判昭和57・1・22民集36巻1号92頁）、これらの判例を通じて、譲渡担保権が非典型の担保物権であることは、すでに確立した判例理論となっている。

　不動産譲渡担保権者に所有権を移転するといっても、判例は債権担保の目的を達するのに必要な範囲で目的物の所有権移転の効果が生じるに過ぎないと解していることになる。

　譲渡担保権も担保物権の1つであるとすると、担保物権に関する成立の付従性との関係で、担保物権が成立したことを主張するためには、被担保債権が発生したことが必要となる。被担保債権の弁済期が経過したとしても、確定的に譲渡担保権者が所有者になるわけではないが、被担保債権の弁済期経過後は、譲渡担保権者に目

的物についての処分権能があり、譲渡担保権の実行はこの処分権能に基づいて行われ（最判昭和62・2・12民集41巻1号67頁）、譲渡担保権者による第三者への処分等によって受戻権は消滅すると解されている（最判平成6・2・22民集48巻2号414頁。譲渡担保権者の債権者のために目的物が差し押さえられた場合につき、最判平成18・10・20民集60巻8号3098頁）。　●

　もっとも、原告の所有権はもはや喪失したとする反論、あるいは、被告には登記保持権原があるという反論、いずれの構成によるとしても、Ｄの主張が有効な反論となるためには、Ａ・Ｄ間で譲渡担保契約が成立し、Ｄが譲渡担保権を取得したことが主張できなければならない。【例題】では、Ａの代理人Ｃの代理行為によってＡ・Ｄ間に譲渡担保設定契約が成立しＤが譲渡担保権を取得したことを基礎づけることが必要である（登記保持権原の抗弁の場合には、上記の事実に加えて、所有権移転登記が譲渡担保設定契約に基づくものであることも主張することになる）。

　すでに学習したように（☞第7章❷2.(b)）、有権代理によって代理行為の効果が本人に直接帰属したといえるためには、①代理人による意思表示（法律行為）、②顕名、③①に先立って代理権が代理人に授与されていたこと、以上の要件を充足することが必要である（99条）。

　【例題】では、①（代理行為）については、譲渡担保設定契約の合意のほかに、担保物権の成立の付従性の原則との関係で被担保債権の発生を基礎づける事実についても主張しなければならないから、ＤからＮ社に対する元利金債権が発生していることを主張・立証することが必要になる。具体的には、（ア）Ｄが2020年4月13日にＮ社に対して5000万円を貸し付けたこと（587条）、（イ）ＤとＮ社は（ア）の際に年12％の利息の合意をしたこと（589条1項）を主張することが必要である（なお、ＣはＮ社の代表取締役として上記契約を締結している。ＣとＮ社の間には、代理に準じた代表関係があることになる〔会社法349条4項等〕）。Ｎ社は株式会社であり、借入れ行為は会社法5条により商行為に当たる。商法504条によれば商行為の場合には非顕名でよいから、Ｎ社が借入れ当時、株式会社であること、ＣがＮ社の代表取締役であることを主張すれば理論上は足りることになる（ただし、通常の商取引では「Ｎ社代表取締役Ｃ」という形で顕名が

されるのが通常である）。

　また、②（顕名）については、委任者Ａ、受任者Ｃ、委任事項を甲土地一切の処分を委任するという記載のある委任状を「提示」したことを主張することになる。

　③（代理行為に先立つ代理権授与）については、**第7章・第8章**で解説したように、事務処理契約説に立てば、本件では、ＡがＣに甲土地の処分について委任しており、この委任契約に基づいてＣに対して甲土地の対外的な処分について代理権の授与があったことをＤは主張することになろう。そして、上記委任契約があったことを証明するために、Ｄは、4月1日付のＡ作成の委任状（「委任者Ａ、受任者Ｃ、委任事項を甲土地の一切の処分をＣに委任する」との記載のあるもの）を証拠として提出することになる。

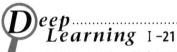

Deep Learning Ⅰ-21
貸金債権の発生と貸金返還請求権の行使の区別の必要（千葉）

　【例題】では、被担保債権が発生していればよいのだから、そのために必要な限度で事実を主張すればよいことになる。これに対して、ＤがＮ社に貸金の返還を請求する場合には、貸金返還請求権が発生していることが必要になる。587条によれば、上記の事実だけでなく、弁済期が到来したこと、貸金債務の弁済がないこと、以上の事実をあわせて主張することが必要である（消費貸借契約の場合には、目的物を消費して、それと同種同質同量のものを返還することになる。したがって、履行の準備期間が必要であることから、返還時期の合意がない場合には、591条により、催告と催告後相当な期間の末日の到来を主張することになる）。

　貸借型の契約の場合には、目的物の返還を約して、一定期間、借主だけに目的物の利用を認めて、その期間が終了した時点で目的物ないし目的物と同種・同質・同量の物の返還を請求できる契約であるから、貸借型契約が諾成契約であっても要物・要式契約であっても、契約の相手方に契約の目的物の返還を求める権利（＝債権）は、契約の成立時点で発生しており、目的物の返還請求権は貸借型契約の終了を原因とし、終了時点で貸金債務の弁済がない場合に初めて行使ができる（前者を抽象的請求権、後者を具体的請求権と呼ぶ見解もある）。なお、賃貸目的物の返還請求権は、賃貸借終了時点で貸主に認められている権利について、借主が借入金債務を返済しない場合に、貸主の上記賃権を実現するために認められる履行請求権と解されることにな

る（債権と履行請求権の関係については☞**応用民法Ⅱ第13章❷2.3.**）。

3. | Dの反論②――表見代理

【例題】の事実１・２によれば、Aは、M社のために抵当権を設定して物上保証人となることに同意し、その対価として30万円を受け取っており、A・M社間には、有償の保証委託契約があることになる。Aは、N社からM社に対する貸金債権3000万円を担保するために、甲土地への抵当権設定に関する対外的な事務処理を行う代理権を授与することにし、委任状をBに交付したことになる。したがって「Cに甲土地の処分につき一切の代理権を授与した」というDの主張に対して、Aは否認することになる。

　もっとも、Aが誰にどのような代理権を授与したかは、Dにはわからない。Dとしては、無権代理であった場合に備えて、表見代理構成による反論の展開を考える必要がある。Dに対する訴訟の口頭弁論におけるB・Cへの証人尋問などから、以下の事実６・７が明らかになった場合に、Dがどのような反論をすべきか検討してみよう。

　　６．Bが義兄Aから交付された上記委任状・印鑑登録証明書等をCに渡し、甲土地の登記識別情報（番号）をCに教えたのには、次のような事情があった。

　　CとBは、大学のボート部の先輩・後輩の関係にあり、ベンチャービジネスの世界で共に成功したこともあって非常に懇意にしていた。また、2013年頃から急成長を遂げたN社が、M社にとっても有力な取引先の１つとなっていた。

　　2020年２月初めに、Bは、Cから、一切迷惑はかけないので、謝礼金30万円で３か月間だけ物上保証人になる人を探してほしいと頼まれた。Cの話によれば、「N社が開発したシステムの売掛代金の入金が一部遅れており、今後の運転資金を考えて、銀行に追加融資の相談をしたところ、念のため、不動産に担保権を設定させてほしいといわれた。自分も会社も不動産を所有していないので、物上保証人になってくれる人を探している。遅

くとも7月初めには大口の入金があるから、物上保証人をお願いするのは3か月程度である」ということであった。

　BがAの委任状・印鑑登録証明書を渡し、甲土地の登記識別情報（番号）を教えてくれたのは、Bの義兄Aが、N社の借入れのために、3か月間、30万円で物上保証人になってくれることを了解してくれたものであると、Cは理解していた。しかし、AとCは全く面識がなく、AとN社との間にも何ら関係はなかった。

　7．ところが、2020年4月5日になって、Cは、突如、銀行の担当者から追加融資はできないことになったといわれた。直ちに資金を確保できると考えていたCにとっては、予想外の事態であった。N社の事業資金の確保に不安を覚えたCは、Dから当座の資金5000万円を調達することにしたが、Dからも不動産の担保を求められたことから、銀行からの借入れに対して物上保証人になってもらうために用意してあったAからの書類一式を利用した。Cは、委任状の受任欄にCと自署捺印し、また、委任事項欄には「A所有の甲土地に関する一切の件」と記載した上で、この委任状をDに提示して、同月13日にN社がDから借り受けた5000万円の元利金債権の担保として、A所有の甲土地に譲渡担保権を設定する契約を締結した。

　通常、本人から交付された委任状を代理行為の相手方に提示することによって、本人は、受任者たる代理人に、委任状に記載された委任事項につき代理権を与えたことを代理行為の相手方に表示したことになる。

　しかし、【例題】では、AはCに代理権を授与していない。事実6・7によれば、実際に、Aが抵当権設定のためにBに交付した委任状の白紙部分を補充して、Aの代理人として代理行為を行ったのはCであり、Cは、AがBに交付した委任状のいわば転得者である。しかも、Cが行ったAのための代理行為は、N社のM社に対する3000万円の貸金債権を被担保債権とする抵当権設定契約ではなく、DのN社に対する5000万円の貸金債権等を担保するための譲渡担保設定契約であったことになる。AはM社の借入金債務について物上保証人になることをBに承諾したが、実際に設定された担保物権の内容・債務者・被担保債権額には違いがあることになる。

　このような場合にも、Cが代理行為に際してA名義の委任状を相手方Dに提示したことをもって、Aが代理権授与を表示したものと解することができるのだろうか。

　不動産登記手続に要する書類とともに、本人が自らの意思で白紙委任状を交付した場合に、何人において行使されても差し支えなく、かつ、委任事項欄に当初の目的以外の内容が補充されても差し支えないという趣旨で委任状を交付したものといえるのかが問題となる。

(a)　109条1項本文に基づく反論の可能性

　109条1項本文は、他人に代理権を授与していないのに、代理行為の相手方に本人が代理権授与表示した場合に、原則として無権代理行為の効果を本人に帰属させ、相手方が、代理権が存在しないことを知っているか、過失があって知らない場合でない限り、本人の免責を認めない。したがって、109条1項本文の表見代理が成立しているといえるためには、本人による代理権授与表示がある場合であって、本人が第三者に表示した代理権の範囲と第三者の信頼した代理権とが一致していることが必要である（☞第8章❷3.(a)）。

　委任状は、本人が代理人に対外的な事務処理を委託する際に代理人と本人との間で作成されるものであることからすれば、まずは、不動産登記手続に要する書類とともに、本人が他人に白紙委任状を交付した際に、どのようなリスクを本人が引き受けたといえるのかを客観的に分析して代理権授与表示があったといえるかどうか、また、「表示された代理権の範囲内の代理行為」といえるかどうかを判断すべきものと解される。

　委任者・委任事項を特定した上で白紙委任状を交付した前章の事案と比較すると、【例題】では、抵当権設定に関する一切の手続や費用はM社が負担すること、および、AはM社の借入金債務3000万円のために、3か月程度の間、甲土地に抵当権を設定して物上保証人になることが、AとM社の代表取締役であるBとの間で合意されており、この対外的な事務処理のために、Aは受任者欄や委任事項欄を白紙としたままBに委任状を交付している。

　Aが甲土地に関する抵当権設定に関する対外的な事務処理をB個人に任せ、Bだけに上記事務につき対外的な代理権を授与したのかどうかは、【例題】か

らははっきりしない。そうだとすると、Aは、受任者欄を白紙にすることによってB以外の人が受任者になるリスクを引き受けたことになる。

　しかし、委任事項欄が白紙であった点から、当初の目的以外の内容が補充されても差し支えないという趣旨で、AがBに委任状を交付したと解することはできないように思われる。白紙委任状の提示によってAが引き受けたリスクは、M社が借入金債務3000万円を返済できない場合には、その限度で甲土地につき担保権が実行されることを甘受する点に限定されている。抵当権も譲渡担保権も非占有の担保物権であることから、委任事項欄を白紙にすることによって、抵当権ではなく譲渡担保権を設定した点まではAがそのリスクを引き受けたといえても、M社の借入金債務ではなく、N社の借入金債務を担保するために物上保証人になるリスクまで引き受けたとはいえない。

　したがって、Aの委任状をDに提示することによって、Aの代理人がCであると表示したと解することはできるとしても、Aの委任状によって「表示された代理権の範囲内の代理行為」は、客観的にみて、M社の借入金3000万円のために物上保証人となる範囲に限定されていたと認定判断されることが多いであろう。このように認定されるとすると、【例題】の場合には、109条1項本文の表見代理の成立は認められないと判断されることになる。

(b)　110条に基づく反論の可能性

　一方、110条の表見代理の場合には、本人が代理人に何らかの代理権（基本代理権）を授与したことによって、代理権限外の代理行為を行う原因を作り出しており、この点が本人に有権代理の場合と同様の責任を負わせる根拠となっている。任意代理の場合には、本人は代理人を介して自らの私的自治の範囲を拡大し利益を享受していることになるから、代理人が授与された代理権の範囲を逸脱して代理行為を行った場合にも、代理権を代理人に授与した本人が、代理行為に伴うリスクも負担すべきであるからである（☞**第 8 章❷3. (b)**）。本人が信頼した代理人に裏切られたとしても、それは、そのような代理人に代理権を授与した本人がそのリスクを負担するべきである。

　しかし、【例題】では、無権代理行為をしたCに、Aは何ら代理権限を与えていないから、本人への帰責性を正当化する根拠を欠いていることになり、

110条に基づく表見代理の主張には理由がないものと解される。

(c) 109条2項の新設

それでは、【例題】の場合に、表見代理が成立する余地はないのか。判例（最判昭和45・7・28民集24巻7号1203頁）・通説は、改正前109条と110条を重畳適用して、無権代理行為をした者に本人が基本代理権を与えているわけではないが、これに代えて、本人が他人に代理権授与表示をしたことが契機となって第三者が無権代理行為を行った場合には、「代理権授与表示」を組み込んで本人の帰責性を基礎づけ、他方で、表示された代理権の範囲を超える代理行為が行われた場合にも、本人によって表示された代理権の範囲に属すると信ずべき正当な事由がある場合には、表見代理の成立が認められると解してきた。

109条1項本文に比べると、109条2項の場合には本人の帰責性が弱いことから、代理行為の相手方の保護要件については、相手方が、代理権の範囲での代理行為であると信ずべき正当な理由がある場合に限定され、しかも、この要件についての主張・立証責任は、109条1項とは異なり、110条と同様、表見代理の効果を主張する側にあることが条文上明確になっている。

もっとも、109条2項の制度趣旨をどのように理解するのかについては、2017年民法改正後も、①109条1項による表見代理の趣旨を拡張した類型と解する見解と、②110条による表見代理の趣旨を拡張した規定と解する見解が対立するものと思われる（この点を指摘するものとして、森田修『「債権法改正」の文脈——新旧両規定の架橋のために』〔有斐閣、2020年〕238頁）。

前者の見解に立てば、109条1項本文と同様、本人による代理権授与表示を代理行為の相手方からみて代理権授与を知らせるものとして受け取ってよい何らかの態度が本人にあったことを本人への帰責の根拠とした上で、110条の「法意」により代理権の範囲外の場合にも相手方保護の必要性は変わらないとして、無権代理行為の効果を本人に帰属させてよいものと考えることになる（佐久間毅『民法の基礎1 総則〔第5版〕』〔有斐閣、2020年〕284頁）。

この見解では、109条2項の類型は、109条1項の「表示された代理権の範囲内で代理行為がなされたこと」という要件を緩和した類型と理解することになるから、109条1項とは異なり、109条2項では、表見代理の効果を主張する者

が、代理行為の相手方に「正当な理由」があることを主張・立証しない限り、表見代理の成立は認められないとして、本人と代理行為の相手方との利害の調整を図ったものと解することになる。

　これに対して、後者の見解では、109条 2 項は、110条において本人の帰責性の要件となる何らかの「代理権授与」を何らかの「代理権授与表示」に緩和したものと理解することになる。本人が（基本）「代理権授与」ではなく（基本）「代理権授与表示」によって無権代理人に代理行為を行う契機を作り出したのであれば、本人に帰責性があると考えていることになる。

　110条では、基本代理権と代理行為との間に関連性がなくても、客観的にみて本人が無権代理人に代理権を授与した何らかの外観があればよいものと解されていることから、代理行為の相手方が代理行為をした者に代理権があるという積極的な信頼がないかぎり、表見代理の成立を認めていない（☞ **第 8 章❷ 3.(b)**）。109条 2 項では、「代理権授与」から「代理権授与表示」に本人への帰責性の要件がより緩和されていることになるので、110条と同様、当該代理行為について無権代理人に代理権があると相手方が信じた点に正当の理由がある場合にだけ、表見代理の成立を認めることになると解することになる。

4. 請求の当否

　事実 1 〜 7 を前提にすると、**【例題】**では、Dは、109条 2 項に基づいて表見代理の成立を主張して反論を展開することになりそうである。

　109条 2 項に基づいて表見代理の効果を主張するためには、①代理行為があったことと、②顕名がなされたことに加えて、③109条 2 項に規定されている以下の要件を充足する必要がある。（ア）第三者に対して他人に代理権を与えた旨を表示した本人が、その代理権の範囲内においてその他人が第三者との間で行為したとすれば109条 1 項の規定により責任を負うべき場合であること、（イ）他人が第三者との間で代理権の範囲外の行為をしたこと、（ウ）代理行為が行われた際に、第三者が代理行為をした者に当該代理行為の代理権があると信ずべき正当な理由があることである。

　109条 1 項本文を充足すれば、原則として表見代理の効果が発生することに

なるから、（ア）の要件に該当する事実を主張・立証するために、同項ただし書に基づいて本人に免責事由がないこと（第三者が善意・無過失である）まで主張・立証する必要はない。

　前述したように、109条2項の制度趣旨をどのように理解するかによって、109条1項本文を充足するという意味をどのように解するのかについては、違いがあるように思われる。109条1項による表見代理の趣旨を拡張した類型と解する見解に立てば、109条1項の場合と同様、Aは、白紙委任状をBに交付し、Cに代理権を授与したと表示したことが、Aへの帰責性の根拠になる。一方、110条による表見代理の趣旨を拡張した規定と解する見解に立てば、AはCに何ら代理権を授与したことはないが、Cに代理権を授与したと表示しうる何らかの態度がAにあったことが、Cに代理権があるとの外観を与える契機になったと考えることになろうか。前者の見解では、白紙委任状の交付があったことが（ア）の要件の充足にとって判断材料の中核となる事実となるが、後者の見解では、代理権があるという外観を与えたことが本人への帰責性の根拠となることから、白紙委任状の交付は代理権授与表示があったと判断する際の1つの資料にすぎないことになるものと解される。

　もっとも、【例題】では、すでに3.で分析したように、Aの委任状をDに提示したのがBではなくCであり、Cが委任状の受任者欄にCと補充してDに提示した場合であっても、Cが代理人であるとAがDに表示したものと解されることになろうか。そうすると、いずれの見解に立っても（ア）の要件は充足する可能性があるものと解されることになろう。

　一方、（イ）の要件については、Cが行った代理行為は、N社の5000万円の借入に際して譲渡担保権を設定する契約をし、譲渡担保を登記原因として所有権移転登記申請を行ったということになり、Aによって表示された代理権の範囲（M社の借入金債務3000万円のために抵当権を設定すること）以外の代理行為がなされたものと解される。

　したがって、【例題】では、結局、譲渡担保設定契約締結の時点で、DがCに代理権があると信じた点に正当の理由があるのかが争点となってくることになろう。

　DがCに代理権があると信じた点に正当の理由があったとする事実（評価根

拠事実）としては、Cが提示した委任状には、受任者がC、委任事項が甲土地の処分に関する一切の件と記載されていたこと、委任状のAの印影が印鑑登録証明書の印影と一致していたこと、Aは物上保証するために30万円の対価を得ていること、Dが契約に際してAの連絡先とされた携帯番号に物上保証人となることについて電話をして意思確認をしていることが挙げられる。

　これに対して、評価障害事実としては、Dは個人で貸金業を営む者であること、N社とCは別人格ではあるが、Dから貸付けを受けたN社の代表取締役Cは物上保証人Aの代理人でもあること、DがN社の商業登記簿謄本を確認しておらず、A・D間の譲渡担保設定契約はN社にとっては利益があるが、N社の役員でも経営者でもないAには大きな負担を負わせるだけで何らメリットはないこと、それにもかからず、Aが物上保証人を承諾した動機について慎重に調査すべきであるのに、DはAがN社から保証の委託を引き受けるような関係にあるのかについて確認も調査もしていないこと、Dが物上保証人になることについて意思確認をおこなったのは、AではなくBであったことなどを挙げることができる。

　これらの事実を総合的に判断して、DがCに代理権があると信じた点に正当の理由があったかどうか（過失なくCに代理権があると信じたかどうか）を判断することになる。上記の事実からすると、Dに過失ありとされる可能性が高いことになろう。

❸ 代理権の消滅と112条

【例題】の事実1〜7に加えて、以下の事実が明らかになった場合に、Dに
対する請求を巡る攻防がどのように変化し、請求の当否の判断にどのように影
響するのかについて検討してみることにしよう。

> 8．Aは、M社がN社から借入れを行うに際して物上保証人になってほ
> しいというBからの依頼に一度は同意したが、30万円で物上保証人になる
> ことに不安を感じた。そこで、2020年4月12日に、Bに会って「申し訳な
> いが、保証委託契約についてはなかったことにしてほしい。保証委託の対
> 価として受け取った30万円については、Bの銀行口座にすでに振り込んだ。
> 交付した委任状・印鑑登録証明書・運転免許証のコピー・実印について直
> ちに返還してほしい」と述べた。Bは、Aからの上記の申入れに対して
> 「無理な依頼をしたのは自分であるから、了解した。預かった実印につい
> ては直ちに返還するが、先方とすでに融資について交渉中であるので、書
> 類等の返還については少し待ってほしい」とAに回答した。上記の書類等
> がAに返却されたのは、同年4月20日であった。

1. Dの反論③——代理権消滅後の表見代理

事実8によれば、2020年4月12日に、AとM社の代表取締役Bとの間で、
A・M社間で締結された保証委託契約は合意解除され、抵当権設定にかかる委
任契約は終了している。前述したように、Aが抵当権設定に関する対外的業務
についてBだけに代理権を授与する趣旨であったかどうかは明らかではないが、
委任の終了によって少なくともBの代理権は消滅したことは明らかである（111
条2項、651条1項）。代理権授与原因と代理権の発生との間には有因性がある
ものと解すべきであるからである（☞**第7章 Deep Learning I -16**。詳しくは、
幾代通『民法総則〔第2版〕』〔青林書院、1984年〕355頁参照）。しかし、Dからみ

れば、上記の事情はA・B間の内部的な事情であって、Dは、CをAの代理人であると信じて譲渡担保設定契約を締結している。

　この点、代理行為に先立って、本人による何らかの代理権授与や代理権授与表示があったことを主張できる場合だけではなく、本人が授与した代理権が代理行為の時点で消滅していた場合であっても、112条で表見代理が成立する余地を認めている。

(a)　112条1項の制度趣旨

　代理権消滅後に表見代理の成立を主張するためには、①代理行為があったことと、②顕名がなされたことに加えて、③112条1項の要件、すなわち、（ア）本人が他人に授与した代理権が代理行為に先立って消滅していたこと、（イ）消滅した代理権の範囲内で代理行為が行われたこと、（ウ）代理行為の相手方が（ア）の事実を知らなかったこと、以上の要件を充足する場合に、表見代理の成立を認めて本人の責任を肯定している（同項本文）。

　他方で、相手方が過失によって代理権の消滅の事実を知らなかった場合には、この限りでない（同項ただし書）と規定している。

　したがって、条文の構造からみると、相手方の善意については112条1項本文によって表見代理の効果発生を主張する側に、相手方の過失については同項ただし書によりその効果発生を否定しようとする本人の側に、それぞれ主張・立証責任が配分されていることになる。

　代理行為に先立って代理権が代理人に授与されていなければ、代理人と相手方との間で代理行為がなされても、その効果は本人に帰属しないことが原則である。しかし、代理権は本人のために対外的に事務処理を行う権限であるから、代理権が消滅した場合、本人によって代理権を授与した事実が対外的に除去されないと、代理権があると信頼して取引を行う者が現れる可能性がある。

　そこで、112条1項本文は、代理権消滅につき相手方が善意である場合に限って、代理権消滅後もなお存続しているような外観がある場合に、本人に帰責性があるとして表見代理の成立を認めているものと解される（四宮和夫＝能見善久『民法総則〔第9版〕』〔弘文堂、2018年〕396頁、佐久間・前掲書295頁など）。

　ただし、代理行為の相手方に代理権があるかどうかは、本来、代理行為の効

果が本人に帰属することを主張する相手方が調査すべきであるから、相手方が過失によって代理行為時に「代理権が存在している」と誤信した場合には、相手方の信頼を保護する必要性は乏しい。そこで、112条1項ただし書は、相手方の過失によって「代理権消滅の事実」を知らなったときには、本人を免責している。したがって、過失によって、過去から代理行為時まで代理権が存続していると誤信したことを免責の要件としているわけではなく、相手方が過失によって代理行為の時点において代理行為をした者に代理権があると誤信した場合に、本人を免責しているものと解すべきである。相手方が代理権の消滅前に代理人と取引していたことは、相手方の過失の評価障害事実の1つにすぎないものと解される（幾代・前掲書395頁、四宮＝能見・前掲書396頁。反対、佐久間・前掲書295頁など）。

(b) 112条2項の新設

　加えて、判例は、改正前112条と110条の重畳適用も認めて、表見代理の成立する範囲を拡張してきた。改正法は、この判例法理を112条2項で明文化している。

　112条2項に基づいて表見代理の効果を主張するためには、①代理行為があったことと、②顕名がなされたことに加えて、③112条2項の以下の要件を充足する必要がある。（ア）他人に代理権を与えた本人が、代理権の消滅後に、その代理権の範囲内においてその他人が第三者との間で行為したとすれば112条1項の規定により責任を負うべき場合であること、（イ）他人が第三者との間で代理権の範囲外の行為をしたこと、（ウ）代理行為が行われた際に、第三者が代理行為をした者に当該代理行為の代理権があると信ずべき正当な理由があることである。

　112条1項の規定により本人の責任があるというためには、前述したように、相手方が代理権消滅の事実につき善意であったことが必要である。「代理権があると信ずべき正当な理由」を相手方の善意・無過失を意味すると解する判例理論に基づけば、112条2項では、（ア）の要件で、相手方の善意（本人が他人に授与した代理権が代理行為に先立って消滅していることを知らなったこと）、（ウ）の要件で、代理行為の相手方が代理行為時に代理人に「代理権が存在してい

る」と誤信したことに過失がなかったことを主張できなければ、表見代理の成立は認められないことになる。

　112条 2 項の制度趣旨についても、109条 2 項の制度趣旨と同様（☞**❷3.(c)**）、①112条 1 項による表見代理の趣旨を拡張した類型と解する見解と、②110条による表見代理の趣旨を拡張した規定と解する見解が対立するものと思われる（森田修・前掲論文95頁）。

　前者の見解では、112条 2 項は、112条 1 項と同様、代理権が消滅しているにもかかわらず、代理権が存続しているという外観が除去されていない点に本人の帰責性を求め、110条の「法意」を考慮して112条 1 項の「表示された代理権の範囲内で代理行為がなされたこと」という要件を緩和した類型と理解することになる。一方、後者の見解では、授与された代理権がすでに消滅している場合には、110条の「代理行為に先立って基本代理権が授与されている」という要件を緩和して、これに代えて、112条 2 項は、代理行為時に授与された代理権が消滅していても、なお代理権が存続しているような外観を与えている点に本人への帰責性を認めた規定と解することになる。

Ｉ-13　112条の訴訟における攻撃防御方法としての位置づけ（千葉）

　2017年民法改正前112条本文では、代理権の消滅は「善意の第三者に対抗することができない」と規定されているだけであったため、有権代理の主張に対して代理権の消滅が主張・立証された場合に、改正前112条は、善意の相手方が本人との関係で代理権が存在していることを主張できることを定めた制度と理解する見解（司法研究所編『増補　民事訴訟における要件事実　第一巻』〔法曹会、1998年〕97頁）があった。この見解によれば、改正前112条は相手方が善意であれば代理権の存在を主張して有権代理を復活させる効果があるものと解されることになるので、改正前112条に基づく主張は再抗弁として位置づけられることになる。

　しかし、民法典の現代語化と今回の2017年民法改正では、112条 1 項・ 2 項も、109条や110条とともに表見代理制度の 1 つであることが再確認され、要件が詳細に規定された。有権代理に基づく主位的請求原因との関係では、代理権が消滅してい

る以上無権代理行為であることに変わりはなく、112条1項・2項に基づく主張は、いずれも無権代理の効果を例外的に本人に直接帰属させることになるので有権代理とは別の、予備的請求原因として位置づけられることになる。　　　　　　◆

2. | 請求の当否

【例題】では、すでに検討したように、Aが授与した代理権はすでに消滅し、客観的にみて、Aは、M社の借入金3000万円のために物上保証人となるのに必要な限度で対外的業務を遂行するために代理権を授与したに過ぎない。本人が授与した代理権の範囲を超えて代理行為が行われているから、事実1〜8を前提にすると、Dとしては、112条2項に基づいて表見代理の成立を主張して反論を展開することになりそうである。

　事実8によれば、AがM社の借入金債務の物上保証人になるために授与した代理権は、代理行為に先立って消滅（撤回）している。AはBに交付した白紙委任状、印鑑登録証明書・運転免許証のコピー・実印の返却をBに申し出たが、代理行為の時点では、実印を除き、代理人の資格・権限があることを示すことになる書類が回収されていなかったことになる。一方、DはAが授与した代理権がすでに消滅していた事実を知らないで、Aの授与した代理権が存続しているものとしてCとの間で代理行為を行ったことになる。

　112条1項・2項は、本人によって代理権を授与された者が、代理権消滅後に代理行為を行った場合に、代理行為の善意の相手方を保護している。【例題】では、前述したように（❷3.(a)）、AはCに代理権を授与したわけではないが、代理権を授与したという「表示」をしたものと解される可能性が高い。このような場合にも、112条2項に基づいて表見代理の成立を認めることができるかどうかは、前述した112条2項の制度趣旨をどのように理解するのかによることになる。

　112条2項を112条1項の「表示された代理権の範囲内で代理行為がなされたこと」という要件を緩和した類型と理解する見解では、代理行為をした者に代理権が授与されていたことが前提となるから、代理権授与表示だけがあった場合にも表見代理の適用範囲を拡大するために、109条1項と112条の重畳適用を

示唆することになる（佐久間毅『代理取引の法的保護』〔有斐閣、2001年〕287頁）。代理権が消滅しているのに代理権授与表示がある場合と、代理権が存在しないのに代理権授与表示を行った場合とが類似していることを根拠にするものと思われる。【例題】では、Aが交付した白紙委任状が回収されていないことから、代理権授与表示の外観がなお存続している以上は、CもまたAによって代理権を授与された者に包含されると解することになろう。

　上記の見解では、代理権授与を授与表示にまで拡張するために改正前109条と112条を重畳適用し、さらに表示された代理権の範囲外の代理行為にまで表見代理の適用範囲を拡張するために、改正前109条と110条を重畳適用して表見代理の成立の余地を検討することになる。

　しかし、112条2項は、110条における本人の帰責性の要件である「代理行為に先立って何らかの代理権の授与があること」を「代理権の消滅によって代理権が存在しないにもかかわらず代理権がなお存続しているような外観を与えていること」に緩和した規定であると解すれば十分なように思われる。Aは、印鑑登録証明書・運転免許証のコピー・実印とともに、白紙委任状をBに交付しており、B以外の者にもM社の借入金3000万円のために物上保証人となるのに必要な限度で対外的業務を遂行するための代理権を授与したと表示しているものと解され、これによって代理権がなおCに存続している外観を与えている点でAには帰責性があると解することになる。したがって、DがCに代理権がないことについて知らない限り、112条2項に基づいて表見代理の成立を主張できると解すれば足りるように思われる。

　もっとも、いずれの見解に立っても、争点となるのは、N社の借入金債務を担保するために甲土地に譲渡担保権を設定し、かつ、登記を申請する権限がCに存続しているとDが信じた点に過失がなかったかどうかという点になる。結局、事実8が明らかになったとしても、請求の当否は、❷4. での検討結果と同様、DがCに代理権があると信じた点に正当な理由があったかどうか（過失なく代理権があると信じたかどうか）という判断によることになるものと解される。

244

●重要判例●

・最判昭和39・5・23民集18巻4号621頁（白紙委任状と代理権授与表示）
・最判昭和45・7・28民集24巻7号1203頁（代理権授与表示の範囲を超えて
　なされた代理行為と表見代理）
・大判昭和19・12・22民集23巻626頁（消滅した代理権の範囲を超えてなさ
　れた代理行為と表見代理）

●演習問題●

【設問1】

　Aは、Dに対して、甲土地につき、Dを所有者とする所有権移転登記の
抹消登記手続への協力を求めて訴えを提起した。Aは、Dに対してど
のような請求権があると主張するか。事実1〜7に基づいて、検討しな
さい。

【設問2】

　【設問1】の請求において、【例題】の下線部の事実は、攻撃・防御方法
の観点からみてどのような意味を持つか説明しなさい。

【設問3】

　【設問1】の請求において、事実1〜8が当事者から主張された。Aの
請求は認められるか検討しなさい。

第10章 代理人の利益相反行為と代理権濫用行為［応用編］

——代理人忠実義務違反行為と利害関係人の利益調整

❶ 出題の趣旨

　代理権は本人＝他人の対外的な事務処理を行うために与えられる権限であるから、代理人は、本人のために業務を行う必要があり、また、他人のために業務を行うことから、当然ながら注意義務の程度が高くなり、業務遂行にあたり善管注意義務を負うことになる（644条など参照）。善管注意義務に違反して代理行為を行ったときには、委任契約など本人・代理人間の事務処理契約上の債務不履行となり、代理人は本人に対して損害賠償責任など契約上の責任を負うことになる（415条など）。

　このような効果以外に、本人の利益に反する代理行為が行われたことを原因として、代理行為の効果自体をどのように解すべきかが問題となる。代理人には本人の利益を優先する義務、本人の利益のために行動すべき義務（この義務を「忠実義務」という）があり（四宮和夫＝能見善久『民法総則〔第9版〕』〔弘文堂、2018年〕350頁、潮見佳男ほか編『詳解 改正民法』〔商事法務、2018年〕51頁［中舎寛樹］）、忠実義務に違反する代理行為がなされた場合に、これを原因として代理行為の効果を本人に帰属させないことによって、本人の利益を保護するいくつかの制度がある。

　そこで、代理制度が認められている趣旨を考慮しながら、これらの制度の適用範囲を画定することが必要となる。また、当該代理行為を前提にさらに法律関係を形成した第三者がいる場合に、本人保護と取引の安全をどのように調和させるかも、あわせて検討する必要がある。

　2017（平成29）年民法改正では、定型的にみて本人の利益を害する危険性が高い自己契約や双方代理（改正前108条、改正後108条1項）に加えて、これらには当たらないとしても本人と代理人の利益が相反する行為（以下では、これを「利益相反行為」という）についても条文を新設した（108条2項）。

　親権者・後見人については、利益相反行為を禁止する特別の規定があり、特別代理人の選任を家庭裁判所に請求しなければならない（826条、851条4号、860条、866条、876条の7第3項、876条の8第2項）。また、株式会社の取締役は、法人の重要な決定に関与することになるので、代表取締役だけでなく、取締役の利益相反取引を一般的に制限している（会社356条1項、365条1項）。一般法人法でも、会社の場合と同様に、理事と法人の利益相反行為については、当該取引について重要事項を開示し、社員総会（一般社団法人）、理事会（一般財団法人）の承認を必要とする（一般法人84条1項2号・3号、92条1項、197条）。108条は、本人と代理人の利益が相反する代理行為に行われる場合で、上記のような特別の規定の適用がない場合に適用されることになる（会社356条2項、365条2項、一般法人84条2項、92条2項、197条）。

　2017年民法改正前も、判例・通説は、利益相反行為に当たるかどうかは、代理人の動機や意図などの主観的な態様からではなく、代理行為の外形から客観的にみて本人の利益に相反する行為かどうかを判断し、利益相反行為に該当する場合には、代理権限外の行為であるとして無権代理行為であると解してきた。上記の考え方は、新設された108条2項でも踏襲されている。

　一方、代理人による代理権濫用行為については、2017年民法改正で一般的な規定が新設された（107条）。上記改正前は、代理権限内の行為であっても、代理人自身や第三者のために背信的な動機・目的（以下、「濫用目的」という）で代理行為を行い、かつ、代理行為が濫用目的で行われた点について相手方が悪意・有過失であるときには、相手方を保護する必要がないことを理由に、2017年改正前93条ただし書を類推適用して代理行為自体を無効と解してきた。

　しかし、新設された107条では、上記の判例法理を変更して、代理権濫用行為の場合にも、代理行為の効果を本人に帰属させないことにし、利益相反行為の場合と同様、無権代理とみなすことになった。このみなし規定の導入によって、本人による追認（116条本文）が理論的には可能となった。

　しかし、107条や108条の要件に該当する代理行為が行われた場合に、表見代理の成立の有無や無権代理人の責任（117条）の可否など、無権代理に伴う種々の効果が認められるかどうかは、条文からは必ずしも明らかではない。本章では、代理人の忠実義務違反行為の態様と無権代理とみなされることによる効果にも注意を払いながら、本人と利害関係人の利益調整の在り方について考えてみることにしよう。

Deep Learning Ⅰ-22
忠実義務と善管注意義務（千葉）

　取締役がした政治献金の責任が問題となった事案で、最大判昭和45・6・24民集24巻6号625頁は、商法旧254条ノ2（現行会社355条）について、忠実義務は、通常の委任関係に伴う善管注意義務とは別個の高度な注意義務を規定したものではなく、善管注意義務を明確化したものと解している。

　比較法の観点からは、英米法が理事などの善管注意義務違反の効果として損害賠償責任を認めるとは別に、忠実義務違反の効果として利益の吐き出し（Disgorgement of profit）の責任を認めていること、また、ドイツ法においても、善管注意義務とは区別された信義則上の誠実義務として忠実義務を捉えていることから、忠実義務は善管注意義務を明確化したものと解する上記大法廷判決に対しては、学説上批判が多い。上記大法廷判決後も、会社法学では、忠実義務と善管注意義務を区別して議論する学説が通説である（江頭憲治郎『株式会社法〔第8版〕』〔有斐閣、2021年〕390頁、神田秀樹『会社法〔第25版〕』〔弘文堂、2023年〕253頁など）。

　一般社団・財団法人法は、理事は法人から委任を受けて法人の事務を行うことから、善管注意義務（一般法人64条）を負うとともに、もっぱら法人のために業務執行を行うべきであるとして一般的忠実義務（同83条）を負うことを規定するとともに、忠実義務を具体化して競業・利益相反取引を禁止している（同84条）。同法111条1項は、理事が善管注意義務違反の効果として損害賠償責任を肯定しているが、理事が84条に1項に違反して競業取引を行い、理事ないし第三者が得た利益の額を損害額と推定する規定（同111条2項）、また、理事の利益相反取引について任務懈怠を推定する規定を置いているのは（同111条3項）、本人に損害があるかどうか、本人の利益のために行動していないといえるかどうかは明確でないことから、忠実義務違反を根拠に、これらの推定規定が置かれたものと解する見解が主張されている（四

宮＝能見・前掲書145頁）。また、信託法では、受託者の善管注意義務違反と明確に区別して忠実義務違反（信託30条・31条・32条、40条3項）を規定していることから、民法学説においても、会社法学説と同様、両義務を区別するべきであるとする見解が有力である。

　忠実義務に違反していない場合であっても、受任した事務処理の仕方に問題があれば、善管注意義務違反の効果として理事などに損害賠償責任を肯定することができる。我が国では忠実義務違反の効果として代理人に利益の吐き出しまでは認めていないが、2017年民法改正によって、本人の利益のために行動すべき義務に違反して代理行為が行われた場合に、当該行為によって損害を被った本人から代理人に対して損害賠償責任を追及できるだけでなく、107条・108条によって利益相反行為と代理権濫用行為が無権代理であるとして本人への効果帰属を認めないことが一般的に規定された。したがって、利益相反となる代理行為や濫用目的での代理行為に伴って利得した代理人に対して、損失を被った本人が不当利得の返還請求権を行使できる可能性があることが明確になった。このように両義務違反の効果には違いがあり、民法学の観点からも、忠実義務と善管注意義務を区別する上記有力説を支持すべきであろう。　　　　　　　　　　　　　　　　　　　　　　　　　　　　　　●

❷　代理人の忠実義務違反行為の態様

　以下の【例題】は、後述するAからF社に対する訴訟で、当事者が主張した事実を整理したものである。

【例題】

　1．Aは、相続によって多数の不動産を所有することになった。Aは金融商品については投資経験があったが、不動産の資産運用に関しては専門的な知識を持ち合わせていなかったことから、甥Bに、所有する不動産のうち3棟のビルとその敷地3筆および別の3筆の土地の管理・運用を任せることにした。Bは、個人で、独立系のファイナンシャルプランナーとして仕事をする傍ら、不動産の資産運用のコンサルタント業務を主な目的とするC株式会社（以下、「C社」という）で部長をしており、C社の代表取締役・社長Dの右腕として不動産の資産運用について実務経験があったか

らである。

　2．2020年5月1日、AはBとの間で、Bから資産運用に関してアドバイスを受けることを目的として月額5万円で顧問契約を締結するとともに、上記不動産の管理・運用をBに委託し、その報酬として、前年度の上記不動産の運用益の10%に相当する額を次年度に年払いで支払う契約を締結した。また、上記不動産の資産管理・運用にかかる対外的な業務を遂行するために、Bに上記不動産の管理・処分について包括的な代理権を与えた。3棟のビルは、商業用テナントビル（以下、「甲ビル」という）・ドラッグストアへの一棟貸し・賃貸マンションとして、また、3筆の土地のうち乙土地と丙土地は駐車場として、それぞれ運用を行い、これまで比較的安定した賃料収入があった。

　3．甲ビルは駅に近く、主にファミリー用のレストランや帰宅途中のサラリーマン向けの飲食店がテナントとして入居する雑居ビルであったが、新型コロナウイルス感染症の流行によって、2020年夏ころから、甲ビルは、空室が目立つ状態になっていた。そこで、Bは、老朽化してきた甲ビルを全面的に改装し、入居していた飲食店を地下1階に集約し、地上階については、デジタル環境を整備するために大規模な修繕を行い、あわせて、10歳くらいまでの子供がいる共働き家庭をターゲットに、教育・保育・医療サービスを一体的に提供するビルとしてリニューアルする事業計画案を作成した。具体的には、甲ビルの2階にこども園を併設したテレワーク用の貸会議室を配置し、3～5階には、クリニック、オンラインの学習塾、幼児・児童を対象としたスポーツや習い事の教室、6階にはC社の本社が入居することが予定されていた。

　4．Bは、甲ビルの大規模修繕計画と今後の事業計画の概要についてAから了解を取り付けた上、Aの代理人として、E銀行に、大規模修繕計画と今後の事業計画を提案し、修繕・改装資金として1億円、また、こども園を併設した貸会議室を経営する会社をB自ら設立するための開業準備資金として1000万円の借入れを申し出た。E銀行は、甲ビル全体を1つのコンセプトに基づいて運営する点でシナジー効果が期待できるとして、Bの事業計画を了承したが、上記新会社の設立については、こども園の経営実

績がないことから、大規模修繕・改装資金として1億円だけを利率年3％、借入期間10年（弁済期2030年8月31日）で融資し、担保として甲ビルとその敷地に抵当権を設定することで合意した。2020年9月1日、上記合意にしたがって、契約書を作成し、同日付けで抵当権設定登記を完了した。

5．そこで、Bは、Aの代理人としてFクレジット株式会社（以下、「F社」という）にも甲ビルのリニューアル事業計画を説明し、上記会社の開業準備資金の融資を依頼した。F社の融資担当者は、Aが教育・保育・医療サービスを一体的に提供するビルとするために事業計画のコンセプトとなる事業会社を自ら設立し、Bに新会社の代表取締役として実際の経営を任せるものと判断した。そこで、2021年2月1日、F社はBに1000万円を利率年4％、借入期間3年（弁済期2024年1月31日）で融資することで合意し、上記元利金債権の担保として、BがAを代理して、乙土地を目的として譲渡担保設定契約を締結し、同年2月5日付けで同年2月1日譲渡担保を登記原因として、所有権移転登記を完了した。

2021年3月末には、甲ビルの改修・改装工事が完了し、事業計画どおりに各テナントが入居し、営業を始めた。

6．Aは不動産の管理・運用をBに任せきりにしていたが、2023年になって甲ビルの改修に伴うE銀行から多額の借入れをしたことから、Bに報告を求めるとともに、Bに任せていた不動産の管理・運用状況について自らも調査した。この結果、F社のBに対する元利金債権を被担保債権として、乙土地に譲渡担保権が設定されていること、また、Bが設立したG株式会社（以下、「G社」という）との間で甲ビル3階部分について使用貸借契約が締結されていることが判明した。

1. Aは誰に対していかなる請求権があると主張したらよいのか

【例題】では、Aが知らないうちに、BはG社を通じてA所有の甲ビルを利用して収益を上げ、また、AはBの借入金債務の物上保証人となっていたこと

になる。このような行為が可能となったのは、Aが所有する不動産の管理・運用をBに委託し、その対外的な業務を遂行するために、Bに上記不動産の管理・処分について包括的な代理権を与えたことに起因する。

　代理人は、本人のために業務を行う必要があるから、B自身ないしBが設立して支配しているG社（民法107条にいう「第三者」の典型例）のためにB自身が代理行為を行い、Aがそれにより損害を被ったとすれば、AはBに対して、不動産管理・運用委託契約に基づいて、Bの善管注意義務違反を原因として損害賠償を請求することが考えられる。

　また、甲ビル3階部分の使用貸借契約については、Bが、貸主であるAの代理人として、他方で、借主G社の代表取締役として締結したことになり、当事者双方の代理人として使用貸借契約を締結したものと解される。したがって、108条1項に基づいて、使用貸借契約は無権代理行為（G社からみると代表取締役の無権代表行為）とみなされることになる。Bによる利得をAのBへの報酬の支払へ充当するものとした上で、AがBの行為を追認する（116条）ことも考えられるが、追認しない場合には、Aは、G社の不法占拠を原因として甲ビル3階部分の賃料相当額について損害賠償ないし不当利得の返還を請求することになろう。

　ところで、Aにとって最も重要なのは、乙土地について、F社によって譲渡担保権が実行されるような事態が生じる前に、譲渡担保を登記原因とする所有権移転登記の抹消登記手続をF社に求める点にある。AからF社に対する上記請求の訴訟物は、所有権に基づく妨害排除請求権としての所有権移転登記抹消登記請求権となる。

　F社は、Aが乙土地の所有者でなければ、譲渡担保権者であることを主張できない関係にあるから、譲渡担保設定契約当時、Aが乙土地の所有権者であったことについて権利自白の成立が認められることになろう。F社はF社名義の移転登記があることを争わないだろうから、F社は、請求原因事実を認めた上で、譲渡担保権を有することを理由に、Aはもはや所有権を喪失した、ないしは、F社に所有権移転登記について登記保持権原があるとして、Aからの請求の棄却を求めることになる（☞**第9章❷1.**）。以下では、Aからの上記の登記請求訴訟に絞って検討する。

2. 乙土地の所有権移転登記抹消登記請求権を巡る攻防

(a) F社からの反論①──有権代理

Bは、Aの代理人として、F社との間で、F社のBに対する貸付債権を被担保債権として、乙土地を目的として譲渡担保設定契約を締結している。有権代理が成立しているというためには、①代理行為があること、②顕名があることに加えて、③本人から代理人に代理権が授与されていたことが必要となる（99条。☞第7章◆2.(b)）。【例題】では、F社は、③の要件について、A・B間で、Aが所有する不動産（乙土地など3筆の土地、3棟の建物とその敷地3筆）の管理・運用を内容とする委託契約が締結され、対外的業務を遂行するために、AはBに上記不動産の管理・運用にかかる包括的な代理権を与えていたと主張することになる。

判例・通説によれば、代理権の範囲は、本人と代理人との間の代理権授与の原因行為に基づいて客観的に判断されることになるが、包括的な代理権が与えられている場合には、代理人の裁量権の余地が大きくなる。任意代理人の場合、代理権限内における代理人の裁量の余地がどの程度あるのかについては、本人が授与した包括的代理権の目的に照らして判断することになるが、裁量権の範囲内での行為であったとしても、代理人は本人の利益のために行動すべき義務を負うことになる（代理人が本人の利益のために行動せずに行った代理行為によって本人が損害を被った場合には、本人は代理人に対して善管注意義務違反を理由に損害賠償責任を追及することになろう）。

【例題】でAがBに包括的代理権を与えた目的は、収益物件である3棟のビルとその敷地3筆および3筆の土地の「管理」だけでなく、その資産のより効果的な「運用」に主な目的があることになる。この点は、A・B間の不動産管理・運用委託契約で、Bに報酬として前年度の上記不動産の運用益の10％に相当する額を次年度に年払いで支払うことが合意されている点からも明らかである。

不動産資産を運用して収益を上げるためには、投資物件の保全・管理だけでなく、資金を借り入れて改装し収益物件としての価値を高めることや、改装資

金の借入れのために担保権を設定することも必要になる。したがって、これらの行為も、包括的代理権の範囲内の行為であると解される。【例題】では、乙土地を目的として、BがAの代理人としてF社との間で譲渡担保設定契約を締結しており、F社は、BがAから乙土地の管理・処分について包括的な代理権を与えられていることを主張することによって、AによるBへの代理権の授与があったことを主張することになる。この反論によって、F社はAはもはや所有権を喪失している、ないしは、F社の譲渡担保を原因とする所有権移転登記には登記保持権原があると主張しうることになる。問題は、Bの当該代理行為が誰の利益を目的としてなされたのかという点にある。

⒝　F社からの反論に対するAからの再反論──利益相反行為

108条2項は、本人と代理人の利害を調整するために、自己契約や双方代理のように定型的にみて本人と代理人の利益が相反する行為だけでなく、一般的に本人と代理人の利益が相反する行為についても代理権を制限する規定を置いている。もっとも、利益相反行為であっても、本人が予め許諾した行為については、代理権を制限しないとする例外を認めている（108条2項ただし書）。

　利益相反行為に当たるかどうかの判断にあたっては、客観的にみて当該行為が本人の利益を害する危険性がある行為といってよいかどうか（外形説）によって判断されている（最判昭和37・10・2民集16巻10号2059頁、最判昭和42・4・18民集21巻3号671頁、最判昭和43・10・8民集22巻10号2172頁。826条に関する判例について前掲最判昭和42・4・18）。外形説が採用されているのは、代理行為によって本人の利益が害されないようにする一方、代理行為の相手方の利益との調整を図るためである。

　【例題】では、設立する会社の開業準備資金をB自身がF社から借り入れており、Bの代理行為を客観的に観察すれば、Bの債務の担保として、BがAの代理人としてA所有の乙土地に譲渡担保権を設定したことになる。上記譲渡担保設定契約によってAが不利益を受け、Bが利益を受けることは契約内容から明らかである。したがって、Aは、上記譲渡担保設定契約は108条2項に基づき無権代理行為であると主張することができるものと解される。

　108条に基づく無権代理による無効の主張は、利益相反行為を理由に代理権

が客観的にみて制限されていることを理由としているから、(a)で検討した有権代理構成に基づく主張との関係では、本人によって授与された代理権の範囲を争う主張となり、108条2項に基づく本人側からの再反論は理由付否認となるものと解される。

(c) F社からの反論②──表見代理

　自己契約と双方代理の場合には、代理権を制限されていることを代理行為の相手方が知っていることになるから、表見代理が成立する余地はないが、108条2項に基づいて利益相反行為であると主張される場合には、110条に基づいて表見代理が成立しているとする反論ができないかどうかは、別途検討を要する問題である。

　利益相反行為は客観的にみれば本人の利益に反する行為であるから、そもそも表見代理が成立する余地はないとする考え方もあるかもしない。しかし、前述したように、外形説に基づき、当該代理行為の態様を客観的に判断して利益相反行為に該当するかどうかを判断することから、本人から許諾を得たと誤信した場合のように、代理行為の相手方が代理人に代理権があると信じる正当な理由がある場合には、108条2項に基づいて利益相反行為であるとして無権代理とみなされる場合にも、なお、110条の適用を認める余地がありそうである（同旨、中舎・前掲書56頁、佐久間・前掲書246頁）。客観的にみれば代理権限外の行為であっても、本人によって代理権の制限が解消されたと信じるような理由がある場合には、代理行為の相手方が、代理権があると信じた点に正当な理由があったとして相手方を保護し、本人に代理行為の効果を帰属する余地を認めてもよいように思われるからである。

　【例題】の場合にも、110条に基づいてA・F社間に譲渡担保設定契約が成立していると解する余地がないかを検討してみる必要があるものと解される。BはF社に甲ビルのリニューアル事業計画を説明し、G社の開業準備資金としてBへの融資を依頼している。そこで、F社は、Aが、甲ビルを教育・保育・医療サービスを一体的に提供するビルとするために、事業計画のコンセプトとなる事業会社を設立し、Bに新会社の代表取締役として実際の経営を任せ、G社の開業資金を調達するために、BがAの代理人として譲渡担保設定契約を締結

したと信じたと主張する余地はありそうである（無過失の評価根拠事実）。

これに対して、Aとしては、F社はBからの説明を信じただけで、そもそも甲ビルの資産運用のためにコンセプトとなる事業会社を自ら設立することが必要なのか、必要であるとしても、なぜ、Aではなく、Bが開業準備資金を借り入れたのかについて、F社が何ら調査していないことなどを再反論として主張することになろうか（無過失の評価障害事実）。

3. 丙土地の所有権移転登記抹消登記請求権を巡る攻防

Aの調査によって、後述するように、丙土地についてもF社の譲渡担保権が設定されていることが明らかとなった。そこで、Aは、丙土地についても、F社によって譲渡担保権が実行されるような事態が生じる前に、譲渡担保を登記原因とする所有権移転登記の抹消登記手続をF社に求めることにして、訴えを提起した。この訴訟で、【例題】の事実1〜6に加えて、以下の事実があることが明らかになった。

> 7．2021年4月頃、Bは、Dから、C社の事業を拡大し、不動産の資産運用のコンサルタント業務からリノベーション業務まで一貫して行うことにしたこと、事業拡大に伴いBをC社の常務取締役に抜擢したいと打診された。ただ、Bの抜擢に取締役会で反対する者がいるかもしれないので、経営陣の一角を担うものとしてC社の事業拡大に伴う相応の責任を負担する覚悟があることを伝えたいと言われた。そこで、Bは自己の昇進を有利に進めるために、事業拡大に伴い、3000万円程度であれば、C社の事業資金の調達に向けてF社と交渉する用意があるとDに伝えた。
>
> 2021年5月初めに、BはF社の融資担当者と会い、甲ビルのリニューアルとG社を中心とした事業の展開によって甲ビルの年間収益率が大幅に改善していることを伝えるとともに、甲ビルの再生の実績もあって不動産の資産運用を一貫して行っているC社の常務取締役に就任予定であること、については、C社の事業拡大に伴いF社からも融資をお願いしたいと申し入れた。F社は、担保の設定を条件に、3000万円の事業者用のローンを利率

4％、借入期間3年（弁済期2024年5月31日）であれば融資できると連絡してきた。C社のめぼしい不動産にはすでに抵当権が設定されていたことから、Bは、Aの代理人として、F社のC社に対する上記債権を被担保債権としてF社との間で丙土地を目的とした譲渡担保設定契約を締結し、これを原因として2021年6月1日付けで所有権移転登記を完了した。2021年6月末に、BはC社の常務取締役に昇進した。

(a) Fからの反論（有権代理）とこれに対するAからの再反論（代理権濫用）

丙土地についても、AからF社に対する上記請求の訴訟物は、所有権に基づく妨害排除請求権としての所有権移転登記抹消登記請求権となり、F社からは、**2. (a)**で乙土地について検討した点と同様、有権代理の主張がされることになる。Aからは以下の反論が考えられる。

(i) 利益相反行為と代理権濫用行為の違い

乙土地については、G社の設立のために（動機・目的）、B（代理人）に融資された開業準備資金の担保として、BがAの代理人としてF社との間で譲渡担保権を設定していた。これに対して、丙土地の場合には、BのC社常務取締役への昇進のために（動機・目的）、C社（第三者）に対する元利金債権を被担保債権としてF社との間で譲渡担保権が設定されている。丙土地については、代理人Bではなく、第三者Cの債務の担保として譲渡担保設定契約が締結されていることから、利益相反行為の該当性を外形説に基づいて判断する判例・通説を前提にすると、Aは108条2項に基づいて丙土地を目的とする譲渡担保権設定契約を利益相反行為に該当すると主張することはできないものと解される。

しかし、107条は、本人と相手方の利害を調整するために、①客観的には代理権の範囲内の代理行為であっても、代理人または第三者の利益を図る目的で代理行為が行われた場合（以下では、これを「代理権濫用行為」という）であって、かつ、②代理人が濫用目的で代理行為を行ったことを相手方が知っていた、ないしは、知ることができた（＝知らないことに過失があった）ときには、代理行為を無権代理とみなし、代理行為の効果が本人に帰属しないとする効果を認めている。

判例・通説は、代理権の範囲内の行為であれば、有効な代理行為であるとした上で、前述のとおり、改正前93条ただし書の類推適用により、代理行為の相手方が代理権の濫用につき悪意・有過失であることを本人が主張・立証した場合に、例外的に、代理行為の無効を主張できると解してきた（最判昭和42・4・20民集21巻3号697頁）。代理人は代理行為を行う際に、本人のために代理行為を行っていることを表示しながら、内心では代理人自身や第三者の利益のために代理行為を行っていることから、心裡留保の規定を類推して、上記のような判例法理が形成されてきた。しかし、厳密に考えれば、代理権濫用行為が問題になる際にも、代理人は代理行為の効果を本人に帰属させる意思で代理行為を行っているのであるから、表示と代理意思との間に不一致はないことになり、かねてより、改正前93条ただし書に基づく上記構成については、理論的な難点があることが指摘されていた。そこで、2017年民法改正では、107条は代理行為が無効となるのではなく、無権代理とみなすことにした。つまり、本人に代理行為の効果が帰属しないという効果に改められることになった。

　代理権の有無とその範囲について外形説を採用する判例・通説の立場を前提にすれば、107条は、客観的にみれば、代理の有効要件を充足する行為であるが、本人への効果帰属を例外的に認めない規定となる。したがって、前述した107条の①②の要件の主張・立証責任は、本人側が負担することになる。任意代理の場合、代理人が権限を濫用するリスクは、代理人を選任した本人が負うべきであるから、②についても本人側に主張・立証責任を配分することは理にかなっているものと解される。

　【例題】では、有権代理構成に基づく反論がF社からなされることになるので（☞2.(a)）、107条に基づく反論は、有権代理の効果を障害することになり再抗弁となる。

　107条と108条はともに代理人の忠実義務違反を原因としてその行為を無権代理とみなすことになるが、利益相反行為の場合には、判例・通説によれば、代理権が客観的に制限されていることを理由に、代理権限外の行為であるとされるのに対して、代理権濫用行為の場合には、代理権の範囲内の行為であるが、代理人が濫用目的で代理行為を行っていることを理由に、無権代理の効果を認めているにすぎないことから、上記の違いが生じることになる。

258

　もっとも、2017年民法改正後も、相手方が代理人の濫用目的について悪意又はそれに準じた重大な過失がある場合に限って、本人に代理行為の効果が帰属しないと解すべきであるとする有力な見解がある（佐久間・前掲書253頁）。

　上記の見解によれば、代理人が代理権の範囲に加えられた制限を善意の相手方に対抗できないとする規定がある場合には（一般法人77条5項、同197条、会社349条5項、商21条3項、同25条2項など参照）、相手方が善意であれば保護されるのに、行為の目的という代理人の内心の事情の場合には、相手方が善意・無過失でないと保護されないことになるのはアンバランスであり、107条が過失ある相手方を保護しないことは妥当でないとする。加えて、任意代理の場合にも、代理人に包括的代理権を与え、代理人に広い裁量権を認めたのは本人であり、代理権を濫用するような代理人を選任したのは本人であるから、代理権濫用行為のリスクは本人が負うべきであるとして、相手方が重過失の場合に限定して無権代理になると解すべきであるとする。

　しかし、本人が任意代理人に包括的代理権を与えている場合と、法人の理事に代表権がある場合とを比較し、任意代理の場合にも、無権代理となる場合を限定する上記有力説には疑問がある。

　法人の場合、法人の目的を実現するためには、法人の代表機関には対外的代表権（包括的代理権）を与える必要がある。法人の代表機関の包括的代理権が目的・定款等によって制限されていることを知らないで取引をした相手方がいる場合に、代表機関の権限に関する調査について相手方に過失があったことを理由に、代表機関の行為の効果が本人に帰属しないとすることは、代表機関としての自然人の行為によらなければ、自ら行為ができない法人にとっても、代表行為を迅速に行えないという不利益が生じるおそれがある。つまり、代表理事や、代表取締役の代表権の範囲に加えられた制限を善意の相手方に対抗できないとする規定は、相手方だけでなく、法人にとっても意義があることになる。したがって、有力説のように、任意代理人の場合と単純に比較することはできないものと解される。

　任意代理人の場合には、本人が自ら行為することができ、代理人による代理行為は本人が代理権を授与した範囲でしか本人に効果が帰属しないのが原則である。法人の代表機関の場合とは異なり、任意代理の場合に、代理権を内部的

に制限した場合の相手方保護の規定がないのは、本人の行為のために、代理人に制約のない代理権が本人によって授与される一方で、本人と代理人との間で代理権を内部的にだけ制限する場合が想定されていないからである。任意代理人の裁量権の範囲を画定するためには、そもそも本人が代理人に授与した包括的代理権自体の内容と目的を客観的・外形的に画定することが必要であり、その範囲で任意代理人の裁量権が認められることになる。したがって、任意代理の場合には、代理権限の範囲に関する上記の解釈を通じて、すでに相手方の利益が考慮されており、代理権濫用行為があった場合に、過失ある相手方の利益を保護しないことがアンバランスであるというわけではない。それゆえ、代理（表）権濫用行為については、濫用目的とその点に関する相手方の悪意・有過失という2つの要件を通じて、任意代理の場合にも、法人の代表の場合にも、本人の利益と相手方の利益を調整すれば足りるものと解される。

Deep Learning Ⅰ-23
法人の代表と代理の異同（千葉）

　法人の代表機関の行為が法人に帰属するというメカニズムは、代理制度に準じて理解されており、原則として、代表権の範囲で代表機関が行った代表行為の効果が法人に帰属することになる。

　しかし、法人は自然人と同じ意味で行為することはできず、理事等の代表機関としての自然人の行為によらなければ、法人は行為ができない。したがって、法人の場合には、法人の目的を実現するために法人の代表機関に対外的に包括的代表権を与える必要性があり（一般法人77条1項・4項、同197条、会社349条1～4項など）、この点では、自然人である本人が代理人に任意に代理権を与えた場合とは異なることになる。

　また、代表機関は法人内部の機関であり、定款・寄付行為・社員総会の決議によって代表機関の代表権を内部的に制限することができる。代表理事など代表機関の代表権は法人の事務の全部に及ぶことが原則であることから、代表権が内部的に制限されると、代表権の制限を知らない第三者が害されるおそれがある。そこで、法人の利益と法人と取引する相手方の利害の調和を図るために、一般法人77条5項、同197条、会社349条5項などで、法人は、代表権の範囲に加えられた制限を善意の

第三者に対抗できないとする規定がおかれている。法人側に、第三者の「悪意」については主張・立証責任があると解すべきであるから、法人の代表機関に対外的に包括的代表権があることを前提として法人も相手方も迅速な取引が実現できるというメリットがあることになる。

　したがって、一般法人の代表理事が代表権を濫用し、濫用目的で第三者との間で代表行為を行った場合には、第三者が悪意である場合に、代表行為の効果が法人に帰属しないと解すべきあろう（重過失の場合には、相手方を保護する必要性が低いから、相手方は信義則上法人に代表行為の効果が帰属していると主張できないと解する余地はある）。任意代理人が包括的代理権を濫用した場合と比べると、代表理事の権限濫用の場合には、法人の保護が限定されることになるが、代表理事が法人の内部機関であることからして、本文で述べたように違いがあってもよいのではないだろうか。　　　　　　　　　　　　　　　　　　　　　　　　　　　　　　●

(ii)　Aからの再反論──代理権濫用

　【例題】では、前述したAがBに包括的な代理権を与えていた目的からすれば、Bが代理人として、F社のC社に対する元利金債権を被担保債権とする丙土地を目的とした譲渡担保設定契約の締結は、Bの代理権の範囲内の行為ということになる（☞❷2.(a)）。

　107条の①の要件（代理権濫用行為）については、「BおよびC社の利益を図ることを目的」としている点をどのように判断するかが問題となるが、C社は有担保ローンとなることによって有利な条件で融資を受けられることによって経済的な利益があり、Bは自己の昇進の助けになるという事実上の利益がある一方、Aは譲渡担保権の実行によって丙土地の所有権を失うリスクがあり、本人の利益を侵害するおそれがあると主張することができよう。

　107条の②の要件（相手方の悪意・有過失）については、Bが濫用目的で代理行為を行ったことをF社が知らなかった点に過失があるのかどうかが問題となってくる。Aとしては、Aの不動産資産の管理・運用を任せたのはB個人であって、C社とAとの間に何ら関係がないこと、F社はBの言動のみを信頼し、C社とAとの関係について調査していないといった事情を主張することになろう（過失の評価根拠事実）。一方、F社からは、Bが提示した事業計画にそった甲ビルのリニューアル工事が完了した時期と、C社の事業拡大の時期やBがC

社の常務取締役に昇進する時期が重なっており、C社の常務取締役に就任予定であるBから融資の申し入れがあったこと、C社が甲ビルの6階に本社ビルを置いていたことなどから、C社がAの資産運用会社であり、そのC社の事業を拡大するために事業資金を新規に借り入れるに際して、C社の融資の担保として譲渡担保契約を締結したと主張することになろうか（過失の評価障害事実）。

(b)　代理権濫用行為と表見代理との関係

　利益相反行為と同様、2017年民法改正によって、代理権濫用行為も無権代理とみなされることから、表見代理に基づく反論ができないかどうかは一応検討しておくことが必要となる。

　代理権濫用行為といえるためには、相手方が濫用目的につき悪意・有過失であることが必要であるから、表見代理が成立しないとする見解（佐久間・前掲書250頁、中舎・前掲書53頁など）が有力である。しかし、代理権濫用行為に該当する場合には、108条2項の利益相反行為とは異なり、表見代理の規定を適用する余地がそもそもないものと解される。

　表見代理は、代理人に代理権があると信頼した代理行為の相手方の保護を目的として、代理権があるかのような外観を与えた本人に帰責性が認められる限度で、無権代理行為であるにもかかわらず代理行為の効果を本人に帰属させる制度である。代理権濫用行為の場合には、代理権の範囲内の行為であり、原則として本人に代理行為の効果が帰属していることを認めた上で、代理人が濫用目的で代理行為をしたときに、例外的に、本人への効果帰属を覆滅するために、無権代理であるとみなしているにすぎない。したがって、107条に基づいて本人の免責を認めた上で、表見代理の規定の適用を認めることは理論的に矛盾することになる。

　なお、107条および108条2項に基づいて、当該代理行為が無権代理とみなされた場合、代理人は代理権がないことにつき悪意である。したがって、相手方が代理人に代理権があると信じた点に過失があったとしても、117条2項2号ただし書によって、相手方は代理人に、無権代理人の責任を追及することができるものと解される。

262

❸ 無権代理の相手方からの転得者の保護

【例題】の事実１～７に加えて、以下の事実があることが明らかとなった場合はどうか。

> 8．Ｃ社の急激な事業の拡大で債務が膨らみ、リノベーションのために買い入れた物件の販売が予定どおり進まず、Ｃ社がＦ社から借り入れた3000万円について弁済期が経過しても、一向に返済のめどが立たなかった。Ｆ社は、Ｃ社の業績不振が続き、資産状態が悪化するばかりだったことから、譲渡担保権を実行し、2025年３月に丙土地を3500万円でＨに売却して、Ｃ社に対する元利金債権と遅延損害金に充当した。ＨはＡに対して、丙土地の明渡しを求めて、訴えを提起した。

　Ｈは、丙土地の所有者であるとして、Ａに対して丙土地の明渡しを求めていることになる。上記請求の訴訟物は、所有権に基づく返還請求権としての丙土地の明渡請求権となる。上記訴訟でも、ＢがＡの代理人としてＦ社との間で締結された譲渡担保設定契約当時、Ａが所有者であった点については権利自白が成立し、Ａが丙土地を駐車場として占有している事実は争わないだろうから、請求原因事実には争いがないことになろう。これに対して、Ａは、Ｆ社の譲渡担保権が成立しているかどうか、また、Ｃ社への貸付債権の弁済期が到来し、Ｆ社が丙土地の処分権能に基づいてＨに丙土地を売却した事実を争うことになろう。したがって、ＡのＦ社に対する訴訟と同様、主要な争点となるのは、ＢがＡの代理人としてＦ社との間で締結した譲渡担保設定契約が成立し、Ａに効果帰属し、Ａの所有権が喪失したといえるかどうかという点になる。

　すでに検討してきたところからすれば、Ｈは請求原因事実として有権代理を主張し、これに対して、Ａは107条に基づいて代理権濫用行為であったとして無権代理であると反論することになろう。

　そこで、Ｈは、ＢがＡの代理人としてＦ社との間で締結した譲渡担保設定契約が、Ｂの代理権濫用行為であるとして無権代理の効果が認められる場合に備

えて、94条2項の類推構成に基づき、Hとの関係でAの所有権が喪失したと反論することが考えらえる。

　前述したように、代理権濫用行為の場合には、代理行為の相手方を表見代理制度と通じて取引の安全を図る余地がないとしても、94条2項を類推適用して、無権代理の相手方からの転得者の保護を図る余地はあることになる（最判昭和47・4・4民集26巻3号373頁）。AがBに包括的代理権を与えたことによってF社名義の登記が行われた点でAに帰責性があり、F社名義の登記を信頼して丙土地を購入した点についてはHに過失はないと反論する余地がないかを検討することになろう（☞第5章❸2.）。

●重要判例●

・最判昭和43・10・8民集22巻10号2172頁（親権者による連帯保証・抵当権設定と利益相反行為）

・最判昭和38・9・5民集17巻8号909頁（株式会社の代表取締役による代表権濫用と改正前93条但書の類推）

・最判昭和42・4・20民集21巻3号697頁（任意代理権の濫用と改正前93条但書類推）

・最判平成4・12・10民集46巻9号2727頁（親権者による物上保証行為と親権の濫用）

・最判昭和60・11・29民集39巻7号1760頁（代表理事の代表権の制限と民法110条）

●演習問題●

【設問1】

　Aは、乙土地について、F社に対して、譲渡担保を登記原因とする所有権移転登記の抹消登記手続を求めて訴えを提起した。【例題】の事実5および事実6の下線部は、攻撃・防御方法の観点からみてどのような意

264

味を持つか説明しなさない。

【設問2】

【例題】の事実1～6が認定されたものとして、【設問1】の請求が認められるかどうか検討しなさい。

【設問3】

Aは、丙土地について、F社に対して、譲渡担保を登記原因とする所有権移転登記の抹消登記手続を求めて訴えを提起した。【例題】の事実1～7が認定されたものとして、この請求が認められるかどうか検討しなさい。

【設問4】

【設問3】の請求において、AがBに与えた包括的代理権の範囲について検討した上で、【例題】の事実7の下線部が攻撃・防御方法の観点からみてどのような意味を持つか説明しなさい。

第11章 占有者の利益と取引の安全との調和［基礎編］

——取得時効と登記について考える

 ① 出題の趣旨

　本章では、取得時効制度が問題となる紛争類型を通じて、占有者の利益と不動産物権変動における取引の安全との調和について考えてみることにする。

　時効には、取得時効（162〜165条）と消滅時効（166〜169条）があり、この両制度の通則として総則規定（144〜161条）が置かれている。

　2017（平成29）年民法改正では、総則と消滅時効の節で大規模な修正が加えられた。総則規定では、改正前民法で時効の「中断」と「停止」という概念によって説明されていた部分について、改正法では、「完成猶予」と「更新」という新たな概念によって再整理が行われた。時効の完成が妨げられる場合を時効の「完成猶予」（147条1項、148条1項、149条、150条1項、151条1項、2項、158〜161条）という概念によって包括的に説明することになった。完成猶予事由のうち、裁判上の請求等と強制執行や担保権の実行等による完成猶予事由が終了した場合には終了時点から（147条2項、148条2項本文）、また、権利の承認がなされた場合には承認の時点から（152条1項）、新たな時効が進行することが認められることになり、これを時効の「更新」と呼ぶことになった。ただし、取得時効との関係では、占有者が任意に占有を中止した場合及び他人によって占有を奪われた場合に中断するとされ、改正法の下でも、なお「中断」という概念が残っていることに注意する必要がある（164条）。2017年民法改正は、2020年4月1日以降に時効の完成猶予事由・更新事由が生じた場合に適用されることになる（平成29年法律44号附則10条2項）。

　時効制度の趣旨をどのように解するのかについては、学説上は長く激しい対

立があるが、判例・通説は、時効制度を時間の経過によって実体法上の権利の
得喪を認める制度であると解しており（実体法説）、取得時効を一定時間の占
有状態の継続によって権利取得を認める制度、消滅時効を一定時間の権利行使
がなかったことによって権利消滅を認める制度と捉え、援用権者による援用の
意思表示（145条）により時効の効果が確定的に発生するものと解している（最
判昭和61・3・17民集40巻2号420頁。不確定効果・停止条件説）。

　所有権の取得時効（162条）の要件は、占有の継続が含まれているから、取
得時効の対象となるのは物および物の一部である。動産の場合には、引渡しが
対抗要件となっており、しかも即時取得制度（192条）があるから、取得時効
が問題となるのは主に不動産であり、動産については取引行為に基づかない場
合に限られる。

　登記の具備は取得時効の要件となっていないことから、占有者の利益の保護
と不動産取引の安全をどのように調整するかが問題となる。この法規範の間隙
を埋めるために、以下の取得時効と登記に関する判例理論が形成されてきた。
すなわち、①時効取得者は時効完成時の登記名義人に対して、登記なくして時
効取得を対抗できる（第1準則）、②時効完成前に登記名義人から権利を取得
した第三者も、時効によって権利を失う当事者であるから、時効取得者は登記
名義人に対して登記なくして時効取得を対抗できる（第2準則）、③時効完成
後に登記名義人から権利を取得した第三者との関係では、時効取得者が登記を
しなければ時効取得を第三者に対抗できない（第3準則）、④時効の起算点を
任意に選択できない（第4準則）、⑤第3準則に基づいて時効取得を第三者に
主張できない占有者であっても、第三者の登記後に引き続き時効取得に要する
期間、占有を継続したときには、第三者に対して登記なくして時効取得を対抗
できる（第5準則）、以上の理論である。

　学説上は占有尊重説と登記尊重説が対立し、上記判例理論に対しては様々な
批判があるが、実務ではすでに確立した判例法理として機能している。本章で
は、学説からの批判を踏まえた上で、取得時効と登記に関する判例理論の考え
方とその適用範囲を明らかにし、不動産物権変動の公示の要請との調整の在り
方を考えてみることにしたい。

Bは誰に対してどのような権利があると主張したら よいのか

　以下の【例題】は、後述する訴訟で当事者から主張された事実をまとめたものである。

【例題】

　1．Aは、1972年に、趣味の山登りが縁でBと知り合い、ともに配偶者を亡くしたこともあって、互いの住居を行き来して夫婦同然の生活を続けていた。Aは、名古屋市の近郊で、主に生花の栽培と販売を業としてきたが、所有する甲建物とその敷地（以下、これらを併せて「甲不動産」ともいう）を自宅兼事務所とし、Bと数名のパートを雇用して、甲不動産に隣接する乙土地で生花の温室栽培を行って生計を立てていた。

　Aには、子として長男Cがいるが、Cが東京の大学へ進学したのを機に家を出たことから、Bとの再婚を考えていた。しかし、CがAの再婚に強く反対をしたことから、AとBは婚姻届を提出しないままであった。

　2．ところが、Aは、1989年末に末期の肺がんであることが判明した。手術後、Aの看護のために、Bは1990年1月頃から甲不動産でAと同居するようになった。また、Aが入退院を繰り返したことから、1991年末には、Bが自己の判断でパートを雇用して生花の栽培を行うようになった。

　1992年2月末に、Aは医者から余命3か月であると告げられた。A・B間には子供はなく、身寄りのないBのことを気遣ったAは、1992年3月1日に、Cには預貯金や丙土地を遺産として渡すつもりであり、Bに対して甲不動産および乙土地を贈与したいと述べ、Bも、Aに感謝して、これを受け取ることにした。しかし、Bは、Aの看病と生花栽培の仕事を1人で切り盛りしなければならず、甲不動産および乙土地の所有権移転登記を経由しないままであった。

　1992年5月1日に、AはBの看病の甲斐なく死亡した。Aの葬儀後であ

る同月4日、Bは、Cに対し、Aから生前に甲不動産および乙土地の贈与を受けた旨告げ、これらの登記手続や今後の生花業の経営などについて話をしたいと伝えたが、Cは贈与を否定し、Aの遺産などの処理に必要な預金通帳と印鑑等を受け取り、これ以上、Bと話し合いをする必要はないとして拒否した。その後も、Bは、A死亡前と同様に甲不動産で生活し、乙土地で生花の温室栽培を行って生計を立てていたが、CがBに対して甲不動産や乙土地からの退去を求めたことはなかった。

　3．Cは、1985年4月に、脱サラしてD株式会社（以下、「D社」という）を設立し、代表取締役・社長に就任した。D社は不動産を所有していなかったことから、E銀行から有担保ローンを受けるために、2011年12月になって、Cは、A所有名義の甲不動産、乙土地、丙土地について1992年5月1日相続を原因とする所有権移転登記を経由した上で、2012年4月30日に乙土地をD社に5000万円で売却し、同年5月7日に登記申請が受け付けられ、乙土地につき4月30日売買を原因としてD社名義の所有権移転登記を完了した。Bは、上記登記後は、Cが甲不動産と丙土地、D社が乙土地の固定資産税を納付していたと聞くが、真偽は確認していない。

　4．2012年6月1日に、D社はE銀行から弁済期を2017年5月末として3000万円を年利3％で借り受け、その担保として乙土地・丙土地について抵当権設定契約を締結し、2012年6月1日設定を原因とする各抵当権設定登記をし、また、Cが上記債務の連帯保証人となった。その後、2017年6月1日に、D社は運転資金として、E銀行から弁済期を2020年5月末、年利3％で2000万円の追加融資を受けることになり、その際に、Cを物上保証人として、甲不動産についても抵当権設定契約を締結し、2017年6月1日設定を原因とする抵当権設定登記を経由した。

　5．E銀行は、D社への上記2件の貸付けについて融資をするかどうか審査をした際に、Cから提出された甲不動産・乙土地・丙土地についての登記事項証明書に基づいて、いずれの不動産についても、Aの死亡後、相続を原因として、AからCに所有権が移転していること、Cに戸籍謄本の提出を求めたところ、Aの法定相続人がCのみであることを確認した。また、Cから、甲不動産・乙土地の現況について、Aのもとで住込みの従業

員として働いていたBに、甲不動産と乙土地については無償で使用させているだけであり、いつでも甲不動産から退去してもらうことが可能であるとの説明を受けた。

　E銀行は担保価値を評価するために、現地調査を行ったところ、甲不動産には、Aの表札がかかっており、Bが居住していること、乙土地にはプレハブの温室があり、Aが死亡した1992年頃からBが生花を栽培していることを確認した。近所の人の話では、A・Bが夫婦だという人もいたが、Aの妻が死亡後、BがAのところで働くようになり、1990年頃からBが甲不動産で同居するようになったという人もおり、戸籍謄本によってAがBと婚姻していないことを確認していたことから、Cの説明に問題はないと判断した。

　6．ところが、D社は急激な事業拡大によって2017年頃から財務状況が悪化し、第1次の融資についても追加融資についても弁済期に借入金の返済が遅れる事態になった。E銀行は、2020年から大流行した新型コロナウイルス感染症による景気の悪化に伴い、甲不動産・乙土地を競売しても債権回収が難しい状況となったことから、D社に経営の見直しを提案し、甲不動産・乙土地・丙土地について抵当権の実行を先送りしていた。

　しかし、D社の経営は一向に改善せず、赤字経営が続き、貸付金の返済の目途がたたなかった。このため、E銀行は、D社への貸付金を回収するために抵当権を実行することにし、2025年6月25日に、E銀行は担保不動産の占有者Bに甲不動産、乙土地の利用状況について問い合わせを行った。Bは、この時点で初めて甲不動産と乙土地がD社に対する貸付債権の担保になっていること、また、甲不動産と乙土地の登記事項証明書を取り寄せて登記の状況を知るに至った。

　7．Bは、遅くとも、A死亡後自ら乙土地で生花栽培を行い、甲不動産に居住してきたことから、甲不動産・乙土地を時効取得したとして、C・D社・E銀行に対して訴えを提起した。2025年7月15日に、C・D社・E銀行に訴状が送達され、Bは、上記訴訟の訴状送達をもって、取得時効を援用する旨の意思表示をした。

Bは、C・D社・E銀行に対して、なぜ取得時効を理由に訴えを提起したのだろうか。また、取得時効を理由に訴えを提起するにしても、どのような請求権があると主張したのだろうか。

1. 所有権の登記名義人に対する請求

(a) Cに対する請求

Cは、Aの死亡から19年後の2011年12月に、甲不動産・乙土地について1992年5月1日相続を原因として所有権移転登記を行っている（これを「相続登記」という）。相続登記の場合には、登記義務者である被相続人がすでに死亡していることから共同申請主義の例外が認められている（不登63条2項）。

贈与契約は諾成契約であるから（549条）、A・B間で甲不動産および乙土地を目的物とする贈与契約が成立していれば、特約がない限り、贈与契約が成立した時点で甲不動産・乙土地の所有権はいずれもAからBに移転していたことになる（176条）。また、AはBに対して贈与契約に基づいて各不動産について所有権移転登記義務があると解されるが、CはAの唯一の相続人であるから、Aの死亡時に、相続を原因として上記贈与契約上の地位を承継することになる（896条本文）。したがって、CはBに対して贈与契約に基づいて甲不動産・乙土地について各所有権移転登記義務を負っていることになる。たとえ贈与契約に基づく債権的登記請求権が消滅時効により消滅したとしても、BはCに対して1992年2月29日贈与を原因として取得した所有権に基づいて各不動産について所有権移転登記請求権があることになる。

もっとも、Cは、A・B間の贈与契約の成立を否定している。贈与契約の時点からすでに30年以上経っているから、贈与契約書等がないと、A・B間で贈与契約が成立したことを直接的に証明することは難しく、Bが甲不動産・乙土地についてAからの贈与を原因として所有権を承継取得しているという構成では、Bに移転登記請求権があるとはいえないとされる可能性がある。そこで、Bは、Aの葬儀後である1992年5月4日に、Cに対し、Aから生前に甲不動産および乙土地の贈与を受けた旨告げ、20年以上にわたり、所有の意思をもって占有してきたことを主張して、Cに対しては甲不動産の所有権の時効取得を原

因としてＢへの移転登記手続への協力を求めたものと解される。

Ｄeep Ｌearning Ⅰ-24
いわゆる内縁の配偶者の占有をどのように考えるか（千葉）

　内縁を婚姻に準じて保護してきた背景には、家制度の下、婚姻意思はあるが、婚姻届の提出ができない夫婦を指してきたという歴史的経緯があるが、現在では、積極的に自らの意思で婚姻届を出さない場合もある。【例題】の場合には、Ａの息子Ｃの反対によって、ＡとＢは婚姻の届出をせずにＡの生前から甲不動産で夫婦同然の生活をしたようであるから、Ａ・Ｂには婚姻意思はあったが、事実婚であったものといえそうである。

　ＡとＢとの間にいわゆる内縁関係が認められる場合に、Ｂの占有をどのように考えるのか。Ａが死亡する前は、少なくともＡとＢが居住して甲不動産についてはＡのみが占有者であり、同居者であるＢはＡと独立した所持がなく、占有補助者であったものと解される。ＡとＢが婚姻しＢがＡと配偶者である場合にも、この理は変わらない。占有補助者とは、占有者としての責任を負わない者であり、明渡請求や損害賠償請求をする際には、占有補助者を相手にしなくとも、占有者だけを相手方とすれば、占有補助者のとの関係でも権利実現が可能と考えられていることになる。

　【例題】の場合に、Ｂに独立した占有がなければ、Ｂについて取得時効の可否を論じることができないことになる。そこで、Ａが死亡した1992年５月１日以降のＢの占有をどのように評価するかが問題となる。Ａの死亡によってＡの占有は相続人であるＣに当然承継されることになるが、Ｂは配偶者ではないから相続人ではない（ただし、同居する内縁の配偶者の場合に、借地借家法36条は、居住権保護の観点から、死亡した建物賃借人の権利義務を承継するという制度を設けている）。【例題】では、Ａの生前中、内縁の配偶者として甲不動産・乙土地を利用してきたこととは別に、Ｂ自身が所有の意思をもって占有を始めたことを明らかにするために、ＢはＡの相続人Ｃに対して、Ａの葬儀後に、Ａから生前に甲不動産および乙土地の贈与を受けた旨を告げたと理解することになる（185条）。　●

(b)　Ｄに対する請求

　乙土地の登記名義人であるＤ社に対する請求の場合、Ｂはどのような請求権があると主張したのだろうか。Ｃが相続登記を完了した不動産のうち、乙土地

は、2012年4月30日にD社に売却され、同年5月2日売買を原因としてD社名義の所有権移転登記がされている。したがって、A・B間で乙土地について贈与契約が成立していたとしても、乙土地はA→BとA＝C→D社に二重譲渡されたことになる。D社はすでに乙土地について所有権移転登記を経由しているから、BがAからの贈与を原因として自らが所有者であると主張して、D社に対して登記請求訴訟を提起しても、D社は177条の第三者であるとして、Bは所有権を喪失したと反論することができることになる。したがって、D社との関係でも、BがAからの贈与を原因として所有権を承継取得したという構成では、Bの主張は認められない可能性が高い。

　そこで、Bとしては、乙土地の登記名義人であるD社に対しても、B自身が、乙土地で生花の温室栽培を行って同土地を占有してきたことを主張して、乙土地の所有権の時効取得を原因として所有権移転登記手続への協力を求めたものと解される。

　もっとも、162条の条文では、「他人の物」を占有した者であることが取得時効の成立要件になっているように見える。しかし、判例（最判昭和42・7・21民集21巻6号1643頁、最判昭和44・12・18民集23巻12号2467頁）・通説は、登記を経由していない等のために所有権取得の立証が困難である場合や所有権取得を第三者に対抗することができない場合であっても、取得時効の成立を認めている。取得時効制度は、永続して物を占有するという事実状態がある場合に、一定の要件のもとで占有者に権利取得を認める制度であるから、他人の物に限定する必要はないことを理由とする。

　ところで、取得時効は原始取得原因の1つであるのに、なぜ、Bが所有権「移転登記」手続への協力を求めることになるのかについては疑問があるかもしれない。原始取得が成立すると、前主の権利が消滅して、原始取得した者が前主の権利を承継せずに新たに権利を取得することになるから、理論的には、従前の登記についてはすべて抹消登記を行い、取得時効を原因として新たに登記を行うべきことになるはずである。それにもかかわらず、登記実務が、大判昭和2・10・10民集6巻558頁に沿って、取得時効を原因として移転登記を認めてきたのは、抹消登記の煩雑さとともに、時効によって、一方で不動産の所有権を取得する者がおり、他方で権利を失う者がいることから、登記請求権と

の関係では、両者が当事者の関係にあると捉えているからである。一物一権主義との関係で、取得時効によって所有権を取得すると、原権利者は所有権を反射的に喪失することになり、あたかも所有権が原権利者から時効取得者に移転するのと類似した関係が生じることになると考えているのも同様の考え方に基づくものと思われる。

　登記手続をすべきことを命じる確定判決があれば、CやD社が登記申請の意思表示をしたものとみなされ（民執177条本文）、Bは単独で登記申請ができることになるが（不登63条1項。☞**第2章❷1.**）、登記官に所有権移転登記の申請をするためには、登記原因とその日付および誰から誰に移転するのか等登記事項を明らかにする必要がある（不登59条）。

　時効の効力は、時効の起算日に遡って生じることになるから（144条）、登記原因の日付も時効が完成した日ではなく、時効の起算日となる。取得時効の場合には、占有開始時点が時効の起算日となるから、占有開始日が登記原因の日付になる。したがって、取得時効を登記原因として確定判決に基づいて単独で移転登記を申請するためには、占有開始時点を明記した上で時効取得を原因とする所有権移転登記手続をせよという判決主文が必要である。たとえば、**【例題】**の場合に、甲乙土地についてB名義の所有権移転登記をするためには、「DはBに対して、乙土地について、1992年5月4日時効取得を原因とする所有権移転登記手続をせよ」という判決主文が必要であり、Dに対する請求の趣旨を記載するときには、上記内容を記載しなければならないことになる。

2. 抵当権の登記名義人に対する請求

　【例題】では、甲不動産については、D社を債務者としCを設定者とするE銀行名義の各抵当権設定登記（建物とその敷地とは共同抵当）が、また、乙土地についてはD社を債務者兼設定者とするE銀行名義の抵当権設定登記がある。BとE銀行との間には何ら債権的な関係がないから、Bは取得時効を原因として甲不動産・乙土地の所有権者であるとして、E銀行に対して抵当権設定登記の抹消登記手続への協力を求めることになる。

　なお、BからD社に対する所有権移転登記請求訴訟でB勝訴の判決が確定す

ると、乙土地については、Bは単独で所有権移転登記の申請ができることにな
り、1992年5月4日時効取得を原因として権利部（甲区：所有権に関する事項）
の登記名義がD社からBとなるだけであって、D社名義の所有権移転登記が抹
消されるわけではない。E銀行はD社が乙土地を所有していた時に、E銀行名
義の抵当権設定登記を完了したことになり、D社に対する請求についてB勝訴
の判決が確定したからといって、権利部（乙区：所有権以外の権利に関する事
項）のE銀行の抵当権設定登記には影響はない。E銀行の抵当権設定登記が有
効かどうかは、BからのE銀行への抵当権設定登記抹消登記請求権が認められ
るかどうかによる。仮に、E銀行に対する請求が認容されれば、E銀行名義の
抵当権設定登記について抹消登記をBが単独で申請できることになり、請求が
棄却されれば、E銀行の抵当権の負担がついた乙土地の所有権をBが有すると
いうことになるだけである。甲不動産についても同様である。

Deep Learning I-25
抵当権設定登記抹消登記請求か承諾請求か（千葉）

　【例題】では、取得時効を原因としてBはCおよびD社に対して「所有権移転登
記」を請求していることから、E銀行の抵当権設定登記については、本文で述べた
ように、BがE銀行に対して抵当権設定登記の抹消登記を求めることになる。
　これに対して、【例題】とは異なり、Bが、CおよびD社の所有権移転登記が「不
実登記」であることを理由に所有権移転登記は無効であると主張し、CおよびD社
に対して移転登記の抹消登記を求める場合には、E銀行に対する請求の訴訟物は、
所有権に基づく妨害排除請求権としての所有権移転登記抹消登記手続の「承諾」請
求権となる。
　E銀行の抵当権設定登記は、移転登記によって公示されている所有権がCおよび
D社にあることを前提にして登記がされているのであるから、CおよびD社名義の
所有権移転登記につき抹消登記がされると、E銀行名義の抵当権設定登記も抹消さ
れることになる。このように、移転登記の抹消登記によって抵当権者も権利上の損
害を被ることになるから、不動産登記法68条では、権利に関する登記の抹消につい
て登記上の利害関係を有する第三者がいる場合には、当該第三者の承諾があるとき
に限り、抹消登記を申請できると規定している。このような場合には、BはCおよ

びD社名義の所有権移転登記抹消登記請求とあわせて、E銀行を被告として上記抹消登記について承諾を求める請求が必要となる。　●

❸　甲不動産を巡る攻防

1.　訴訟物と請求原因・請求原因事実

　甲建物とその敷地は別の不動産であり、それぞれC名義の所有権移転登記によって侵害されていることになるから、BのCに対する請求のうち甲不動産に関する請求の訴訟物は、所有権に基づく妨害排除請求権としての所有権移転登記請求権2個（単純併合）となる。

　E銀行に対する請求のうち甲不動産に関する請求の訴訟物についても、甲建物とその敷地とは共同抵当となっており、それぞれE銀行名義の抵当権設定登記によって侵害されていることになるから、所有権に基づく妨害排除請求権としての抵当権設定登記抹消登記請求権2個（単純併合）となる。

　いずれの請求についても、所有権に基づく妨害排除請求権の発生を基礎づけるためには、①原告が現在所有権者であること、②現在被告が占有以外の方法で所有権を妨害していることが必要である。

　【例題】では、C名義の所有権移転登記およびE銀行名義の抵当権設定登記があることをいえれば、所有権を妨害している事実を主張することができる。検討を要するのは、Bが時効取得を理由として、現在、甲不動産の所有者であるというためには、どのような事実を主張したらよいのかという点である。

　取得時効の場合には、占有開始時点が時効の起算日であり、時効の効力は、時効の起算日に遡って生じることになるから（144条）、取得時効の成立が認められれば、占有開始時点から所有権者であったことを主張できる。

　162条1項は、20年の取得時効（長期取得時効）の要件として、（i）所有の意思をもって、（ii）平穏に、（iii）公然に、（iv）他人の物を、（v）20年間占有することと規定しているが、186条1項によって、（i）～（iii）の主張・立証は不要になり（暫定真実）、取得時効の成立を争う側で、その反対事実としての他主占有、強暴又は隠秘のいずれかについて主張・立証責任を負担するこ

とになる。

　また、判例・通説は、前述したように取得時効の対象物は自己の所有物でもよいと解しているから、(iv) は請求を基礎づけるための要件にはならない。(v) については、186条２項により、前後両時点における占有の事実があれば、占有はその間継続したものと推定されるから、時効取得者と主張する者が自己の占有のみを原因として取得時効を主張するときは、占有開始時と20年経過時の２つの時点の占有を主張立証すれば足りる（186条の占有の推定規定と立証責任の関係について☞**第６章❸2.(b)**）。

　そうすると、ある者の自己の占有のみを原因とする不動産の長期取得時効の成立を主張する者が主張・立証責任を負っている要件は、結局、①その不動産の占有開始原因事実、② ①の時から20年を経過した時点におけるその不動産占有事実、③援用権者が相手方に対し時効援用の意思表示をしたことで足りることになる。原権利者に対して、時効取得者が権利取得を主張するためには、登記具備は要件とはなっていない。判例（大判大正７・３・２民録24輯423頁）も、時効取得によって占有者が権利を原始取得し、その反射的効果として原権利者が権利を喪失することから、理論的には、承継取得の場合に準じて、原権利者と時効取得者は「当事者の地位」にあるとして、両者は対抗関係にない以上、時効取得者の権利主張に登記は不要であると解している（第１準則）。

　したがって、Bは、Cに対して、甲不動産につき、1992年５月４日時効取得を原因として所有権移転登記請求権があるというためには、長期取得時効が成立していることを主張するために、①の要件について、（ア）Aは1992年５月１日当時、甲建物を所有し、かつ同建物に内妻Bとともに居住して甲建物及びその敷地（甲不動産）を占有していたが、同日死亡したところ、Bは、1992年５月４日、Aの子Cに対し、甲不動産および乙土地をAの生前の1992年３月１日に贈与を受けたことなどを伝え、甲不動産および乙土地を占有したこと、②の要件について、（イ）Bは、2012年５月４日経過時、甲不動産を単独で占有していたこと、③の要件について、（ウ）Bは、Cに対し、2025年７月15日送達の本件訴状により、上記時効を援用するとの意思表示をしたこと、以上の事実を主張すれば、現在、Bが甲不動産の所有者であるといえることになり、これに加えて、Bの所有権を妨害している事実として、（エ）甲不動産について

Ｃ名義の所有権移転登記があることを主張すればよいことになる。

　162条 2 項は、占有の開始時点で、占有者が善意（自己に占有すべき権利〔**【例題】**では甲不動産の所有権〕があると信じたこと）・無過失（自己に占有すべき権利があると信じた点に過失がないこと）である場合には、占有開始時点から10年を経過した時点で占有していれば、時効取得の成立を認めている（短期取得時効）。もっとも、善意占有については、186条 1 項によって推定規定があるから、短期取得時効の成立を主張する側に主張・立証責任があるのは、占有開始時点で占有者が無過失であったという要件だけである。

　したがって、**【例題】**において、短期取得時効の成立を主張するためには、前記（ア）（ウ）（エ）の事実に加えて、上記（イ）に代えてＢは、2002年 5 月 4 日経過時、甲建物の所有者兼居住者として不動産を占有したこと、および、（オ）Ｂが1992年 5 月 4 日時点で自己が甲不動産外の所有者であると信じていたことにつき過失がなかったと評価できるような事実を主張すればよいことになる。**【例題】**では、ＢがＡとの間で1992年 3 月 1 日に甲不動産を目的として贈与契約を締結し、以後はこれに基づいて甲建物を所有占有したことを主張すれば、1992年 5 月 4 日時点でＢが甲不動産の所有権者であると信じたことの評価根拠事実を主張することができることになろう。

Deep Learning Ⅰ-26
時効期間の計算のしかた（千葉）

　時効期間の計算は、占有開始日の翌日から起算して、20年ないし10年の経過によって完成する。これは、140条で初日不算入の原則が適用されるからである。**【例題】**では、1992年 5 月 5 日から起算して、2012年 5 月 4 日経過（長期取得時効）ないし2002年 5 月 4 日経過（短期取得時効）をもって時効が完成し、取得時効が成立することになる。時効の効力は時効の起算日にさかのぼって生じるから、占有開始日である1992年 5 月 4 日にさかのぼって、Ｂは1992年 5 月 4 日に時効取得を原因として所有権を原始取得したことになる。　　　　　●

2. Cに対する請求権を巡る攻防

【例題】のような訴訟では、Bが甲不動産の占有を開始した時における他主占有ないし他主占有事情が争われることが少なくない。186条1項により、他主占有等は、取得時効の要件である自主占有を否定し、結果的に、所有権の取得時効（162条）の規定の要件を満たさないものとしてその適用を排除するという意味において、抗弁となる。

占有があるというためには占有の意思と所持が要件となるが（180条）、判例・通説は、占有取得原因の客観的な性質を基準に判断すべきであると解しており、他主占有権原（賃借権など客観的にみて所有の意思のないものとされる権原に基づいて占有を取得していること）ないし他主占有事情（客観的外形的にみて占有者が他人の所有権を排斥して占有する意思を有していない事情）を主張すればよいものと解している（最判昭和58・3・24民集37巻2号131頁）。

ところで、【例題】には、亡Aの葬儀の際におけるBとCとのやり取りが記載されている。【例題】においても、他主占有権原や他主占有事情が結論を左右する争点となり得るか考えてみよう。

A・B間の生活関係やA死亡後のBやCの諸行動に加えて、亡Aの葬儀の際におけるBとCとのやり取りの事実がある。Bの発言は、Aの生前に甲不動産と乙土地について贈与を受けたことをA相続人Cに明確に告げ、Bがこれら不動産の所有者であり、今後も占有を継続することを前提で所有権移転登記手続への協力を求めたものである。このBの発言が真実である限り、1992年5月4日のBによる自主占有開始の事実は容易に認定することができる。

他方で、この自主占有はAの生前の占有とは無関係であるから、かつてBがAの占有補助者にとどまっていたからといって、上記の自主占有開始後も同様の認識であったなどとはいえなくなる。また、Bは、その後も甲不動産を生活の本拠とし、隣接する乙土地で生花栽培業を自己のために営んでおり、10年間にわたり固定資産税（亡A宛てに納税通知書が送付されていたと考えられる）を自己の出捐で納付してきたことはおそらく明白であり、その後に事実上固定資産税の支払いをしなくなったからといって、Bが所有者として振る舞ってきたこ

とと何ら矛盾しない。このBの行動をAの同居者ないしCから使用賃借した借主としての立替払いであったと理解するのは難しいものと思われる。

　Cの言動は、Aから不動産贈与を受けたとBから告げられた後も、10年間相続登記をせず、Bの従前の使用を黙認してきた上に、10年ないし20年間の時効期間内に、Bに対して時効の完成猶予ないし更新事由となるべき措置を講じてこなかったということになり、実質的には甲不動産と乙土地をAが生前にBに贈与したことを事実上承認していたことをうかがわせる行動と解釈する余地もある。【例題】の亡Aの葬儀の際におけるBとCとのやり取りの事実を基礎に判断する限り、CがBの占有につき他主占有権原や他主占有事情の主張を貫徹するのは難しそうである。

3. E銀行に対する請求権を巡る攻防

　判例（大連判大正14・7・8民集4巻9号412頁）は、時効完成後の第三者との関係では、登記の先後をもって優劣を決している（第3準則）。

　占有の継続だけを理由に所有権の時効取得を認めることはできるとしても、時効取得を原因とする場合に登記を全く不要とすると公示制度の意義が失われることになる。一旦時効取得すれば、時効取得者は、取得時効を原因として登記名義人に対して所有権移転登記手続に協力するように請求できる。そこで、判例は漫然と占有を継続するだけで登記を懈怠していることを理由に、時効完成後については、対抗要件主義を採用して登記の先後で権利関係の優劣を決することができると解している。

　判例（大連判明治41・12・15民録14輯1301頁）は、不動産取引の安全のために、177条の対抗要件に服する物権変動原因については無制限説（原則としてすべての物権変動は公示されなければならないという考え方）を採用している。理論的には、取得時効によってBが原始取得した反射的効果としてAの所有権を喪失するにすぎないが、前述したように、実質的にみれば、AからBに物権変動があったことと同視できると考えている。

　また、判例（最判昭和35・7・27民集14巻10号1871頁）は、時効の起算点を占有開始時点に固定すべきであると解している（第4準則）。占有開始後一定期

間の占有状態が継続することによって実体法上の権利取得を認めているのに、現時点から逆算して時効期間が経過しているかどうかを判断することは、時効の起算点について任意の選択を認めることになり、時効の完成時期を操作することは、判例が第2準則と第3準則とを峻別していることを事実上骨抜きにすることになるからである。

　【例題】では、Bが長期取得時効の成立を主張するとしても、時効が完成するのは2012年5月4日である。甲不動産を目的物としてCによってE銀行のために抵当権を設定したのは2017年6月1日であるから、E銀行は取得時効完成後の第三者に当たることになる。したがって、E銀行は、Bが時効取得を原因とする所有権移転登記を具備していない以上、取得時効を原因として所有権を原始取得したことを対抗できない旨主張して反論することができることになる（対抗要件の抗弁）。

❹　乙土地を巡る攻防

1.　訴訟物と請求原因・請求原因事実

　前述したように、BのD社に対する乙土地に関する請求の訴訟物は、所有権に基づく妨害排除請求権としての所有権移転登記請求権1個、E銀行に対する請求の訴訟物は、所有権に基づく妨害排除請求権としての抵当権設定登記抹消登記請求権1個となる。

　上記請求権の発生を基礎づけるためには、❸1.で検討したところから明らかなように、Bが長期取得時効の成立を主張する場合には、（ア）Bは、遅くとも1992年5月4日、乙土地を占有していた、（イ）Bは、2012年5月4日経過時、乙土地を占有していた、（ウ）Bは、D社とE銀行に対し、2025年7月15日送達の本件訴状により、上記時効を援用するとの意思表示をしたと主張すれば、Bが現在所有者であることを、また、Bの所有権が侵害されていることについては、（エ）D社に対してはD社名義の所有権移転登記があること、E銀行に対してはE銀行名義の抵当権設定登記があることを主張すれば足りる。

　短期取得時効の成立を主張する場合には、（イ）に代えて、Bは、2002年5

月4日経過時、乙土地を占有していたこと、（ア）（ウ）に加えて、（オ）（ア）
の占有開始時点で、Bが乙土地の所有者と信じた点に過失がなかったと評価で
きるような事実を主張すればよい。

　判例（大判大正7・3・2民録24輯423頁）は、時効完成前に権利者から権利
を取得した第三者がいる場合であっても、時効完成時点では時効によって権利
を喪失する者と時効取得した者は「当事者」の関係にあるから、時効取得者が
権利取得を主張するためには、登記がいらないと解している（第2準則）。

2. D社に対する請求権を巡る攻防

　【例題】では、D社が2012年4月30日にCとの間で行った売買を原因として
移転登記を完了したのは同年5月7日以降であり、D社はBによる長期取得時
効完成時点（2012年5月4日）以降に対抗要件を具備したことになる。しかし、
時効完成時点で時効取得者と時効によって所有権を喪失する者は「当事者」の
関係にあるから（最判昭和41・11・22民集20巻9号1901頁）、たとえD社が時効
完成後に登記を経由した場合でも、第2準則が適用されるものと解している
（最判昭和46・11・5民集25巻8号1087頁）。したがって、D社は第3準則に基づ
いて、時効完成後の第三者であるとして、対抗要件の抗弁を主張することはで
きない。

　取得時効は原始取得であるのに、対抗要件具備の先後で時効取得者と登記名
義人から権利を取得した第三者との間の優劣を判断すべきあるとしているのは、
時効取得者は取得時効を原因として登記を具備できるからであり、登記を懈怠
している者は劣後しても仕方がないと考えているからである。上記【例題】の
場合に、第2準則の適用が支持される理由は、時効取得完成までBは所有権
移転登記請求ができないからである。【例題】では、D社がCとの間の4月30
日売買を原因としてそれ以降所有権移転登記ができるのに対して、Bは2012年
5月4日を経過した時点で初めて乙土地の所有者であるD社に対して所有権移
転登記請求ができるにすぎない。つまり、177条に基づいて規律する基礎を欠
いていることになるからである。

　では、Bが短期取得時効の成立を主張する場合はどうか。

　Ｃ・Ｄ社間で売買契約が成立したのは、2012年４月30日であるから、短期取得時効の成立を主張すると、2002年５月４日の経過をもってＢは時効取得することになり、長期時効取得の成立を主張する場合とは異なって、Ｄ社は時効完成後の第三者となり、177条に基づき対抗要件の抗弁を主張できる。

　もっとも、Ｄ社からの上記反論に対して、Ｂは、Ｄ社が背信的悪意者であると再反論することができる（再抗弁）。判例（最判平成18・１・17民集60巻１号27頁）は、取得時効完成後の第三者が背信的悪意者に該当する場合には、時効取得者の登記の欠缺を主張できないと解している。また、多年にわたる占有の事実を認識していれば悪意といえると解している（背信的悪意者について☞**第2章❸2.3.**）。**【例題】**では、Ｃは悪意であり、ＣがＤ社の代表取締役であるという点も考慮して、Ｄ社の背信性の有無を判断するべきであろう。

　また、Ｂは、Ｄ社が移転登記を完了した時点（2012年５月２日）以降も引き続き占有を継続しており、2025年６月にＥ銀行がＢに問い合わせをするまで、Ｂは所有者であると信じて占有を継続してきたという事実状態に変わりはない。

　そこで、判例（最判昭和36・７・20民集15巻７号1903頁）は、取得時効完成後、第三者の登記が完了した時に、当該登記の時点から、占有者が引き続き取得時効の成立に必要な占有期間が継続している場合であって、第三者の権利の存在を容認していたなど、当該権利の消滅を妨げる特段の事情がない限り、占有者は登記なくして当初の自主占有開始時を起算点とする時効取得を対抗できると解している（第５準則）。

　時効の起算点を任意に選択できないとする第４準則は、第２準則（取得時効完成前の第三者）と第３準則（取得時効完成後の第三者）の区別を実効性あるものにするためのルールであり、第５準則は、第４準則（時効起算点の任意選択の禁止）の適用に伴う不合理な結果を回避するための補充的なルールである。もっとも、判例は第５準則によって新たな時効の更新事由を創設しようとしたものではなく、登記時点を起算点とした新たな時効期間が進行すると考えているわけではない。また、2017年民法改正でも登記は時効の更新事由とはなっていない（147条２項、148条２項本文）。判例は、第５準則を展開することによって、当該登記の時点から、占有者が引き続き取得時効の成立に必要な占有が継続しているという事実があれば、第３準則に基づく取得時効完成後の第三者か

らの対抗要件の抗弁を阻止できるという効果を認めたにすぎない。第5準則が適用される場合、占有者は登記なくして当初の自主占有開始時を起算点とする時効取得の成立を主張できるにすぎないものと考えられる。

したがって、【例題】では、Bは、再抗弁として、D社の移転登記時点から10年を経過した2012年5月2日経過時に乙土地を占有していたことを主張すれば、D社の対抗要件の抗弁を阻止することができることになり、短期取得時効を原因としても、BはD社に対して、登記なくして1992年5月4日に所有権を時効取得したと主張できる。

3. E銀行に対する請求権を巡る攻防

Bから短期取得時効ないし長期取得時効の成立が主張されても、E銀行は時効完成後の第三者であるとして、Bが移転登記を具備するまでは、取得時効を原因として所有権を取得したと対抗できないと反論することができる（対抗要件の抗弁）。しかし、E銀行名義の抵当権設定登記後、Bの占有状態はすでに10年以上が経過している。

判例（最判平成24・3・16民集66巻5号2321頁）は、第三者が抵当権者の場合にも、第三者が所有権者である場合に展開されてきた前述した第5準則が、同様に適用されると解している。したがって、Bは、抵当権設定登記が完了した後も引き続き占有を10年間継続したことを主張することで、取得時効の成立によって抵当権が消滅したと再反論できることになる（再抗弁）。

再度の取得時効の意味については、見解が対立している。しかし、前述したように（☞❹2.）、抵当権設定登記の時点から占有者が取得時効の成立に必要な占有が継続していると、抵当権者は対抗要件の抗弁を対抗できないという効果が生じるにすぎず、当初の占有開始時点を起算点とする取得時効の成立を認めたものと解すべきであろう。397条との関係でも、上記の理解が整合的である。

前掲最判平成24・3・16は、第三者が抵当権者の場合にも、占有者が抵当権の存在を容認していたなど抵当権の消滅を妨げる特段の事情があることを抵当権者が主張できれば、取得時効の成立を阻止することができるとしている（再々抗弁）。この点については、今後の判例の集積を待つ必要があるが、占有

者が取得時効について援用の意思表示を行った後、時効取得を原因として所有権移転登記をしないまま、原権利者が抵当権設定登記をした場合には、最初の時効取得の主張が第3準則との関係で抵当権の存在を前提にしたものとなっているといえそうである（最判平成15・10・31判時1846号7頁参照）。このような場合に、占有者が抵当権設定登記以降も引き続き占有を継続していることを理由に時効取得を認めることは、時効の起算点について任意選択を認めるに等しくなるからである。

　上記判例理論に基づけば、【例題】では、Bは、E銀行の抵当権設定登記が完了した時点（2012年6月1日）以降も、引き続き占有を10年間継続していることを主張することによって、E銀行の対抗要件の抗弁の効果を阻止できることになり（再抗弁）、Bは登記なくして所有権を時効取得していることを主張できることになる。E銀行の抵当権は消滅することになるから、Bの抵当権設定登記抹消登記請求は認められることになる。

　もっとも、第5準則によって占有者の利益を保護したのは、登記に公信力がないわが国では、現地調査を行って取引を行うのが通常であり、所有名義人である第三者が時効の「完成猶予」「更新」が可能であったのに、それをせずに占有者の占有の継続を容認してきたという事情があるからである。これに対して、抵当権は非占有担保であり、抵当権の実行以外には、抵当権侵害に当たらない限り、抵当権者は、抵当権に基づいて占有を排除することはできない。したがって、第三者が所有権者である場合とのバランス論（抵当権が実行されれば、時効取得者は所有権を失うことから、第三者に所有権が譲渡された場合と違いがないという考え方）から、直ちに第三者が抵当権者の場合に第5準則を拡張する上記判例に対しては批判がある。

　抵当権者が、金融機関など業として与信をしている者か、それともそれ以外の者か、また、上記判決は抽象的に第三者が抵当権者の場合について第5準則を展開していることから、当該事案を超えて、どこまで上記判決の射程が及ぶのかは、なお、注意深く検討する必要がありそうである。

取得時効の類型論の展開 （千葉）

　時効完成前の第三者か時効完成後の第三者かによって、正反対の結論となる判例準則に対して、学説からは強い批判がある。取得時効制度は長く続く事実状態に権利を認めて保護する制度であるのに、時効完成後に第三者が登場する場合のほうが、時効完成前に第三者が登場する場合に比べて占有期間が長いにもかかわらず、登記を具備しないと時効取得者は第三者に権利を対抗できないことになり、時効取得者が不利な結果となるからである。第5準則の展開によって、学説からの批判は緩和されたとはいえ、時効完成後に第三者が登場する場合には、第三者名義の登記後10年を経過しない場合には、原則として占有者が保護されないことに変わりはないからである（☞❸3.）。

　そこで、学説上は、時効取得者に登記を具備することを期待できたかどうかを類型化して、取得時効と登記との関係を規律する見解（類型論）が有力に主張されてきた（星野英一「時効に関する覚書──その存在理由を中心として」同『民法論集第4巻』〔有斐閣、1978年〕207頁など）。

　【例題】は、いわゆる二重譲渡型の紛争である。本来、BはAとの間で贈与契約が成立した時点で、所有権移転登記手続をすることができたはずである。BとD社・E銀行は対抗関係にあることになる。このような場合に、Bが時効によって所有権を取得できることになると、BはD社・E銀行に対して登記を具備することなく抵当権の負担のない所有権を取得したことを主張できることになり、177条では登記の先後で優先劣後を決定することにしている原則に例外を認めることになってしまう。したがって、1個の不動産の二重譲渡型の紛争の場合には、時効完成の前後を問わず、第三者の登記時点から新たな時効が進行するにすぎないと解している。

　一方、土地につき境界（筆界）の位置が問題となった場合（境界紛争型）の紛争の場合には、占有者が善意の場合には、越境部分の登記は期待できないのに対して、悪意の場合には登記は可能なはずである。そもそも対抗要件制度を通じて権利関係の優先劣後をはかる関係にない紛争類型の場合には、判例の第3準則によるべきではなく、時効取得者に登記を期待できるかどうかという観点から決すべきであるとする。

　しかし、境界紛争のある土地が第三者に二重に売却された場合や無効な物権変動原因に基づいて登記が行われた場合など、上記の2類型の枠組みだけでは解決できない紛争がある。すでに述べたように、判例は、背信的悪意者排除論による第3準

則の柔軟な運用と第 5 準則の展開によって、占有者の利益と取引の安全との調和を
図っており、類型論が指摘した紛争類型の違いを考慮した上で、判例準則を解釈し
ていけばよいものと解される。

●重要判例●
・最判昭和42・7・21民集21巻 6 号1643頁（自己の物の時効取得）
・大判大正 7・3・2民録24輯423頁（第 1 準則）
・大判大正 9・7・16民録26輯1108頁（第 2 準則〔第三者が抵当権の場合〕）
・最判昭和41・11・22民集20巻 9 号1901頁（第 2 準則）
・最判昭和43・12・24民集22巻13号3366頁（第 2 準則〔第三者が抵当権の場合〕）
・最判昭和46・11・5民集25巻 8 号1087頁（第 2 準則）
・大連判大正14・7・8民集 4 巻 9 号412頁（第 3 準則）
・最判昭和33・8・28民集12巻12号1936頁（第 3 準則）
・最判昭和35・7・27民集14巻10号1871頁（第 4 準則）
・最判昭和36・7・20民集15巻 7 号1903頁（第 5 準則）
・最判平成24・3・16民集66巻 5 号2321頁（第 5 準則の適用範囲〔第三者が
　抵当権の場合〕）

●演習問題●
【設問 1 】
　【例題】において、B は、C に対し、贈与契約に基づく所有権移転登記
を求めていないのはなぜであろうか。また、B の C に対する請求の趣
旨は、「C は、B に対し、甲不動産・乙土地につき、（記載省略）時効取
得を原因とする所有権移転登記手続をせよ。」というものと考えられる
が、この記載省略部分の年月日はいつと考えられるか。

【設問2】

【設問1】の請求につき、以下の問いに答えなさい。

（1）　Bは、C（甲不動産の所有名義人）に対し、請求原因事実としてどのような事実を主張すればよいか。

（2）　上記（1）に対して、Cはどのような反論が可能か。

【設問3】

BのD（乙土地の所有名義人）に対する所有権移転登記請求が認められるか検討しなさい。

【設問4】

BのEに対する請求に関し、E銀行からD社への貸付けにあたり、甲不動産・乙土地にE銀行を抵当権者とする抵当権設定登記がなされている。E銀行は、Bの請求原因事実に対してどのような反論ができるか。その反論に対して再反論する余地はないか。この2点について検討しなさい。

占有者の利益と取引の安全との調和 ［発展編］

——相続による占有の承継と取得時効

❶ 出題の趣旨

　占有は、物の事実的支配に基づいて成立するが、民法は、前の占有者の占有が同一性を維持しながら新しい占有者に移転すること、つまり、占有の承継取得を認めている（182条1項）。

　相続の場合にも、判例・通説は、被相続人が事実上支配していた物は、原則として当然に相続人の支配中に承継されるとして、相続を原因とする占有の承継取得を認めており（最判昭和37・5・18民集16巻5号1073頁）、被相続人が死亡し相続が開始した時点で、特別の事情がない限り、被相続人が占有していた物は当然に相続人の占有に移るものと解している（最判昭和44・10・30民集23巻10号1881頁）。したがって、相続人が目的物を現実に所持していなくとも、また、相続の開始を知らなくとも、相続人は被相続人の死亡時点で占有していたことになる。

　このように、相続を原因とする占有の承継取得を認める特殊な構成が是認されているのは、以下の場合に、被相続人の占有に伴う効果を相続人に承継させる必要があるからである。①被相続人が占有していた物について相続人が現実的に所持していなくとも占有の訴えを認めるべき場合があること、②取得時効は一定期間の占有状態の継続によって権利取得を認める制度であるから、被相続人が占有を開始したが、取得時効が完成する前に死亡し、その後、相続人がその物を所持するにいたった場合にも、事実状態の安定という観点から、取得時効の成立を認めるべきであること（被相続人と同居していた相続人が現実に物の所持を開始してから10年を経過していないが、被相続人の占有開始時点からは10

年ないし20年を経過している場合等）、③被相続人が占有していた工作物・動物によって第三者が被害を被った場合に、相続人が現実的に所持していなくとも工作物および動物の占有者の責任を認めるべきであること（高木多喜男「相続と占有権の承継」神戸法学雑誌9巻4号〔1960年〕501頁）、以上3つの理由があげられている。

　取得時効（162条）の成立要件である「占有の継続」との関係では、相続財産について、被相続人を前の占有者、相続人を後の占有者に準じて取り扱い、相続人は自己の選択に従い、自己の占有のみを主張し、又は自己の占有に被相続人（前の占有者）の占有を併せて主張できるものと解している（187条1項）。しかし、相続人が被相続人から承継した占有は観念的な占有であり、その意味では被相続人の占有の延長にすぎないことになる。

　以下で検討する【例題】では、登記名義人から明渡しを求められるまで、被相続人と相続人の占有を併せると30年余りが経過しているが、被相続人が長年占有していた土地を被相続人が死亡後4年余り経過してから共同相続人の1人が現実的に占有を開始している。そこでは、相続人が相続開始時点で被相続人から承継した観念的な占有と相続人ら固有の占有が併存することになる（これを相続人における占有の二面性という）。また、取得時効が成立するためには、所有の意思をもって占有すること（自主占有）が必要であるが、【例題】では、被相続人の占有が他主占有であった可能性があり、185条に準じて相続人の占有について占有の性質の変更を認める余地があるのかどうかについても検討しなければならない。

　また、**第11章**で検討した取得時効を巡る類型論の展開との関係では、以下で検討する【例題】は、原告からはいわゆる二重譲渡型の紛争であるとする主張もなされているが、係争地に隣接する土地の所有者間で、係争地も自己の所有地であると主張しており、その意味では隣接土地の所有者間で所有地の境界を巡って紛争が発生していると捉えることもできる事案である。このような紛争の特徴を考慮した上で、相続に伴う占有の承継の特殊性を明らかにし、取得時効と登記に関する判例準則を通じて、占有者の利益と取引の安全との調和がどのように図られているのかについて検討してみることにしよう。

Xは誰に対してどのような権利があると主張したら よいのか

　以下の事実は、後述するＸからＹに対する訴訟で当事者から主張された事実を整理したものである。

【例題】

　1．Ｘは、高校卒業後、家具のデザイナーになるために、スウェーデンに留学し、現地の家具工房で修業中であったが、Ｘの父Ａが1996年10月１日に急死したため、Ａの後継者として、Ａが代表者を務めていた飛騨高山にある家具工房を引き継ぎ、家具の製造・販売を行っている。

　2．Ａとその兄であるＢは、Ａ・Ｂの亡父が所有していた広い更地を遺産分割するに際して、甲土地・乙土地・丙土地の３筆に分筆した上で、Ａが乙土地を、Ｂが甲土地と丙土地を相続し、それぞれ相続を原因として移転登記を経由した。その後、Ａは乙土地に上記家具工房兼自宅を、Ｂは丙土地に自宅を建設して居住していた（☞【図表１】甲・乙・丙土地の平面図）。また、それぞれの建物についてＡおよびＢを所有者とする保存登記がされていた。乙土地と丙土地に挟まれた甲土地は空き地であった。

　Ａは、1991年10月頃から、甲土地を木材等の原材料置場として使用していた。Ａは、1991年10月１日に、親方から独立して新しく家具工房を開いたが、Ｘは、生前Ａから、家具工房を開設する際に、資材置き場にするために、Ｂから甲土地を贈与してもらったこと、Ａ・Ｂの兄弟間のことであり、また、贈与税や名義変更に際して登録免許税や不動産取得税の支払いが必要となることから、甲土地についてＢからＡへの所有権移転登記手続をしないままになっていると聞いていた。

　3．Ｘは、Ａの死亡時、スウェーデンの家具工房で修業を始めてからまだ３年ほどで、制作現場でもう少し勉強したいと思っていたことや、すでに母は他界し、サラリーマンとなって東京で働いている弟Ｃがいるだけで

あったことから、帰国して実際に飛騨高山の工房をやっていくのはもう数年先からでよいと考え、Ａの死後もスウェーデンの修行先の工房にとどまることにした。Ａの工房や甲土地にあった木材については、時折、Ｃに頼んで見回ってもらっていた。Ｘが修業を終え、帰国したのは、2000年９月１日であった。

　４．2000年９月中旬に、ＸはＡの遺産分割についてＣと協議をし、家具工房のある建物とその敷地である乙土地、木材等の原材料置き場とその敷地である甲土地をＸが相続して家具の製造・販売を再開することとし、預金2000万円については、Ｃが1500万円、Ｘが500万円を相続した。亡Ａ死亡後、Ｘ・Ｃを共有者とする相続登記をせず、また、上記遺産分割協議後も、Ｘは家具工房の再建に奔走し、乙土地と乙土地を敷地とする家具工房兼自宅について相続登記をしないままであった。

　家具工房を引き継いだといっても実際は一からの出発であったので、2000年10月15日、Ｘは、木材置き場として利用してきた甲土地の大部分を駐車場用地として90万円かけて整備し、10台分の月極駐車場として営業することにした。Ｘは、月極駐車場の看板を自ら製作して駐車場に設置し、賃借人の募集や賃料の取立て、駐車場の清掃や苦情処理等、一切の管理を行い、月額平均約８万円の賃料収入を得て、確定申告の際には駐車場の賃料を所得として計上していた。駐車場の賃料収入は、専ら不足する生活費の足しに使用してきたが、2005年頃からは、Ｘが作った家具も次第に売れるようになり、やっと家具工房の経営も安定した。

　５．Ｘの伯父（Ａの兄）Ｂは、2020年６月１日に病死した。2021年１月に、Ｂの後妻Ｄの子と称するＹが、突然、Ｘの家具工房を訪ねてきて、「甲土地の所有者は自分であり、甲土地を丙土地とともに売却したいと考えているので、2021年３月までに甲土地を明け渡してほしい」と言ってきた。Ｘは、Ｂの妻がかなり前に亡くなったこと、その後、Ｂが内縁関係にあったＤと丙土地上のＢ宅で同居していたことは知っていたが、Ｂ宅でＹを見かけたことはなかった。また、Ｄも2023年１月20日に病死した。

　Ｘは、土地の登記事項証明書をとってみたところ、甲土地および丙土地の登記名義人は、現在Ｙとなっており、丙土地については、2023（令和

5）年1月20日相続を原因として、甲土地については、2013（平成25）年10月1日贈与を原因として所有権移転登記がなされていた。しかしながら、Xは、20年以上も甲土地を管理使用し、Yが訪ねてくるまで、誰からも甲土地を使用していることについて文句を言われたことはなかった。

6．BとDは婚姻届を提出していなかったが、2003年頃から夫婦同様の生活を営むようになり、B・Dは内縁関係にあった。その当時、Yは10歳で、BとYの年の差からすると、むしろYはBの孫のような年齢であったが、Bと先妻との間に子供はいなかったことから、Bは実の息子のようにYを養育し、Yは全寮制の中高一貫校に進学し、その後、東京の大学に進学した。

7．2013年10月1日、成人したYとの間で、Bは、甲土地の贈与契約を締結し、同日付けで所有権移転登記（以下、「本件登記」という）をした。Yの主張によれば、DがBの内妻ということもあって、DはBの親戚とは全く付き合いがなく、Bの死亡後、Bの遺産をめぐってBの親族とDとの間で紛争が生じるおそれがあったことから、DとYの将来を心配したBが、DにBの自宅とその敷地である丙土地及び3000万円、Yに甲土地及び1000万円を贈与した。

また、Yは、Bから、Aが家具工房を開設する際に、BがAに甲土地を資材置き場として無償で貸しただけであって、Aとの間では、Bが必要になったときは、いつでも明け渡してもらう約束になっていると聞いていた。Bによれば、家具職人として独立して工房を開いたAを援助するために、1991年10月頃から資材置き場として甲土地の利用を認めただけであるとのことであった。しかし、使用貸借契約書や念書といったものは存在しない。

8．甲土地の固定資産税については全額納付されているが、Bが死亡した2020年度2期分以降は、Yが甲土地の固定資産税を納付している。2020年度1期分以前の固定資産税を誰が実際に負担したのかについては、XもYも知らない。Aの死亡後、Xは乙土地について固定資産税を納付しているが、Aからは、隣接した資材置き場となっている甲土地はBから贈与されたと聞いていたことから、甲土地と乙土地をあわせて固定資産税を納付していたと思っていた。

　9．Ｘは、Ｙと話し合いをおこなったが、結局、折り合いがつかず、2023年4月27日に、Ｙに対して訴訟を提起した（以下、「本件訴訟」という）。ＡとＢがともに他界しており、ＢからＡへの贈与の事実を証明するのは難しいことから、Ｘは、ＡがＢから甲土地を贈与されたことを理由とせずに、取得時効を援用することによって、現在の登記名義人であるＹに対して、甲土地の所有権移転登記手続への協力を求めた。なお、時効を援用する旨は、2023年5月2日、本件訴訟についてＹに送達された訴状に明記されている。
　一方、Ｙは、甲土地の所有権は自分にあるとして、Ｘに対して、甲土地の明渡しと賃料相当額の返還を求めて反訴を提起した。

【図表1】甲・乙・丙土地の平面図

1. 占有者はだれか、占有の開始時点はいつか

　Ｘは、取得時効を原因として、現在の登記名義人であるＹに対して、甲土地の所有権移転登記手続への協力を求めているから、Ｘの請求の訴訟物は、所有権に基づく妨害排除請求権としての所有権移転登記請求権と考えられる（時効取得を原因として登記請求する場合に、移転登記請求権となる理由については☞**第11章❷1.**）。
　【例題】では、Ｙ名義の所有権移転登記があるといえば、Ｘの所有権を妨害している事実を主張することができるから、検討を要するのは、Ｘが甲土地を時効取得したことを理由として、現在、甲不動産を所有しているというために

は、どのような事実を主張したらよいのかという点である。

　取得時効の場合には、占有開始時点が時効の起算日であり、時効の効力は時効の起算日にさかのぼって生じることになるから（144条）、【例題】において考えられる時効の起算点としては、どのようなものがあるかをまずは考えてみることにしよう。

　Xは、1991年10月１日にAがBから甲土地について贈与を受け、木材等の原材料置き場として甲土地を使用し始めたと主張していることから、まず、（ア）被相続人Aの占有開始時点である1991年10月１日が考えられる。次に、前述したように、相続の開始時点で当然に被相続人の占有を相続人が承継したことになるから、（イ）Aの死亡によりXが共同相続人CとともにAから承継した観念的な占有が開始した時点である1996年10月１日が考えられる。さらに、（ウ）X自身が甲土地を駐車場として整備し、実際に利用し始めた時点として、月極駐車場として営業を始めた2000年10月15日が考えられる。長期取得時効および短期取得時効がそれぞれ完成するのは、【図表２】の時点になる。

【図表２】　占有開始時点と時効の完成時点

占有の開始事由	起算点	短期取得時効の完成時	長期取得時効の完成時
（ア）Aの占有の開始	1991年10月1日	2001年10月1日	2011年10月1日
（イ）Aの死亡＝Xの観念的占有の開始	1996年10月1日	2006年10月1日	2016年10月1日
（ウ）X固有の現実占有の開始	2000年10月15日	2011年10月15日	2020年10月15日

　一方、Yは、甲土地についてBと贈与契約を締結し、2013年10月１日に同日付贈与を原因として本件登記が完了していることから、（ア）を起算点とする場合には、Yはいわゆる時効完成後の第三者になる。不動産の取得時効完成後に登記を経由した第三者に対しては時効取得を対抗できないとする判例の立場（☞**第11章❸3.**。大連判大正14・7・8民集４巻９号412頁、最判昭和33・8・28民集12巻12号1936頁。第３準則）からすると、Yは容易に反論（対抗要件の抗弁）をすることができることになる。したがって、Xにとって、（ア）は適切な選択とはいえない。同様のことは、（イ）又は（ウ）を起算点として短期取得時効を主張した場合にもいえる。

　他方、（イ）又は（ウ）を起算点として長期取得時効を考える場合には、時

効完成が（イ）について2016年10月1日経過時、（ウ）について2020年10月15日経過時となり、Yは時効完成前の第三者ということになる。時効完成前の権利の譲受人は、取得時効の制度趣旨から物権変動の当事者と同視するというのが判例の見解だからである（☞**第11章◆2.**。大判大正9・7・16民録26輯1108頁、最判昭和41・11・22民集20巻9号1901頁。第2準則）。

　以上の検討から明らかなように、Xにとっては、（イ）又は（ウ）を起算点として選択して長期取得時効の完成を主張することが適当であることになる。

　（イ）を起算点とする考え方は、「時効期間は、時効の基礎たる事実の開始された時を起算点として計算すべきもので、時効援用者において起算点を選択し、時効完成の時期を早めたり遅らせたりすることはできない」とする判例の見解（☞**第11章◆3.**。最判昭和35・7・27民集14巻10号1871頁。第4準則）とも整合性が高いと思われる。

　前述したように、相続を原因とする場合にも、相続人は自己の選択に従い、自己の占有のみを主張し、又は自己の占有に被相続人の占有を併せて主張できるから（187条1項）、相続人の占有のみを主張することはできる。

　訴えの提起時点では、Xには、YからAの他主占有が主張されるか否か、また、主張されるとしても、その主張が成り立つ可能性の見通しが立たないことも考えられる。このような場合、Xとしては、X自身が、Aから承継した占有を観念的な占有を開始した時点である（イ）を起算点とすることが考えられる。

　もっとも、Aの死亡によって、Aの相続人として甲土地について観念的占有を開始したのは、XとCである。遺産分割協議が整った2000年9月中旬までは、X・CはAの相続財産を共同相続していたことになるから、甲土地の占有についても、XとCがとともに観念的占有をしていたことになる（小粥太郎編『新注釈民法（5）物権（2）』〔有斐閣、2020年〕79頁［金子敬明］参照）。

　【例題】では、XとCは、甲土地がAの遺産を構成すると誤信して遺産分割協議を行っている。Aが甲土地について所有権を有していなかった場合、甲土地をXに分割するという協議は無効となるが、相続人が被相続人から承継した観念的占有は、被相続人が相続開始時に物を所持していたことに基づいていることから、Aが甲土地についての所有権を有していなかった場合であっても、観念的占有をXに単独帰属させるという限りでは有効な協議であると解すべき

である。

したがって、Aの遺産分割前であれば、共同相続人の一人であるXが単独で取得時効の成立を主張することはできず、原則として共同相続人（XとC）がその全員のために取得時効の成立を主張すべきものと解されるが、【例題】では、Xが取得時効を原因として所有権に基づく所有権移転登記を請求したのは、Aの遺産分割後であるから、Xが単独で取得時効の成立を主張することができるものと解される（鈴木禄弥『物権法の研究（民法論文集1）』〔創文社、1976年〕414頁参照）。

なお、遺産分割の効果は相続開始時点にさかのぼるのが原則であるが（909条）、占有は物に対する事実上の支配であるから、Xが単独で観念的な占有をしていた時点をAの死亡時点にさかのぼらせるべきではないだろう（反対、鈴木・前掲論文415頁）。したがって、遺産分割協議の時点で、Xは初めて被相続人から観念的な占有を単独で承継した旨主張しうるものと解すべきである。

一方、Xにおいて、最終的に、自主占有を基礎づけることができるような事情を主張することを見越している場合には、（ウ）を起算点とする請求の趣旨を立てることも考えられる（☞後述2.）。（ウ）は、Xが自己固有の占有を主張して、新たに甲土地を事実上支配することにより甲土地に対する占有を開始した時点であるから、（ウ）を起算点とする構成も、Xが恣意的に占有の開始時点を選択したものではない。

いずれにせよ、上記のような（ア）（イ）（ウ）の占有の開始時点からどれかを選択して取得時効の成立を主張することは、時効の起算点を任意に選択できないとする時効取得と登記に関する第4準則には反しないものと解される。

Professional View Ⅰ-14
占有開始時点の選択（川上）

　Xが、占有開始時点を（ア）、（イ）又は（ウ）のいずれを主張することも第4原則に反するものではないとして、原告として訴訟提起する際に、いずれの時点を選択するであろうか。もちろん、事案や証拠構造により考慮すべき要素が異なるので基準があるわけではないし、いずれの占有も他の占有と矛盾するものではないから、3つを選択的に主張することもできる。

　弁護士からみた実務的な感覚としては、前主の占有の承継、観念的占有に基づいて取得時効を主張する場合、それぞれ固有の解釈上の問題点が反論として主張され争点となる可能性がある。そして、Xは従前の事情を詳しく知らないことも多く、Yの反論に対する再反論にリアリティを持たせられるか、また時間の経過による証拠の散逸も予想され立証も懸念される。それに対し、Xの固有の現実占有開始時点であれば、証拠も保全されている可能性が高く、少なくともXが事情を熟知している。そのことからすれば、本問では（ウ）を選択することを、まず考えることになろう。しかしながら、（ウ）の主張に抗弁が予想される場合には、（ア）や（イ）を主張することを考えることになる。

　いずれにせよ、原告代理人にとっては、いかなる選択肢があるのかを理解し、その上で、最も依頼者の利益になり、迅速な解決を図ることができる構成を選択しなければならない。その前提として、【例題】では、あり得る占有開始時点の主張として3つの選択肢があることを分析できなければならない。事案を解析する際に時系列を作成し、変化点をきちんと押さえることで、取りこぼしを防ぐことができる。そうすれば、【例題】では、甲土地の占有の帰属や態様の変化点は、次の3箇所に存在することが分かる。①「A〔が〕、1991年10月頃から、甲土地を木材等の原材料置き場として使用し〔始めた〕」時、②「Aが1996年10月1日に急死」した時、③「2000年10月15日、Xは、木材置き場として利用してきた甲土地の大部分を駐車場用地として90万円かけて整備し、10台分の月極駐車場として営業」を始めた時となる。　■

2.｜請求原因・請求原因事実

　以上の検討から、（イ）を時効の起算点とする場合には、請求の趣旨は、「Yは、Xに対し、甲土地について、1996年10月1日時効取得を原因とする所有権移転登記手続をせよ」となる。（ウ）を時効の起算点とする場合には、請求の

趣旨は、「Yは、Xに対し、甲土地について、2000年10月15日時効取得を原因とする所有権移転登記手続をせよ」となる。

第11章で学習したように（☞**第11章❸1.**）、長期取得時効の成立を主張するための要件のうち、原告が主張・立証責任を負担しているものは、①ある時点で占有していたこと、② ①の時から20年経過した時点で占有していたこと、③援用権者が相手方に対して時効援用の意思表示をしたことである。

したがって、（イ）（被相続人から承継した観念的な占有開始時点）を起算点として、Xは、Yに対して、甲土地につき、所有権に基づき、1996年10月1日時効取得を原因とする所有権移転登記手続をすることを求めるためには、以下の事実を請求原因事実として主張すれば足りることになる（以下、（イ）に基づく長期取得時効の主張を「請求原因1」という）。

①Xは、1996年10月1日当時、甲土地を占有していた。

②Xは、2016年10月1日経過時、甲土地を占有していた。

③Xは、Yに対して、2023（令和5）年5月2日送達の本件訴状により、上記時効を援用するとの意思表示をした。

④甲土地について、Y名義の本件登記（2013〔平成25〕年10月1日付け同日贈与を原因とする所有権移転登記）がある。

なお、（イ）を起算点とする場合、Xは、Aの占有を併せて主張しているわけではないから（187条1項参照）、「Xは、1996年10月1日当時、甲土地を占有していた」と主張することで足りる。しかし、YがXの占有について否認ないし不知と陳述している場合には、「Aは、1996年10月1日、甲土地を木材等の原材料置き場として占有していた。」「Aは、1996年10月1日、死亡した。」「Xは、Aの子である。」と主張して、観念的であるとしても、占有の態様を具体的に主張する必要がある。

一方、（ウ）（相続人が現実に所持した占有開始時点）を起算点として、Xは、Yに対して、甲土地につき、所有権に基づき、2000年10月15日時効取得を原因とする所有権移転登記手続をすることを求めるためには、以下の事実を請求原因事実として主張すれば足りることになる（以下、（ウ）に基づく長期取得時効の主張を「請求原因2」という）。

①Xは、2000年10月15日当時、甲土地を賃貸駐車場として占有していた。

②Xは、2020年10月15日経過時、甲土地を賃貸駐車場として占有していた。

③Xは、Yに対して、2023（令和5）年5月2日送達の本件訴状により、上記時効を援用するとの意思表示をした。

④甲土地について、Y名義の本件登記（2013〔平成25〕年10月1日付け同日贈与を原因とする所有権移転登記）がある。

❸　登記請求権を巡る攻防

1.　Yからの反論──他主占有の抗弁

以上の請求がなされた場合に、Yはどのように反論したらよいのだろうか。

(a)　他主占有権原と他主占有事情

186条1項により、占有者には所有の意思が推定されるから（暫定真実）、この点について取得時効の成立を争うYは、Xの占有が所有の意思がないものであること（他主占有）を主張して、Xが時効取得によって所有権を取得していないと反論することが考えられる。

第11章で検討したように（☞**第11章❸2.**）、判例・通説は、所有の意思の有無を占有者の内心の意思によってではなく外形的客観的に決せられるべきものであると解していることから、（ア）その性質上所有の意思のないものとされる占有取得の権原（他主占有権原）、又は、（イ）外形的客観的にみて占有者が他人の所有権を排斥して占有する意思を有していなかったものと解される事情（他主占有事情）のいずれかを主張立証すれば足りることになる（最判昭和58・3・24民集37巻2号131頁）。他主占有事情としては、真の所有者であれば通常はとらない態度を示したこと、所有者であれば当然とるべき行動に出なかったといえるような事情を主張することになる。

(b)　被相続人の他主占有と187条2項

ところで、【例題】では、Yは「Bは、1991年10月頃、Aの家具工房を援助するため、Aに、甲土地を、原材料置き場として無償で貸し渡した」として、

ＸのではなくＡの占有取得原因事実を挙げ、それが使用貸借契約であると主張している。このような主張が、Ｘからの請求に対する反論となるのだろうか。

　187条２項は、後の占有者が前の占有者の占有を承継する場合、後の占有者が前の占有者の占有を併せて主張することによって取得時効の完成が容易になるのであるから、このような利益を享受する者は、前の占有者の占有についての瑕疵をも承継するのが公平であると考えていることになる。相続人が承継した占有について、後の占有者である相続人の占有のみを主張している場合に、相続人は前の占有者である被相続人の占有が他主占有であることを引き継ぐのかが問題となる。

　187条２項にいう「瑕疵」とは、一般的には、完全な占有としての効果の発生を妨げる事情であり、暴行・強迫（強暴）によって取得した占有、密かに隠れて（隠秘）取得した占有、占有権原のないことを知り、又はその点に疑いを有する者の占有（悪意占有）、占有権原があると信じた点に過失がある占有、不継続な占有であると解されている（我妻栄〔有泉亨補訂〕『新訂 物権法（民法講義Ⅱ）』〔岩波書店、1983年〕474頁、松岡久和『物権法』〔成文堂、2017年〕268頁）。被相続人が他主占有であったことが187条２項にいう「（占有）の瑕疵」に含まれるかどうかについては、占有の瑕疵に含まれると解する見解（我妻〔有泉補訂〕・前掲書、474頁、佐久間毅『民法の基礎２ 物権〔第２版〕』〔有斐閣、2019年〕280頁など）と、他主占有は占有の性質であって瑕疵ではないとする見解（『最高裁判所判例解説民事篇昭和46年度』〔法曹会、1972年〕398頁〔柳川俊一〕）に分かれている。

　他主占有か自主占有かは、所有の意思を有する占有かどうかの区別であって、他主占有を占有の瑕疵、つまり何らかの欠陥がある占有と評価するべき理由はないように思われる。後者の見解に立てば、他主占有という性質を有する占有を相続人が承継取得しただけであるから、被相続人が占有開始時点で他主占有であれば、当然、相続人の占有も他主占有となる。

　もっとも、他主占有も占有の瑕疵に含まれると解する前者の見解に立ったとしても、相続は包括承継であるから被相続人の占有の瑕疵をそのまま承継すると解している（佐久間・前掲書283頁）。したがって、相続による占有の承継の場合には、187条２項を反対解釈する余地はなく、相続人が被相続人から承継

した占有を前提に、187条1項に基づいて相続人が占有を開始した時点を選択した場合であっても、被相続人の占有が他主占有であれば、相続人の占有も他主占有となると解すべきであろう。

(c) 他主占有事情の評価

【例題】においては、請求原因1に対しても、請求原因2に対しても、Yは、抗弁（他主占有権原ないし他主占有事情）として、①Xが相続により請求原因の占有を取得したこと（具体的には、（ア）Aが1996年10月1日死亡したこと、（イ）XがAの子であること）とともに、②被相続人Aの他主占有権原又は他主占有事情を主張することが考えられる。

前述したAの占有取得原因がAとBとの間で締結された使用貸借契約であるというYの反論は、他主占有権原を基礎付ける主張として意味を有することになるが、Aが甲土地の占有を開始したのは30年以上前のことであり、現時点でA・B間に黙示の使用貸借契約が締結されたことを立証することは難しいことが予想される。

そこで、Yは、上記他主占有権原だけでなく、被相続人Aの占有について、他主占有事情を基礎付ける評価根拠事実を併せて主張することになろう。具体的には、（ア）Aが甲土地について、長期間、所有権移転登記を求めなかったこと、また、（イ）甲土地の固定資産税を1991年以降にAが納付した事実は一度もないと主張することが考えられる。係争土地の公租公課を負担せず、登記名義人に対して所有権移転登記請求もしないことは、通常の不動産取引やその後の管理における経験則に基づけば、所有者であれば当然とるべき行動に出なかったと評価することができる事実であるからである。固定資産税納税通知書は、通常、所有権の登記名義人に対して送付され、この納付書に基づいて税金が納付される仕組みになっている。【例題】では、2013年度までは登記名義人であるBに、2014年度以降はYに対して甲土地の固定資産税納税通知書が送付されてきたことになる。したがって、Yとしては、2013年度以前の固定資産税はBが納付したものであり、Aが納付した事実はないと主張することになろう。Xは、甲土地と乙土地をあわせて固定資産税を納付していたと思っていたというが、その供述の信憑性は疑わしい。

　一方、Xからは、評価障害事実として、Aの家具工房の開設に伴って兄Bが弟Aを支援する目的でBがAに甲土地を贈与したものであり、Bが甲土地の所有権移転登記をAに求めなかったのは、新事業を始めたばかりのAに贈与税や登録免許税・不動産取得税の支払をさせるのは酷であるという配慮が働いたなどと再反論することになろうが、やや苦しい主張である印象はぬぐえない。

　もっとも、判例は、占有者が所有名義人に対して所有権移転登記手続への協力を求めなったことや所有名義人に固定資産税が賦課されていることを知りながら占有者がこれを負担していないという事実だけで他主占有事情を認定しているわけではない（前掲最判昭和58・3・24、最判平成7・12・15民集49巻10号3088頁）。判例は、他主占有事情があったといえるかどうかについて、評価根拠事実と評価障害事実を総合的に評価して、外形的客観的にみて占有者が他人の所有権を排斥して占有する意思を有していなかったといえるかどうかを判断している。

　【例題】の場合、Xからの再反論として主張された他主占有事情に関する評価障害事実は、Bが甲土地をAに贈与したことを前提とした主張であり、この事実はAからの伝聞によるものであって、A・B間での贈与契約の成立を証明することが難しい。他方で、BがYに贈与を原因として甲土地について所有権移転登記を経由していることからすると、Aが所有者であれば通常とるべき行動をとっていなかったとして、Aの占有が他主占有であったとするYの反論が認められる可能性は高いように思われる。

2. 他主占有者の相続人による占有とその性質の変更

　他主占有を承継した相続人が占有を継続しても、取得時効は成立しないのが原則である。【例題】の場合にも、Yから主張されている他主占有の抗弁が認められると、Xは、もはや、時効取得を原因として、Yに対して所有権移転登記請求権があるとはいえないのだろうか。

　185条は、他主占有とされる場合にも、その占有者が自己に占有させた者に対して所有の意思があることを表示した場合、または、売買や贈与など新たな権原によって所有の意思をもって占有を開始した場合には、他主占有から自主

占有への転換を認めている。このような転換が生じたといえれば、なお取得時効が成立する余地がある。【例題】では、他主占有者の相続人であるＸが、相続等を契機に、現実の占有を開始した場合に、占有の性質が他主占有から自主占有に転換したといえるかが問題となる。

(a)　相続等を契機として自主占有への転換が認められるための要件

判例（最判昭和46・11・30民集25巻8号1437頁、最判平成8・11・12民集50巻10号2591頁）は、被相続人の死亡により、相続人が相続財産の占有を承継したばかりでなく、相続を契機に相続人が自ら所有の意思をもって物を事実上支配したといえる場合には、被相続人の占有が所有の意思のないものであったときでも、相続人独自の占有について自主占有への転換を認め取得時効が成立する場合があると判示している。

しかし、判例は、相続自体を新たな権原と解しているわけではない。他主占有していた被相続人の占有を承継する相続人であっても、相続を契機に、相続人自身が所有の意思をもって現実に所持を開始したと評価できる場合（これを「自主占有事情」という）に、他主占有から自主占有への転換を認めているにすぎない。185条にいう「新たな権原」（売買や贈与など）と同様、相続により占有を開始したというだけで相続人の占有が自主占有に転換したとして、相続自体を自主占有権原の1つとして認めることは、被相続人に賃貸していた不動産を被相続人と同居していた相続人が継続的に使用するような場合に、被相続人の死亡によって外形的な支配状態に変化がないのに、相続人が占有を20年継続することによって取得時効が完成し賃貸人の所有権が喪失してしまうおそれがあるからである（辻伸行『所有する意思と取得時効』〔有斐閣、2003年〕179、206頁など参照）。

そこで、所有者と他主占有者との間で他主占有から自主占有への転換を占有者から所有者への「表示」および、売買や贈与など「新たな権原」に基づいて認める185条の規定の趣旨を参考に、相続を契機に、いかなる事情があれば、他主占有者の相続人による占有の性質が自主占有に変更したと解すべきかについては、様々な見解が主張されている。①被相続人の所持の態様と相続人の所持の態様に変更がなくても、相続人の占有に所有の意思があると客観的にみて

評価できるような事情があればよいとする見解（林良平『近代法における物権と
債権の交錯』〔有信堂高文社、1989年〕335頁）、②被相続人の所持の態様と相続人
の所持の態様との間に変化がみられる場合に限るとする見解（我妻〔有泉補
訂〕・前掲書472頁、佐久間・前掲書283頁など）、さらには、③所有者が占有者の
占有状態の変更を認識する機会があったのにこれを放置し、異議を述べなかっ
たことまで要するとする見解（河上正二『物権法講義』〔日本評論社、2012年〕
231頁、松岡久和『物権法』〔成文堂、2017年〕273頁）に分類することができるよ
うに思われる（『最高裁判所判例解説民事篇平成８年度（下）』〔法曹会、1999年〕
922頁［三村量一］参照）。②説、③説は、自主占有への転換を認めるためには、
所有者が事情の変化を認識できる必要があり、その認識ができない以上、所有
者は他主占有が続いていると考えて占有に異議を述べないのが通常であるとし
て、所有者の保護を考えるべきことを理由とする。

　しかし、被相続人がそもそも所有者らしい振る舞いを行ってきた結果、相続
人は被相続人が真の所有者であると信じていたような場合には、被相続人の所
持の態様と相続人の所持の態様に変化がない場合もある。

　判例・通説が、所有の意思の有無を占有取得原因となる事実に基づいて客観
的に判断してきたことからすれば、相続人固有の現実的な所持の態様が自主占
有に転換したと評価できる事情があるかどうか判断する際にだけ、所有者の保
護という観点から相続の前後の占有の態様に違いがあることを求め、さらには
所有者による認識の有無を考慮するのは、一貫していないように思われる。し
たがって、相続人が相続を契機に開始した占有自体が所有の意思があると客観
的にみて評価できるかどうかという観点から検討する①説を支持すべきように
思われる（同旨、前掲『最高裁判例解説平成８年度（下）』929頁［三村］）。他主占
有の抗弁の場合に、他主占有権原だけでなく他主占有事情を考慮して他主占有
の有無を判断したのと同様に、自主占有についても、自主占有権原があるとい
えない場合であっても、客観的にみて当該占有に所有の意思があると評価でき
る事情（自主占有事情）があるかどうかという観点から、自主占有への転換の
有無を判断すれば足りるものと解される。

(b)　相続人の自主占有についての主張・立証責任の分配

　ところで、判例は、相続人が相続を原因として被相続人から承継した観念的な占有と相続人固有の占有があることを認めているが、占有の二面性というのは、占有が２個あるという意味ではない。相続人の占有を二面的に評価できる場合があると解しているにすぎない（鈴木・前掲論文410頁）。したがって、【例題】において、仮にＸが駐車場として利用しなかった場合、Ｘが相続によって承継した甲土地の占有に二面性があるとはいえない。しかし、【例題】では、Ｘが自ら駐車場として甲土地を利用しており、Ｘの占有が相続に起因する占有であっても、Ｘの所持の態様からみて所有の意思があるとみられる固有の占有がＸにあるといえるはずである。

　そうすると、占有者自身が現実に占有を開始したと主張している場合であっても、相手方が、当該占有者が他主占有者である被相続人を相続したことを主張立証した場合（☞❸1.(c)）、相続人の占有について所有の意思があるとはいえないことになり、相続人は、186条１項により自己の占有が所有の意思に基づく占有であるとの推定が破られる。したがって、相続人自ら自主占有事情を主張立証しなければならないことになる（前掲最判平成８・11・12）。前の占有者である被相続人の占有の性質が承継人である相続人のもとで自主占有に変更したことになるから、185条と同様、占有の性質の変更によって利益を受ける者、つまり自主占有事情を主張する者が主張・立証責任を負担するべきものと解される（『最高裁判所判例解説民事篇昭和46年度』〔法曹会、1972年〕402頁〔柳川俊一〕）。

　自主占有事情に基づく上記の主張は、被相続人から承継した占有が他主占有であり取得時効が成立しない場合に、被相続人から承継した占有を前提として、相続人の固有の占有が自主占有に転換していることを理由に、登記名義人に対して移転登記請求権の発生を新たに基礎づける主張であることから、予備的請求原因事実というものとして位置付けるべきである。他主占有権原ないし他主占有事情の抗弁を覆滅させて被相続人の所有の意思の推定を復活させるものではないから、再抗弁とはならない（佐久間・前掲書284頁は、相続人による上記の主張を再抗弁と解しているが、上記の主張は、あくまで被相続人が他主占有者であることが前提となっていることに注意する必要がある）。

(c) 自主占有事情の評価

　それでは、相続人は、どのような事実を主張すれば、相続を契機として開始した事実的支配が、外形的客観的にみて自主占有であるといえるのだろうか。

　抽象的には、前述したように、取得時効の成立を主張する相続人の現実的な所持の態様が客観的にみて所有の意思がある占有になったと評価できるような事情を主張すればよいことになる。

　【例題】では、Xは、Aの死亡後、甲土地と乙土地が一筆の土地であると誤信して乙土地に賦課された固定資産税を継続して納付してきたと主張している。しかし、上記事実は、Xが甲土地の固定資産税を継続的に納付したと主張しているわけではなく、仮にそのような主張と解する余地があるとしても、上記誤信の事実をたやすく信用することはできないであろう。そうすると、Xの主張の実質は、甲土地の所有権を相続財産の一部として承継したものと信じていたこと、つまりXが甲土地の善意占有者であることをいうにとどまるものである。したがって、上記事実によって、占有の性質が他主占有から自主占有に変更されたことを直ちに導くことは困難であると解される。

　これに対して、2000年10月15日、X自ら甲土地を駐車場用地として整備し、月極駐車場として営業を始め、月額平均約8万円の賃料収入を上げ、同日以降、生活費の一部として費消してきたこと、確定申告の際には甲土地からの賃料収入を所得として計上していたこと、駐車場の一切の管理をXが行ってきたこと、以上の事実は、Xが現実的な占有の開始後に甲土地を自ら管理し収益を独占していたことを意味しており、「所有者らしい振舞い」に該当する事実といえそうである。また、Xが月極駐車場の看板を自ら製作して駐車場に設置したことは、Xが所有の意思をもって占有していることを外部に表示していることを主張するものであり、所有者らしい振る舞いが公然と行なわれている事実を示すものであると一般論としてはいえそうである（前掲『最高裁判例解説平成8年度（下）』931頁［三村］）。

　他方で、Xが甲土地を他人に賃貸して賃料収入を得ていたとしても、それ自体はXを経済的に援助する趣旨での使用貸借であったというYの主張と矛盾しないのであるから、Xの主張する諸事情は、Xが所有者らしい振る舞いに及んだことを基礎付けるものではないという反論もあり得る。【例題】からは明ら

かではないが、例えば、上記看板に駐車場敷地（甲土地）の「所有者」ないし「地主」がＸであることが明示されていた事情が認定できるのであれば、上記看板の記載内容はＢやＹの目にも当然触れていたであろうことと併せて、上記一般論に沿った推認をしていく方向に傾くであろう。これに対して、単にＸが「賃貸人」という記載にとどまっていたとされるときはどうか。読者において考えてみてもらいたい。

　これらの事実は、前述したように2000年10月15日時点を起算点とする主位的請求原因の構成における占有開始時点を意味するとともに（☞❷2.）、請求原因（☞❷2.）及び抗弁（☞❸1.）を前提とする予備的請求原因として、1996年10月１日を起算点とする場合と2000年10月15日を起算点とする場合に共通する自主占有事情として、以上の事実を主張することが考えられる（1996年10月１日を起算点として「請求原因１」だけを主張している場合には、Ｘの固有の占有の開始時点と時効期間経過時の占有を主張する必要があることから、上記の事実に追加して、Ｘは、2000年10月15日に甲土地を占有していたこと、Ｘは、2020年10月15日経過時、甲土地を賃貸駐車場として占有していたこと、Ｘは、Ｙに対し、2023年５月２日送達の本件訴状により、上記時効を援用するとの意思表示をしたこと、以上の事実を主張して、Ｘは、Ｙに対して、甲土地につき、所有権に基づき、2000年10月15日時効取得を原因とする所有権移転登記手続を求めることになろう）。

　【例題】では、上記の事実に加えて、Ｘは、「20年以上も甲土地を管理使用し、2021年１月にＹが訪ねてくるまで、誰からも甲土地を使用していることについて文句を言われたことはなかった」と主張している。すでに述べたように、長年にわたり所有者（ＢないしＹ）が占有者（Ｘ）の所有者らしい振る舞いを認識しながら異議を述べなかった事実は、相続人の占有に所有の意思があったことを認めるために必ずしも必要ではない。ただし、ＢないしＹさえＸの占有に長年にわたって異議を述べていないことは、Ｘによる所有者らしい振舞いが公然と行なわれていたことを補強する事実としては、なお意味があるものと解される（前掲『最高裁判例解説平成８年度（下）』942頁［三村］）。

　これに対して、Ｙは、反論として、Ｘの自主占有事情の評価障害事実、すなわち、所有者であれば通常は取らない態度を示し、もしくは所有者であれば当然とるべき行動にでなかったことを主張することが可能である。【例題】では、

Yは、Xが甲土地について長期間所有権移転登記をBにもYにも求めなかったこと、少なくとも、Xが自ら現実の占有を開始した2000年10月15日以降、一度も甲土地の固定資産税を支払っておらず、Bが死亡した2020年度2期分以降は所有名義人であるYが固定資産税を納付したことを主張することが考えられよう。

　なお、上記の事情は、Xの所有者らしい振る舞いから所有の意思に基づく占有であることを認定するにあたって、これを障害する事実を主張するものであり、前述したように、他主占有事情（☞❸1.(c)）として、AがBに甲土地について長期間所有権移転登記を求めていなかったこと、AではなくBが甲土地の固定資産税を納付してきたこととするYの反論とは両立することになる（前掲『最高裁判例解説平成8年度（下）』934頁［三村］）。

　前述したXの自主占有事情の評価根拠事実と上記の事実を総合して、Xの現実の占有が所有の意思に基づく占有といえるかどうかを判断すべきことになる。乙土地のみならず、甲土地の所有権を相続財産の一部としてAから承継したものと信じていたというXの言い分を、【例題】からうかがわれる諸事情に照らして信用することができるか否かが、その後のXの様々な振る舞いを評価する際のポイントとなりそうである。

❹　Yからの賃料相当額の返還請求権およびXからの費用の償還請求権の有無

　【例題】では、Yは、甲土地の所有権は自分にあるとして、Xに対して、甲土地の明渡しを求めるとともに、賃料相当額の返還を求めて反訴を提起している。一方、Xは、甲土地がAからの相続財産の一部であるとして、甲土地を駐車場として整備するために、90万円の費用を投下している。そこで、以下では、Xが敗訴した場合に、YからXに対する賃料相当額の返還請求権およびXからYに対する費用の償還請求権の有無についても簡単に触れておくことにする。

　所有権に基づく返還請求権が行使された場合、民法は善意の占有者を保護しており、189条1項は善意占有者に果実収取権を認めている（189条・190条の趣旨について☞第6章❹1.)。したがって、仮に、Xによる取得時効の主張が認めら

れず、Ｘの請求が棄却され、Ｙの反訴請求が認容された場合には、遅くとも、反訴提起の時からＸは悪意占有者とみなされることになり（189条2項）、反訴提起の時までの駐車場の賃料相当額についてＸが返還義務を負うことはないことになる。また、Ｘは、甲土地に90万円の費用を投下して駐車場を整備していることから、196条2項に基づき有益費の償還請求ができることになる。

●重要判例●

・最判昭和37・5・18民集16巻5号1073頁（相続による占有の承継と187条1項の承継人）

・最判昭和44・10・30民集23巻10号1881頁（相続による占有の当然承継）

・最判昭和46・11・30民集25巻8号1437頁（他主占有者の相続人の占有と自主占有への転換の可能性）

・最判昭和58・3・24民集37巻2号131頁（取得時効と他主占有の抗弁――他主占有事情）

・最判平成8・11・12民集50巻10号2591頁（他主占有者の相続人が相続人固有の占有に基づいて取得時効の完成を主張する場合と自主占有事情）

●演習問題●

【設問1】

（1）　本訴請求の訴訟物は何か。また、請求の趣旨はどうなるか。請求の趣旨が複数考えられる場合、最も適当であると考えたものを挙げた上、なぜそのように考えたのかを説明しなさい。

（2）　（1）を前提として、本訴請求の請求原因事実を摘示しなさい。

【設問2】

（1）　【例題】の事実7の下線部の主張は、本件訴訟（本訴、反訴）の攻撃防御の構造上、どのような意味を有するか説明しなさい。

（2）　【例題】の事実4の下線部の主張は、本件訴訟（本訴、反訴）の攻

撃防御の構造上、どのような意味を有するか説明しなさい。

【設問3】

　Xの本訴請求が認められるかどうか検討しなさい。

判例索引

［大審院］

大連判明治41・12・15民録14輯1301頁 ····· 279
大判明治43・11・21刑録16巻2093頁 ······· 152
大判大正 4・10・ 2民録21輯1560頁 ······· 191
大判大正 7・ 3・ 2民録24輯423頁 ···· 276,286
大判大正 9・ 7・16民録26輯1108頁 ·· 286,295
大判大正10・ 7・ 8民録27輯1373頁 ··· 160,170
大連判大正14・ 7・ 8民集 4巻 9号412頁
·········· 279,286,294
大判昭和 2・10・10民集 6巻558頁 ········· 272
大判昭和 5・ 2・12民集 9巻143頁 ········· 209
大判昭和17・ 9・30民集21巻911頁 ········· 100
大判昭和19・12・22民集23巻626頁 ········· 244

［最高裁判所］

最判昭和29・11・26民集 8巻11号2087頁 ···· 86
最判昭和30・ 7・ 5民集 9巻 9号1002頁 ···· 56
最判昭和32・ 5・30民集11巻 5号843頁 ····· 56
最判昭和32・12・ 5法律新聞83・84号16頁
············· 191
最判昭和33・ 6・17民集12巻10号1532頁 ··· 190
最判昭和33・ 6・20民集12巻10号1585頁
························· 24,48
最判昭和33・ 8・28民集12巻12号1936頁
···················· 286,294
最判昭和34・ 1・ 8民集13巻 1号 1頁 ····· 141
最判昭和34・ 2・12民集13巻 2号91頁 ····· 56
最判昭和35・ 2・19民集14巻 2号250頁
······················ 209,215
最判昭和35・ 3・22民集14巻 4号501頁 ····· 25
最判昭和35・ 6・24民集14巻 8号1528頁 ···· 26
最判昭和35・ 7・27民集14巻10号1871頁
···················· 279,286,295
最判昭和35・11・29民集14巻13号2869頁 ··· 123
最判昭和36・ 4・27民集15巻 4号901頁 ····· 68
最判昭和36・ 7・20民集15巻 7号1903頁
······················ 282,286
最判昭和37・ 5・18民集16巻 5号1073頁
······················ 288,309

最判昭和37・10・ 2民集16巻10号2059頁 ··· 253
最判昭和38・ 5・31民集17巻 4号588頁 ····· 25
最判昭和38・ 9・ 5民集17巻 8号909頁 ···· 263
最判昭和39・ 4・ 2民集18巻 4号497頁
······················ 209,215
最判昭和39・ 5・12民集18巻 4号597頁 ···· 133
最判昭和39・ 5・23民集18巻 4号621頁
······················ 215,244
最判昭和39・11・26民集18巻 9号1984頁 ··· 205
最判昭和40・ 4・30民集19巻 3号768頁 ··· 205
最判昭和40・ 6・18民集19巻 4号986頁 ··· 188
最判昭和40・ 9・21民集19巻 6号1560頁 ···· 78
最判昭和40・11・19民集19巻 8号2003頁
························· 26,48
最判昭和40・12・21民集19巻 9号2221頁 ···· 67
最判昭和41・ 4・22民集20巻 4号752頁 ···· 208
最判昭和41・ 6・ 9民集20巻 5号1011頁
···················· 157,158,169
最判昭和41・11・22民集20巻 9号1901頁
···················· 281,286,295
最判昭和42・ 4・18民集21巻 3号671頁
························· 253
最判昭和42・ 4・20民集21巻 3号697頁
······················ 257,263
最判昭和42・ 7・21民集21巻 6号1643頁
······················ 272,286
最判昭和43・ 8・ 2民集22巻 8号1571頁
························· 65,67
最判昭和43・10・ 8民集22巻10号2172頁
······················ 253,263
最判昭和43・10・17民集22巻10号2188頁
······················ 138,145
最判昭和43・11・15民集22巻12号2671頁 ···· 68
最判昭和43・12・24民集22巻13号3366頁 ··· 286
最判昭和43・ 8・ 2民集22巻 8号1571頁
···················· 65,67,68
最判昭和44・ 4・25民集23巻 4号904頁 ····· 68
最判昭和44・10・30民集23巻10号1881頁
······················ 288,309
最判昭和44・12・18民集23巻12号2467頁 ··· 272
最判昭和45・ 4・16民集24巻 4号266頁
······················ 138,145

312

最判昭和45・7・24民集24巻7号1116頁 … 145
最判昭和45・7・28民集24巻7号1203頁
………………………………… 234,244
最判昭和45・9・22民集24巻10号1424頁
………………………………… 138,145
最判昭和46・3・25民集25巻2号208頁 … 227
最判昭和46・6・3民集25巻4号455頁
………………………………… 209,215
最判昭和46・11・5民集25巻8号1087頁
………………………………… 281,286
最判昭和46・11・30民集25巻8号1437頁
………………………………… 303,309
最判昭和47・4・4民集26巻3号373頁 … 263
最判昭和48・6・21民集27巻6号712頁 … 57
最判昭和49・9・26民集28巻6号1213頁
………………………………… 93,100
最判昭和51・6・25民集30巻6号665頁 … 215
最判昭和57・1・22民集36巻1号92頁 … 227
最判昭和58・3・24民集37巻2号131頁
………………………… 278,299,302,309
最判昭和60・11・29民集39巻7号1760頁 … 263
最判昭和61・3・17民集40巻2号420頁 … 266
最判昭和62・2・12民集41巻1号67頁 … 228
最判昭和62・7・7民集41巻5号1133頁
………………………… 190,191,196,198

最判平成4・12・10民集46巻9号2727頁 … 263
最判平成5・1・21民集47巻1号265頁
………………………………… 188,189,198
最判平成6・2・8民集48巻2号373頁
………………………………… 74,76,77,78
最判平成6・2・22民集48巻2号414頁 … 228
最判平成7・12・15民集49巻10号3088頁 … 302
最判平成8・10・29民集50巻9号2506頁
………………………………… 119,123
最判平成8・11・12民集50巻10号2591頁
………………………………… 303,305,309
最判平成12・6・27民集54巻5号1737頁
………………… 161,166,167,168,169,170
最判平成15・6・13判時1831号99頁 … 215
最判平成15・10・31判時1846号7頁 … 284
最判平成18・1・17民集60巻1号27頁
………………………………… 68,78,282
最判平成18・2・23民集60巻2号546頁
………………………… 138,139,144,145,214
最判平成18・10・20民集60巻8号3098頁 … 228
最判平成24・3・16民集66巻5号2321頁
………………………………… 283,286
最判平成28・1・12民集70巻1号1頁
………………………………… 87,100

事項索引

109条1項本文による表見代理 ············ 211
110条本文による表見代理 ············· 209
187条2項と相続 ·················· 300
192条の第三者 ··················· 155
94条2項類推説 ··················· 98
94条2項類推適用
·········· 98,99,117,124,135,141,214,263

あ行

悪意占有者 ····················· 165
遺失物 ······················· 160
意思表示 ······················ 141
一物一権主義 ··················· 155
一部認容判決 ··················· 165
委任契約 ··················· 178,245
委任状 ················· 144,182,199,202
違法性阻却事由 ·················· 176
印影 ··················· 133,151,206
印鑑 ························· 151
印鑑証明書 ····················· 212
印鑑登録 ······················ 153
印鑑登録証（印鑑登録カード） ·········· 153
印鑑登録証明書 ············· 144,152,206
印章 ························· 151
受戻権 ······················· 228

か行

解除 ························· 174
　（契約）解除後の第三者 ···· 114,115,116,119
　催告解除 ·················· 111,174
　無催告解除 ···················· 174
　停止期限付解除 ············· 112,113
　停止条件付解除 ············· 112,113
解除権 ······················· 174
解除の意思表示 ·················· 174
解除の効果 ·················· 110,181
　間接効果説 ···················· 116
　直接効果説 ···················· 110
回復請求権 ···· 151,160,161,162,163,164,166
過失 ························· 159

果実 ························· 165
仮差押 ······················· 182
簡易の引渡し ··················· 147
観念の通知 ····················· 184
基本代理権 ··············· 209,233,235
旧訴訟物理論 ···················· 16
給付利得 ······················ 185
強制執行 ······················ 182
共同相続人 ·················· 172,181
共有 ························· 181
虚偽表示 ······················ 43
禁反言の法理 ··················· 211
形式的証拠力 ··················· 133
契約書 ···················· 132,151
契約の成立 ····················· 141
原始取得 ······················ 155
原状回復請求権 ·················· 174
顕名 ···················· 186,204
　商行為と非顕名 ·················· 228
権利外観法理 ··················· 137
権利関係不変の公理 ················ 24
権利根拠規定 ···················· 19
権利自白 ············· 23,109,129,154,203
権利障害規定 ···················· 19
権利阻止規定 ···················· 19
権利の永続性 ··················· 129
権利保護要件 ··················· 114
行使阻止要件 ···················· 24
公信の原則 ····················· 125
公然 ························· 157
古物営業法 ····················· 164

さ行

再抗弁 ······················· 160
催告 ························· 175
催告権 ······················· 187
債務不履行 ····················· 174
債務不履行による損害賠償請求権 ········· 174
錯誤 ························· 80
　一元論 ·················· 87,88,89
　事実錯誤ないし基礎事情に関する認識の錯誤
··························· 85

314

新一元論 ···································· 87,89
第三者保護規定 ·························· 91
動機の錯誤 ······························ 86
取消後の第三者 ······················ 93,95
二元論 ··························· 86,87,88,89
認識の錯誤 ······························ 86
表意者の重過失 ························ 89
表示錯誤 ································ 85
指図による占有移転 ·················· 147
サブリース ···························· 129
暫定真実 ································ 157
時効の完成猶予 ························ 265
時効の更新 ···························· 265
自己契約 ···························· 246,254
事実認定 ································ 29
自主占有 ································ 271
自主占有権限 ·························· 304
自主占有事情 ··················· 303,304,306
実印 ·································· 133,212
実質的証拠力 ·························· 134
実体法の要件 ·························· 21
主張 ·································· 20,21
主張共通の原則 ························ 29
主張責任 ··························· 19,20,21
取得時効 ································ 265
──と主張・立証責任 ················ 275
──と登記 ·························· 265
──と登記に関する判例理論 ·········· 266
──完成後の第三者 ·················· 279
──と時効期間の計算 ················ 277
──と時効の起算日 ·················· 277
──と時効の効力発生時 ·············· 277
取得時効の要件 ························ 275
取得時効の類型論 ······················ 285
承諾請求(不登法68条) ·················· 275
譲渡担保 ······························ 226
譲渡担保不動産(不動産譲渡担保) ········ 227
消費貸借契約 ·························· 229
証明責任 ································ 20
消滅要件 ································ 24
使用利益の返還 ························ 166
使用利益の返還請求 ···················· 165

使用利益返還請求権 ···················· 150
除斥期間 ································ 163
処分権主義 ···························· 193
処分証書 ································ 132
所有権喪失の抗弁 ···· 92,132,155,203,207,214
所有権に基づく返還請求権 ·············· 37,71
所有権に基づく妨害排除請求権
 ··························· 53,59,106,108
所有権の移転時期 ······················ 25
所有の意思 ···························· 157
侵害利得 ································ 186
真正な登記名義の回復
 ············· 56,57,95,106,108,128,213
推定 ·································· 157
善意 ······························· 157,158,159
善意占有者 ···························· 165
善管注意義務 ······················ 245,247
善管注意義務違反 ·················· 248,251,252
選択的併合 ···························· 194
占有 ·································· 288
 内縁の配偶者の占有 ················ 271
占有改定 ································ 147
占有者 ································ 271
占有の継続 ···························· 289
占有の承継取得 ························ 288
占有の推定規定と立証責任 ·············· 276
占有の性質の変更 ······················ 302
 相続と相続等を契機とした自主占有への転換
 ··························· 303
占有の二面性 ·························· 305
占有補助者 ···························· 271
先履行 ································ 176
相続登記 ································ 270
相続と新権原 ·························· 303
相続人における占有の二面性 ············ 289
相続人の自主占有と主張・立証責任 ······· 305
相続の主張・立証責任 ·················· 183
相続を原因とする占有の承継取得 ·········· 288
双方代理 ···························· 246,254
双務契約 ································ 175
贈与契約 ································ 270
即時取得 ··············· 147,155,156,157,158

訴訟上の請求 ······························ 15,28
訴訟物 ······························ 16,28,160
損害賠償額の予定 ························· 174

た行

代価弁償請求権 ······················ 151,169
対抗要件具備による所有権喪失の抗弁
　　　··················· 62,65,71,110
対抗要件具備の〔による〕再抗弁 ··········· 41
対抗要件の抗弁 ················ 27,38,39,42
第三者（177条）····················· 27,63
第三者（545条1項但書）··················· 114
第三者弁済 ································ 212
貸借型契約 ································ 229
代表権の制限 ······························ 258
代表権の濫用 ······························ 260
代物弁済 ································ 203
代理 ······································ 171
代理権 ······························ 171,199
代理権授与 ··························· 178,204
代理権授与行為 ···························· 178
代理権授与表示 ···················· 232,234,235
代理権授与表示による表見代理 ··········· 209
代理権消滅 ····················· 238,239,240
代理権踰越の表見代理 ····················· 267
代理権濫用 ································ 260
代理権濫用行為 ···················· 246,256,257
代理権濫用行為と表見代理 ··············· 261
代理行為 ···························· 199,204
代理行為の相手方 ························· 171
代理人 ···································· 171
代理人の行った行為 ····················· 171
諾成契約 ································ 132
他主占有 ··························· 278,299
他主占有から自主占有への転換 ··········· 302
他主占有権原 ··························· 278,299
他主占有事情 ····················· 278,299,301
単純併合 ································ 193
担保物権の成立の付従性 ················· 227
忠実義務 ··························· 245,247
忠実義務違反 ························· 247,257
直接効果説 ································ 110

賃借権 ································ 156
追認 ······································ 187
追認拒絶 ································ 187
通謀虚偽表示 ······························ 140
定期借地権 ································ 129
抵当権の設定 ······························ 213
典型契約 ································ 175
転得者 ································ 119
登記（→取得時効と登記を見よ）
登記原因証明情報 ························· 144
登記識別情報（番号）············· 144,212,215
登記請求権 ··········· 50,52,53,128,203,213
登記の公信力 ······························ 125
動機の錯誤 ································ 86
登記保持権原 ························· 226,227
動産 ······································ 147
動産先取特権 ······························ 156
同時履行の抗弁権 ························· 176
盗品 ······························ 160,165,166,169
取消権 ································ 187

な行

二段の推定 ································ 133
任意代理 ··························· 171,258

は行

背信的悪意者 ········· 65,66,67,69,71,119,121
売買の一方の予約 ························· 176
白紙委任状 ··················· 199,210,223,233
引換給付 ································ 165
表見代理 ··············· 199,207,223,230,238
　　──と本人の帰責性 ············· 235,241,243
表見代理制度 ······························ 171
附帯請求 ································ 150
物権的請求権 ······························ 129
物上保証人 ································ 205
不動産物権変動と無制限説 ················· 279
不法行為責任 ······························ 192
文書の真正 ································ 132
文書の（成立の）真正 ····················· 134
文書の成立 ································ 132
平穏 ······································ 159

弁論主義 ······························ 18, 23, 29
　第1テーゼ ··························· 18, 19
　第2テーゼ ··························· 19, 23
　第3テーゼ ··························· 19, 134
妨害排除請求権 ···························· 128
包括的代表権 ························ 252, 259
法人の代表機関 ·························· 258
法人の代表と代理 ······················ 259
法定代理 ································· 171
本権の訴え ······························ 165
本人 ···································· 171

ま行

無権代理 ·········· 190, 199, 246, 253, 257, 261
無権代理と相続 ·························· 180
無権代理人の責任 ·········· 171, 190, 246, 261

や行

有権代理 ······························ 177, 199
要件事実 ······························· 20, 21
予備的反訴 ····························· 151
予備的併合 ····························· 193
予約 ···································· 176

ら行

利益相反行為 ·········· 246, 253, 254, 256, 257
　——と表見代理 ························ 254
履行期 ·································· 175
履行拒絶権 ····························· 165
履行利益 ································ 191
立証責任 ······························· 20, 21
留置権 ·································· 156

著者紹介

千葉　惠美子（CHIBA Emiko）

1953年生まれ。北海道大学法学研究科修士課程修了。

北海道大学法学部助手、札幌学院大学法学部助教授、大阪大学大学院法学研究科助教授、名古屋大学大学院法学研究科教授、大阪大学大学院高等司法研究科教授を経て、2019年3月定年退職。2019年4月より大阪大学大学院高等司法研究科招へい教授。名古屋大学名誉教授

〈主著〉『LAW Practice民法1・Ⅱ〔第5版〕』（商事法務、2022年）（共編著）、『民法2物権〔第4版〕』（有斐閣、2022年）（共著）、『詳解　改正民法』（商事法務、2018年）（共編著）、『キャッシュレス決済と法規整』（民事法研究会、2019年）（編著）、『集団的消費者利益の実現と法の役割』（商事法務、2014年）（共編著）など。

川上　良（KAWAKAMI Ryo）

1967年生まれ。大阪大学大学院法学研究科博士課程前期民事法学修了。

1999年に弁護士登録、弁護士（大阪西総合法律事務所〔パートナー〕）、その間、2011年4月から2020年3月まで大阪大学大学院高等司法研究科特任教授、2020年4月から2023年3月まで大阪大学大学院高等司法研究科教授を歴任。

〈主著〉大阪弁護士会民法改正問題特別委員会委員編「債権法の未来——改正が見送られた重要論点」（商事法務、2023年）（共著）、『基礎トレーニング倒産法〔第2版〕』（日本評論社、2022年）（共著）、大阪弁護士会民法改正問題特別委員会委員編『実務家のための逐条解説新債権法』（有斐閣、2021年）（共著）など。

髙原　知明（TAKAHARA Tomoaki）

1972年生まれ。大阪大学法学部卒業。

1999年任官、大阪地裁判事補、検事（法務省民事局付）、宮崎地家裁判事補、東京地裁判事補（司法研修所付）、東京地裁判事、大阪地裁判事・大阪大学大学院高等司法研究科特任教授、最高裁調査官、横浜地裁判事、大阪地裁判事を経て、2021年4月より大阪大学大学院高等司法研究科教授。

〈主著〉『民事裁判実務の基礎／刑事裁判実務の基礎』（有斐閣、2014年）（共著）など。

■著者

千葉惠美子（ちば・えみこ）

大阪大学大学院高等司法研究科招へい教授。名古屋大学名誉教授

川上　良（かわかみ・りょう）

弁護士。大阪西総合法律事務所（パートナー）

髙原知明（たかはら・ともあき）

大阪大学大学院高等司法研究科教授

紛争類型から学ぶ応用民法 I ——総則・物権

2023年5月10日　第1版第1刷発行

著　者——千葉惠美子・川上　良・髙原知明
発行所——株式会社　日本評論社
　　　　　〒170-8474 東京都豊島区南大塚3-12-4
　　　　　電話　03-3987-8621（販売）　03-3987-8592（編集）
　　　　　FAX　03-3987-8590（販売）　03-3987-8596（編集）
　　　　　https://www.nippyo.co.jp/　　振替　00100-3-16
印　刷——精文堂印刷
製　本——井上製本所
装　丁——銀山宏子
©2023 E.Chiba, R.Kawakami, T.Takahara
ISBN978-4-535-52740-9　　　Printed in Japan